今注本二十四史

漢書

漢　班固　撰　唐　顏師古　注

孫曉　主持校注

中國社會科學出版社

一〇　志〔四〕

漢書　卷二七上

五行志第七上

　　《易》曰：“天垂象，見吉凶，聖人象之；河出《圖》，雒出《書》，聖人則之。”[1]劉歆以爲虑羲氏繼天而王，[2]受《河圖》，則而畫之，八卦是也；[3]禹治洪水，賜《雒書》，法而陳之，《洪範》是也。[4]聖人行其道而寶其真。降及于殷，箕子在父師位而典之。[5]周既克殷，以箕子歸，武王親虚己而問焉。故經曰：“惟十有三祀，王訪于箕子，[6]王迺言曰：‘烏嘑，箕子！惟天陰騭下民，相協厥居，我不知其彝倫迪叙。’[7]箕子迺言曰：‘我聞在昔，鯀陻洪水，汩陳其五行，[8]帝乃震怒，弗畀《洪範》九疇，彝倫迪斁。[9]鯀則殛死，禹迺嗣興，[10]天迺錫禹《洪範》九疇，彝倫迪叙。’”[11]此武王問《雒書》於箕子，箕子對禹得《雒書》之意也。

　　[1]【顔注】師古曰：《上繫》之辭也。則，效也。【今注】河：黃河。　雒：洛水。即今河南境内之洛河。源出陝西華山南麓，在河南偃師市納伊河後稱伊洛水，在鞏縣洛口以北匯入黃河。
　　[2]【顔注】師古曰：“虑”讀與“伏”同。【今注】劉歆：

事迹見本書卷三六《劉向傳》、卷九九《王莽傳》。　繼天：秉承天意。

〔3〕【顏注】師古曰：放效《河圖》而畫八卦也。

〔4〕【顏注】師古曰：取法《雒書》而陳《洪範》也。【今注】洪範：《尚書》篇名。洪，大。範，法。爲箕子向周武王陳述"統治大法"的篇章。一般認爲是戰國儒家創作的篇章。又，《漢書考證》齊召南據《周易・繫辭》曰"河出《圖》，洛出《書》，聖人則之"，是言《河圖》《洛書》二者皆出於伏羲之世，故則之以畫八卦。《尚書・洪範》本文，祇云"天乃錫禹《洪範》九疇"，不云賜禹《洛書》，亦不云禹因《洛書》陳《洪範》。以《洛書》爲《洪範》，始於孔安國《書傳》，而劉歆父子又言。後儒遂信。案，孔安國《書傳》爲魏晉人僞作，齊召南前已有閻若璩《尚書古文疏證》辨僞，幾爲定論。王先謙《漢書補注》引《漢書考證》改爲始於劉歆，更近事實。

〔5〕【顏注】師古曰：父師，即太師，殷之三公也。箕子，紂之諸父，而爲太師，故曰父師。【今注】箕子：商代人，名胥餘。紂之叔父，一説爲紂庶兄。封子爵，國於箕。紂暴虐，箕子諫而不聽。箕子懼，披髮佯狂爲奴，爲紂所囚。周武王滅商，釋放箕子。

〔6〕【顏注】師古曰：祀，年也。商曰祀。自此以下皆《周書・洪範》之文。

〔7〕【顏注】服虔曰：騭，音陟也（殿本無"也"字）。應劭曰：陰，覆也。騭，升也。相，助也。協，和也。倫，理也。攸，所也。言天覆下民，王者當助天居，我不知居天常理所次序也。師古曰：騭，音質。騭，定也。協，和也。天不言而默定下人，助合其居（蔡琪本、殿本"其居"後有"也"字）。【今注】陰騭：謂默默地安定。《尚書・洪範》："惟天陰騭下民。"孔傳："騭，定也。天不言，而默定下民，是助合其居，使有常生之資。"　彝

倫：常理；常道。《尚書·洪範》："我不知其彝倫攸叙。"蔡沈《書集傳》："彝，常也；倫，理也。"朱一新《漢書管見》以爲，下文"天乃錫禹大法九章常事所次"，即釋"天乃錫禹《洪範》九疇，彝倫攸叙"。則"倫"當訓事。　迿：同"攸"。語助詞，無義。今本《尚書》作"攸"。

[8]【顏注】應劭曰：陻，塞也。汩，亂也。水性流行，而鯀障塞之，失其本性，其餘所陳列皆亂，故曰亂陳五行也。師古曰：汩，音骨。【今注】鯀：夏禹的父親。有崇部落的首領，曾經治理洪水長達九年。一說因鯀與堯之子丹朱、舜爭位失敗而被堯流放至羽山；一說是"堯令祝融殺鯀於羽山"。

[9]【顏注】師古曰：帝，謂上帝，即天也。震，動也。畀，與也。疇，類也。九類即九章也。歝，敗也，音丁故反。

[10]【顏注】師古曰：殛，誅也，見誅而死。殛，音居力反。

[11]【顏注】師古曰：自此以上，《洪範》之文（殿本無此注）。

"初一曰五行；[1]次二曰羞用五事；[2]次三曰農用八政；[3]次四曰叶用五紀；[4]次五曰建用皇極；[5]次六曰艾用三德；[6]次七曰明用稽疑；[7]次八曰念用庶徵；[8]次九曰嚮用五福，畏用六極。"[9]凡此六十五字，皆《雒書》本文，所謂天迺錫禹大法九章常事所次者也。以爲《河圖》《雒書》相爲經緯，八卦、九章相爲表裏。昔殷道絶，[10]文王演《周易》；[11]周道敝，孔子述《春秋》。則乾坤之陰陽，效《洪範》之咎徵，天人之道粲然著矣。

　　[1]【顏注】師古曰：謂之行者，言順天行氣。

　　[2]【顏注】師古曰：羞，進也。【今注】羞：錢大昕《廿二史考異·漢書二》以爲古文“敬”作“茍”，與“羞”字形相似。“羞”疑是“敬”之訛。又本書《藝文志》：“《書》云‘初一曰五行，次二曰羞用五事’，言進用五事以順五行也。”《五行志》及《藝文志》都取劉歆之説，則歆所傳《尚書》本是“羞”字。本書卷八一《孔光傳》載孔光對日蝕事，亦引《書》稱“羞用五事”。楊樹達《漢書窺管》按：“《説文·苟部》云：‘苟，自急敕也。從羊省，從包省，從口。或作茍，從羊不省。’錢説‘敬’古文作‘茍’，誤。江聲云：‘貌言視聽思爲切身之事，人當自整敕者，茍與羞相似，故誤茍爲羞。’按江説是也。”

　　[3]【顏注】張晏曰：農，食之本，食爲八政首，故以農爲名也。師古曰：此説非也。農，厚也。羞用義例皆同，非田農之義也。【今注】農：朱一新《漢書管見》以爲顏師古用《尚書》僞孔傳，“農”訓厚。孔穎達《尚書正義》曰：“鄭玄云：‘農讀曰醲。’是農即醲意，故爲厚也。張晏、王肅皆言：‘農，食之本也’。”陸德明《經典釋文》引馬融云：“農爲八政之首，故以農名之。”楊樹達《漢書窺管》以爲顏師古説是，而意未盡。《左傳》文公七年曰：“正德，利用，厚生，謂之三事。”“八政”首食貨，次之以祀，司空、司徒、司寇、賓師，皆厚生之事，故云厚以八政也。

　　[4]【顏注】應劭曰：旪，合也，合成五行，爲之條紀也。師古曰：“旪”讀曰“叶”，和也。【今注】旪（xié）：周壽昌《漢書注校補》引《韻會》：“‘旪’，古文‘協’字。”楊樹達《漢書窺管》引段玉裁以爲《説文解字》“旪”“叶”皆古文“協”。顏不知漢人作注言“讀爲”“讀曰”者，皆是易其字而妄效之，但當云“旪”同“協”。楊氏以爲“旪用五紀”者，謂以歲月日星辰曆數合天時，即《堯典》所謂“協時月正日”。“旪”“協”同字見於

《説文》，周壽昌引《韻會》爲證，誤。

[5]【顏注】應劭曰：皇，大；極，中也。

[6]【顏注】應劭曰：艾，治也。治大中之道用三德也。師古曰："艾"讀曰"乂"。

[7]【顏注】應劭曰：疑事明考之於蓍龜。【今注】明用稽疑：楊樹達《漢書窺管》："應説非也。此謂吉凶禍福不明者，以卜筮稽疑明之。"

[8]【顏注】師古曰：念，思也。庶，衆也。徵，應也。

[9]【顏注】應劭曰：天所以嚮樂人，用五福；所以畏懼人，用六極。【今注】案，楊樹達《漢書窺管》以爲"嚮"疑當讀爲"賞"。"賞"字從尚聲，尚從向聲，"向""嚮"音同。畏，今本《洪範》作威，"畏"與"威"同。經傳"威"字古文皆作"畏"。《毛公鼎》云："敢天疾畏。"即《毛詩·小旻》之"旻天疾威。"《大盂鼎》云："畏天畏。"即畏天威也。

[10]【今注】案，絕，蔡琪本、大德本、殿本作"弛"。

[11]【顏注】師古曰：演，廣也，更廣其文也。演，音弋善反。

漢興，承秦滅學之後，景、武之世，董仲舒治《公羊春秋》，[1]始推陰陽，爲儒者宗。[2]宣、元之後，劉向治《穀梁春秋》，[3]數其旤福，傳以《洪範》，[4]與仲舒錯。[5]至向子歆治《左氏傳》，其《春秋》意亦已乖矣；[6]言《五行傳》，[7]又頗不同。是以攬仲舒，別向、歆，[8]傳載眭孟、夏侯勝、京房、谷永、李尋之徒所陳行事，[9]訖于王莽，舉十二世，以傳《春秋》，著于篇。[10]

[1]【今注】董仲舒：傳見本書卷五六。

[2]【今注】案，王先謙《漢書補注》引葉德輝曰："《春秋繁露》有《陰陽位》《陰陽終始》《陰陽義》《陰陽出入》諸篇名，蓋即志文所本。"《春秋繁露》内篇章有西漢董氏後學所著，班固時未必有今天所見《春秋繁露》，但"始推陰陽，爲儒者宗"應無誤。

[3]【今注】劉向：傳見本書卷三六。案，穀，蔡琪本、大德本、殿本作"穀"，是。

[4]【顏注】師古曰：既，古文"禍"字。以《洪範》義傳而説之。"傳"字或作"傅"，讀曰附，謂附着。

[5]【顏注】師古曰：錯，互不同也。

[6]【今注】乖：乖異。王先謙《漢書補注》引《説文》："乖，戾也。"又《晉書·五行志》叙此作"其書《春秋》及五行，又甚乖異"。

[7]【今注】五行傳：《洪範五行傳》，屬伏生《尚書大傳》（參見馬楠《〈洪範五行傳〉作者補證》，《中國史研究》2013年第1期）。

[8]【顏注】師古曰："擥"字與"挈"同，謂引取之。擥，音來敢反。【今注】擥：同"攬"。

[9]【顏注】師古曰：眭，音息規反。説在《眭孟傳》（殿本無此注）。【今注】傳：錢大昕《廿二史考異·漢書二》以爲"傳"亦當爲"傅"，讀曰"附"。言"以仲舒、向、歆爲主，而附載眭孟諸人説"。　眭孟夏侯勝京房：三人傳見本書卷七五。　谷永：傳見本書卷八五。　李尋：傳見本書卷七五。

[10]【顏注】師古曰：傳，讀曰"附"，謂比附其事。【今注】案，王先謙《漢書補注》引《晉書·五行志》補證云："博通祥變，以傳《春秋》。綜而爲言，凡有三術：其一曰，君治以道，臣輔克忠，萬物咸遂其性，則和氣應，休徵效，國以安；二曰，君

違其道，小人在位，衆庶失常，則乖氣應，咎徵效，國以亡；三曰，人君大臣見災異，退而自省，責躬修德，共禦補過，則禍消而福至。此其大畧也。”又引沈約《宋書·五行志》云：“班固遠采《春秋》，舉遠明近之例也。”

經曰：[1] “初一曰五行。五行：一曰水，二曰火，三曰木，四曰金，五曰土。水曰潤下，火曰炎上，[2] 木曰曲直，[3] 金曰從革，[4] 土爰稼穡。”[5] 傳曰：“田獵不宿，[6] 飲食不享，[7] 出入不節，奪民農時，及有姦謀，[8] 則木不曲直。”

[1]【今注】案，王鳴盛《十七史商榷》卷一三述本書《五行志》體例曰：“《志》先引經，是《尚書·洪範》文；次引傳，是伏生《洪範五行傳》文；又次引說，是歐陽、大、小夏侯等說，當時列於學官，博士所習者。以下歷引《春秋》及漢事證之，所采皆仲舒、向、歆說也。而歆說與傳說或不同，《志》亦或舍傳說而從歆。又采京房《易傳》甚多，今所傳《京氏傳》中無之，蓋非足本。間采眭、谷、李尋說，眭、谷語略見傳中，尋說無之。”

[2]【顏注】師古曰：皆水火自然之性也。【今注】炎上：火焰向上燃燒。

[3]【顏注】師古曰：言可揉而曲，可矯而直。

[4]【顏注】張晏曰：革，更也，可更銷鑄也。

[5]【顏注】師古曰：爰亦曰也。一說，爰，於也，可於其上稼穡也。種之曰稼。收聚曰穡。

[6]【顏注】服虔曰：不得其時也。或曰，不豫戒曰不宿，不戒以其時也。【今注】不宿：謂非其時，或過度無節制。王先謙《漢書補注》據《續漢書·五行志》劉昭注引鄭玄注《大傳》補證：“不宿，不宿禽也。角主天兵。《周禮》‘四時習兵，因以田

獵'。《禮志》曰：'天子不合圍，諸侯不掩群，過此則暴天物，爲不宿禽。'"

[7]【顏注】師古曰：不行享獻之禮也。

[8]【顏注】李奇曰：姦謀，增賦屢斂之事也。臣瓚曰：姦謂邪謀也。師古曰：即下所謂作爲姦詐以奪農時。李說是（殿本無"李說是"三字）。

說曰：木，東方也。於《易》，地上之木爲《觀》。[1]其於王事，威儀容貌亦可觀者也。[2]故行步有佩玉之度，[3]登車有和鸞之節，[4]田狩有三驅之制，[5]飲食有享獻之禮，[6]出入有名，使民以時，務在勸農桑，謀在安百姓。如此，則木得其性矣。若迺田獵馳騁不反宮室，飲食沈湎不顧法度，[7]妄興繇役以奪民時，[8]作爲姦詐以傷民財，則木失其性矣。蓋工匠之爲輪矢者多傷敗，[9]及木爲變怪，[10]是爲木不曲直。

[1]【顏注】師古曰：坤下巽上，觀。巽爲木，故云"地上之木"也。

[2]【今注】案，王先謙《漢書補注》引葉德輝引蕭吉《五行大義》引《洪範傳》補證曰："東方，《易》云'地上之木爲《觀》'，言春時出地之木，無不曲直，花葉可觀，如人威儀容貌也。"《易·觀》："盥而不薦，有孚顒若。"王弼注："王道之可觀者，莫盛乎宗廟。宗廟之可觀者，莫盛於盥也。至薦簡略，不足復觀，故觀盥而不觀薦也。孔子曰：'禘自既灌而往者，吾不欲觀之矣。'盡夫觀盛，則'下觀而化'矣。故觀至盥則'有孚顒若'也。"

[3]【顏注】師古曰：玉佩上有雙衡，下有雙璜，琚瑀以雜

之，衝牙蚍珠以納其間（蚍，蔡琪本、殿本作"玭"，下同。朱一新《漢書管見》以爲汪本"玭"作"蚍"是。"蚍珠"即"蠙珠"）。右徵角而左宮羽，進則掩之，退則揚之，然後玉鏘鳴焉。是爲行步之節度也。璜，音黃。琚，音居。瑀，音禹。蚍，音步千反。

[4]【顏注】師古曰：和，鈴也，以金爲之，施於衡上。鸞亦以金爲鸞鳥而衡鈴焉（衡，蔡琪本、大德本、殿本作"銜"；殿本"銜"上有"栖衡"二字。朱一新《漢書管見》據汪本"銜"上有"棲衡"二字，又"之疾也"，"疾"作"節"，是），施於鑣上。動皆有聲，以爲舒疾之節也。【今注】和鸞：古代車上的鈴鐺。掛在車前橫木上稱"和"，掛在軛首或車架上稱"鸞"。

[5]【顏注】師古曰：謂田獵三驅也。三驅之禮，一爲乾豆，二爲賓客，三爲充君之庖也。【今注】三驅：王者田獵之制。謂田獵時須讓開一面，三面驅趕，以示好生之德。一説，田獵一年以三次爲度。又或如顏師古注。《易・比》："九五，顯比，王用三驅。"孔穎達《正義》："褚氏諸儒皆以爲三面著人驅禽。必知三面者，禽唯有背己、向己、趣己，故左右及於後，皆有驅之。"陸德明《經典釋文》引馬融云："三驅者，一曰乾豆，二曰賓客，三曰君庖。"

[6]【顏注】師古曰：以禮飲食謂之享，進爵於前謂之獻。

[7]【顏注】師古曰：沈湎，謂溺於酒食。湎，音彌善反。

[8]【今注】繇役：徭役。　民時：農時。

[9]【顏注】如淳曰：揉輪不曲，矯矢不直也。

[10]【顏注】臣瓚曰：梓柱更生及變爲人形是也。

　　《春秋》成公十六年，[1]"正月，雨，木冰"。劉歆以爲上陽施不下通，下陰施不上達，[2]故雨，而木爲之冰，霧氣寒，[3]木不曲直也。劉向以爲冰者陰之盛而水滯者也，[4]木者少陽，貴臣卿大夫之象也。此人將有害，則陰氣脅木，[5]木先寒，故得雨而冰也。是時叔孫喬如出奔，公子偃誅死。[6]一曰，時晉執季孫行父，又執公，此執辱之異。[7]或曰，今之長老名木冰爲"木介"。介者，甲。甲，兵象也。是歲晉有鄢陵之戰，楚王傷目而敗。[8]屬常雨也。[9]

[1]【今注】成公：春秋時魯國國君，名黑肱，一作"黑股"。魯宣公之子。在位十八年。事迹見《左傳》及《史記》卷三三《魯周公世家》。

[2]【今注】案，王念孫《讀書雜志·漢書第五》以爲兩"施"字，顏師古未注音。但陽可言"施"，陰似不可言"施"，案"施"皆讀爲"弛"。經傳多以"施"通假爲"弛"。弛，解也。言陰陽俱解，故上下不交也。《開元占經·冰占篇》引此正作"弛"。

[3]【顏注】師古曰：雰，音紛。【今注】雰氣：霧氣。

[4]【今注】而水滯：王先謙《漢書補注》據《晉書·五行志》《宋書·五行志》引此並刪"而水滯"三字。《隋書·五行志》作"陰之盛而凝滯也"。以爲此"水"字當爲"冰"字，"凝""冰"同字，"冰"省作"氷"，傳寫遂誤爲"水"。下"金不從革傳"中"冰滯"，尤其明證。

[5]【今注】脅：迫。

[6]【顏注】師古曰：叔孫喬如，叔孫宣伯也，通於宣公夫人穆姜，謀欲作亂，不克而出奔齊。公子偃，宣公庶子，成公弟也，豫喬如之謀，故見誅。事並在十六年冬。

[7]【顏注】師古曰：行父，季文子也。十六年秋，公會晉侯于沙隨，晉受喬如之譖而止公。是年九月，又信喬如之譖而執行父也。【今注】季孫行父：春秋魯國大夫。季友孫。歷魯宣公、成公、襄公三君，繼襄仲執政。公孫歸父欲除三桓，爲其所逐。成公元年，爲防齊入侵，作丘甲。二年，齊攻魯，攻衛，晉出師救，

率師會戰於鞍，敗齊軍，有功。十六年，一度爲晉所執。相傳家無衣帛之妾，厩無食粟之馬，府無金玉重器，人稱其廉且忠。卒謚文。案，沈欽韓《漢書疏證》曰："何休本此説，以爲幼君大臣之象，成公、季孫行父見執於晉之徵。"

[8]【顏注】師古曰：晉楚戰于鄢陵，呂錡射恭王中目。鄢陵，鄭地。【今注】鄢陵：即鄢。一作"傿陵"。又名安陵。在今河南鄢陵縣西北。　楚王：楚共王熊審。楚莊王子。二年，伐衞，大會諸侯於蜀。十六年，晉伐鄭，鄭向楚告急，與晉戰於鄢陵，爲晉所敗，共王爲晉將射中一目，罷兵歸。楚失中原霸權，諸侯多歸晉。在位三十一年。謚共。

[9]【今注】案，王先謙《漢書補注》以爲"屬"上當有"又"字。《晉書·五行志》此段全倣本傳，"屬"上有"又"字，是其證。

傳曰："棄法律，逐功臣，殺大子，[1]以妾爲妻，則火不炎上。"説曰：火，南方，揚光輝爲明者也。其於王者，南面鄉明而治。[2]《書》云："知人則悊，能官人。"[3]故堯舜舉群賢而命之朝，[4]遠四佞而放諸壄。[5]孔子曰："浸潤之譖、膚受之愬，不行焉，可謂明矣。"[6]賢佞分別，官人有序，帥由舊章，[7]敬重功勳，殊別適庶，[8]如此則火得其性矣。若廼信道不篤，[9]或燿虛僞，讒夫昌，邪勝正，則火失其性矣。自上而降，及濫炎妄起，[10]災宗廟，燒宮館，雖興師衆，弗能救也，是爲火不炎上。

[1]【今注】案，大，蔡琪本、大德本、殿本作"太"。本卷"大"字，別本多作"太"，不復出校。

[2]【顏注】師古曰："鄉"讀曰"嚮"。

[3]【顏注】師古曰：《虞書·咎繇謨》之辭。悊，智也。能知其材則能官之，所以為智也。【今注】悊：同"哲"。

[4]【顏注】師古曰：謂稷、卨以下。

[5]【顏注】師古曰：四侁，即四凶也。遠，離也。"壄"，古"野"字。【今注】四侁：事見今本《尚書·堯典》。謂流共工於幽州，放驩兜於崇山，竄三苗於三危，殛鯀於羽山。

[6]【顏注】師古曰：《論語》載孔子之言也。浸潤，言積漸也。膚受，謂初入皮膚以至骨髓也。【今注】案，語見《論語·顏淵》。

[7]【顏注】師古曰：帥，循也。由，從也，用也（殿本無注"由"下五字）。

[8]【顏注】師古曰："適"讀曰"嫡"。

[9]【顏注】師古曰：篤，厚也（殿本無此注）。

[10]【顏注】師古曰："炎"讀曰"焱"。【今注】濫炎：蔓延的火。

　　《春秋》桓公十四年，[1]"八月壬申，御廩災"。[2]董仲舒以為先是四國共伐魯，[3]大破之於龍門。[4]百姓傷者未瘳，怨咎未復，而君臣俱惰，內怠政事，外侮四鄰，非能保守宗廟終其天年者也，故天災御廩以戒之。劉向以為御廩，夫人、八妾所舂米之臧以奉宗廟者也，[5]時夫人有淫行，[6]挾逆心，[7]天戒若曰，夫人不可以奉宗廟。桓不寤，與夫人俱會齊，[8]夫人譖桓公於齊侯，[9]齊侯殺桓公。[10]劉歆以為御廩，公所親耕藉田以奉粢盛者也，[11]棄法度亡禮之應也。

［1］【今注】桓公：春秋時魯國國君。名允，一作“軌”。惠公嫡子，魯隱公弟。公子翬殺隱公，立之。在位十八年。事迹見《左傳》及《史記》卷三三《魯周公世家》。

［2］【今注】御廪：天子、諸侯儲藏親耕所穫用以饗祀的糧食的倉庫。廩，大德本誤作“廩”。

［3］【今注】四國共伐魯：事在桓公十三年，四國爲齊、宋、衞、燕。案，本《志》所載董、劉等説《春秋》，俱是以災異聯繫災異發生前後一段時間内人、事，皆見《春秋》三《傳》。下顏師古有略釋者不再詳注。

［4］【顏注】韋昭曰：魯郭門。【今注】案，王先謙《漢書補注》引蘇輿以爲，何休《公羊解詁》“親戰龍門，兵攻城池”，即本於此。

［5］【顏注】師古曰：一娶九女，正嫡一人，餘者妾也，故云“八妾”。【今注】夫人八妾所舂米：沈欽韓《漢書疏證》引《穀梁傳補證》：“甸粟而内之三宮，三宮米而藏之御廩。”引《公羊傳》僖二十年何休注補證：“夫人居中宮，右媵居西宮，左媵居東宮。”

［6］【顏注】師古曰：謂通於齊侯。【今注】夫人：文姜。

［7］【顏注】師古曰：謂欲弑桓公。

［8］【顏注】師古曰：十八年春，公會齊侯于濼，公與夫人姜氏遂如齊也。

［9］【顏注】師古曰：言世子同非吾子，齊侯之子。【今注】齊侯：齊襄公。名諸兒。齊莊公孫，釐公子。四年，魯桓公與夫人文姜至齊，襄公與其妹文姜私通，殺魯桓公。十二年，田獵墜車傷足，大夫連稱、管至父因戍蔡丘不得代換，從公孫無知率衆入宮，殺之。在位十二年，謚襄。

［10］【顏注】師古曰：齊侯享公，公醉，使公子彭生乘公，拉其幹而殺之。公薨于車。

[11]【顏注】師古曰：黍稷曰粢，在器曰盛也。

嚴公二十年，“夏，齊大災”。[1]劉向以爲齊桓好色，聽女口，以妾爲妻，適庶數更，[2]故致大災。桓公不寤，及死，適庶分爭，九月不得葬。[3]《公羊傳》曰，大災，疫也。[4]董仲舒以爲魯夫人淫於齊，齊桓姊妹不嫁者七人。[5]國君，民之父母；夫婦，生化之本。本傷則末夭，故天災所予也。[6]

[1]【顏注】師古曰：嚴公，謂莊公也，避明帝諱，故改曰嚴。凡《漢書》載諡姓爲“嚴”者，皆類此。【今注】嚴公：魯莊公。名同。魯桓公子。在位三十二年。事迹見《左傳》及《史記》卷三三《魯周公世家》。

[2]【顏注】師古曰：更，改也。桓公之夫人三，王姬、徐嬴、蔡姬，皆無子。而桓公好內多寵，內嬖如夫人者六人：長衞姬，生公子無虧，即武孟也；少衞姬，生惠公；鄭姬生孝公；葛嬴生昭公；密姬生懿公；宋華子生公子雍。公與管仲屬孝公於宋襄公，以爲大子。易牙有寵於衞恭姬，因寺人貂以薦羞於公（寺，殿本誤作“侍”），請立武孟。公許之。管仲卒，五公子皆求立。“適”讀曰“嫡”。下亦同。數，音所角反。

[3]【顏注】師古曰：魯僖十七年，齊桓公卒，易牙入，因內寵以殺群吏，立無虧。孝公奔宋。十八年，齊立孝公，不勝四公子之徒，遂與宋人戰，敗齊師于甗，立孝公而還。八月，葬桓公，是爲過於九月乃得葬出（出，蔡琪本、大德本、殿本作“也”）。

[4]【今注】疫：沈欽韓《漢書疏證》指出《公羊傳》作“癘”，何休注云：“癘者，民疾疫也。”

[5]【今注】齊桓姊妹不嫁者七人：沈欽韓《漢書疏證》引《管子·小匡》補證：“桓公曰：‘寡人不幸而好色，而姑姊有不嫁者。’”《公羊》徐彥疏引《晏子春秋》補證：“齊景公問於晏子曰：‘吾先君桓公淫，女公子不嫁者九人。’”

[6]【顏注】李奇曰：以爲疫殺其民人。案，予，大德本誤作“子”。

　　釐公二十年，“五月乙巳，西宫災”。[1]《穀梁》以爲愍公宫也，[2]以讌言之則若疏，故謂西宫。劉向以爲釐立妾母爲夫人以入宗廟，[3]故天災愍宫，若曰，去其卑而親者，將害宗廟之正禮。[4]董仲舒以爲釐娶於楚，而齊媵之，脅公使立以爲夫人。[5]西宫者，小寢，夫人之居也。[6]若曰，妾何爲此宫！誅去之意也。以天災之，故大之曰西宫也。左氏以爲西宫者，公宫也。[7]言西，知有東。東宫，大子所居。言宫，舉區皆災也。[8]

　　[1]【顏注】師古曰：“釐”讀曰“僖”。後皆類此。【今注】釐公：魯僖公。名申。莊公子，閔公庶兄。莊公死，諸公子爭權内亂，慶父殺閔公奔莒，季友奉之入魯，立爲僖公。以汶陽、費二邑封季友，相魯，爲公族季孫氏。以慶父後爲魯公族孟孫氏。在位三十三年。事迹見《左傳》及《史記》卷三三《魯周公世家》。

　　[2]【今注】愍公：今本《春秋》作“閔公”。名啟方，一作“啟”，亦作“開”。莊公子，莊公夫人哀姜之娣叔姜所生。其叔慶父與哀姜有私，莊公死，季友立般，慶父乃使圉人犖殺般而權立啟方。是爲閔公。立二年，慶父使人襲殺之。

　　[3]【顏注】師古曰：僖公之母，謂成風也。本非正嫡，僖

既爲君，而母遂同夫人禮。文四年經書"夫人風氏薨"，五年"王使榮叔歸含且賵"，是也。

[4]【顏注】師古曰：愍公於僖公爲弟，故云"卑"。

[5]【顏注】師古曰：僖公初娉楚女爲嫡（娉，大德本、殿本作"聘"），齊女爲媵。時齊先致其女，脅魯使立爲夫人。事見《公羊》《穀梁傳》。【今注】媵（yìng）：諸侯女出嫁陪嫁之人。案，沈欽韓《漢書疏證》以爲董仲舒此説可疑。《左傳》哀公二十四年宗人釁夏曰："周公及武公娶於薛，孝、惠娶於商，自桓以下娶於齊。"無娶楚女事。

[6]【今注】小寢：天子、諸侯等寢宮。案，沈欽韓《漢書疏證》以爲據何休説，則西宮是右媵所居，楚女廢在西宮而不見存恤，悲愁怨曠之所生。《後漢書》卷六六《陳蕃傳》載陳蕃疏曰"楚女悲而西宮災"，亦用此説。楊樹達《漢書窺管》引《鹽鐵論·備胡》云，魯妾不得意而魯獲災，稱西宮爲魯寢，亦用董義。

[7]【今注】案，錢大昭《漢書辨疑》以爲《左傳》無此文，大抵爲西漢《左傳》家説。沈欽韓《漢書疏證》以爲此據西漢制度可知。本書卷五二《竇嬰傳》田蚡云"程、李俱東、西宮衞尉"。時程不識爲長樂衞尉，長樂，太后所居，曰東宮；李廣爲未央衞尉，帝所居，曰西宮。則公宮爲西宮。

[8]【今注】案，區，大德本、殿本作"國"。

宣公十六年，[1] "夏，成周宣榭火"。[2] 榭者，所以臧樂器，宣其名也。董仲舒、劉向以爲十五年王札子殺召伯、毛伯，[3] 天子不能誅。天戒若曰，不能行政令，何以禮樂爲而臧之？[4]《左氏經》曰："成周宣榭火，人火也。人火曰火，天火曰災。"榭者，講武之坐屋。[5]

　　[1]【今注】宣公：魯宣公。名俀，一作“倭”。文公庶子。魯文公死，襄仲殺文公嫡子惡、視，立之。自此，魯公室漸卑而三桓仲孫、叔孫、季孫强。在位十八年。事迹見《左傳》及《史記》卷三三《魯周公世家》。

　　[2]【顏注】師古曰：《公羊經》也（大德本無“經”字；也，殿本作“曰”）。成周，洛陽也（大德本“成周”前有“十”字）。【今注】宣榭：土臺上的廳堂，爲講武檢閱之所。《左傳》杜預注：“《傳例》曰：‘宣榭，講武屋。’《爾雅》曰：‘無室曰榭，謂屋歇前。’”孔穎達《正義》：“服虔云：‘宣揚威武之處，義或當然也。’李巡曰：‘臺積土爲之，所以觀望，臺上有屋謂之榭。則榭是臺上屋。居臺而臨觀講武，故無室而歇前，歇前者無壁也，如今廳是也。’”案，沈欽韓《漢書疏證》以爲此是《左氏》經文。今本《公》《穀》並作“災”。

　　[3]【顏注】師古曰：王札子即王子捷也。召伯、毛伯，周大夫也（蔡琪本、大德本、殿本“大夫”前有“二”）。“召”讀曰“邵”。後皆類此。

　　[4]【今注】案，沈欽韓《漢書疏證》以爲此説較勝何休《公羊解詁》“以《春秋》當新王，因天災樂器，示周不復興”之語。

　　[5]【今注】講武：講習武事。案，王先謙《漢書補注》引葉德輝以爲，《左傳》“成周宣榭災”，孔穎達《春秋正義》引服虔注“宣揚威武之處”，與此合。則此文所引爲《左氏》家説也。

　　成公三年，“二月甲子，新宮災”。《穀梁》以爲宣宮，不言謚，恭也。劉向以爲時魯三桓子孫始執國政，宣公欲誅之，恐不能，使大夫公孫歸父如晉謀。未反，宣公死。三家譖歸父於成公。成公父喪未葬，聽讒而逐其父之臣，使奔齊，[1]故天災宣宮，明不用父命之象也。一曰，三家親而亡禮，猶宣公殺子赤而立。[2]亡禮而親，天災宣廟，欲示去三家也。董仲舒以爲成居喪亡哀戚心，數興兵戰伐，[3]故天災其父廟，示失子道，不能奉宗廟也。一曰，宣殺君而立，不當列於羣祖也。

[1]【顏注】師古曰：三桓，謂孟孫、叔孫、季孫三家，俱出桓公之子也。公孫歸父，東門襄仲之子也。歸父欲去三桓以張公室，與宣公謀，而聘于晉，欲以晉人去之。而宣公薨，成公即位，季文子及臧宣叔乃逐東門氏。歸父還，復命於介，遂出奔齊。【今注】案，“三家譜歸父於成公”之“於成”，大德本誤作“曰正”。

[2]【顏注】師古曰：赤，文公太子，即子惡也。宣公，文公之庶子，襄仲殺赤而立宣公（襄仲殺，大德本誤作“二仲殺”）。

[3]【顏注】師古曰：謂元年作丘甲，二年季孫行父帥師會晉郤克及齊侯戰于鞌，三年叔孫僑如帥師圍棘。

襄公九年，[1]“春，宋災”。劉向以爲先是宋公聽讒，逐其大夫華弱，出奔魯。[2]《左氏傳》曰，宋災，樂喜爲司城，[3]先使火所未至徹小屋，[4]塗大屋，[5]陳畚挶，[6]具綆缶，[7]備水器，[8]畜水潦，積土塗，[9]繕守備，[10]表火道，[11]儲正徒。[12]郊保之民，使奔火所。[13]又飭衆官，各慎其職。[14]晉侯聞之，[15]問士弱曰：[16]“宋災，於是乎知有天道，何故？”對曰：“古之火正，[17]或食於心，[18]或食於咮，以出入火。[19]是故咮爲鶉火，心爲大火。陶唐氏之火正閼伯，[20]居商丘，[21]

祀大火，而火紀時焉。相土因之，[22]故商主大火。商人閱其既敗之釁必始於火，是以知有天道。"公曰："可必乎？"對曰："在道。國亂亡象，不可知也。"[23]

說曰：古之火正，謂火官也，掌祭火星，行火政。季春昏，心星出東方，而啄、七星、鳥首正在南方，[24]則用火；季秋，星入，則止火，以順天時，救民疾。帝嚳則有祝融，[25]堯時有閼伯，民賴其德，死則以爲火祖，配祭火星，故曰"或食於心，或食於咮也"。相土，商祖契之曾孫，[26]代閼伯後主火星。宋，其後也。世司其占，故先知火。[27]賢君見變，能脩道以除凶；亂君亡象，天不譴告，故不可必也。

　　[1]【今注】襄公：魯襄公姬午。魯成公之子。三歲即位。曾與晉共伐鄭，晉悼公爲之行冠禮於衛。季武子欲專公室之權，乃使季孫、叔孫、孟孫三家各主一軍，魯公室更加衰落。在位三十一年。事迹見《史記》卷三三《魯周公世家》。

　　[2]【顏注】師古曰：華弱，華耦之孫也，與樂轡少相狎，長相優，又相謗。轡以弓梏弱于朝，宋平公怒，逐之，遂來奔。事在襄六年。

　　[3]【顏注】師古曰：司城，本司空，避武公之諱，故改其官爲司城。【今注】司城：春秋時宋國避武公諱改"司空"置，六卿之一。掌治城廓，執國政。

　　[4]【顏注】師古曰：恐火及之，故徹去。

　　[5]【顏注】師古曰：大屋難徹，故以泥塗之，令火至不可焚。

　　[6]【顏注】應劭曰：畚，草籠也，讀與"本"同。輂，所以輿土也。師古曰：輂，音居玉反（殿本無"音"字）。【今注】畚（běn）輂（jú）：盛土和抬土的工具。錢大昭《漢書辨疑》指

出"輂"，《左氏》作"挶"。《左傳》楊伯峻注："挶即梮，與輂同，音菊，舁土之器。畚音本，以草索爲之，可以盛糧，亦可以盛土。其器較大，甚至晉靈公用以盛死尸。梮或是以二木爲之，貫穿畚之兩耳，二人抬之以運土。"

[7]【顏注】師古曰：綆，汲索也。缶即盎也。綆，音工杏反（工，殿本作"王"）。

[8]【顏注】師古曰：罃瓮之屬也（瓮，大德本、殿本作"甖"，朱一新《漢書管見》指出汪本作"甖"，二字同）。許氏《説文解字》曰："罃，備火，今之長頸缾也（缾，殿本作"瓶"）。"

[9]【顏注】師古曰：潦，行潦也。"畜"讀曰"蓄"。蓄，謂障遏聚之也。塗，泥也。

[10]【顏注】師古曰：繕，謂補修之也。修守禦之備，恐因火有它故也。

[11]【顏注】師古曰：火之所起之道皆立摽記也（摽，殿本作"標"）。

[12]【顏注】師古曰：儲，偫也。正徒，役徒也。偫，音丈紀反。

[13]【顏注】師古曰：郊保之人，謂郊野之外保聚者也。使奔火所，共救災也。【今注】郊保：郊外的小城堡。保，同"堡"。《左傳》襄公八年："焚我郊保，馮陵我城郭。"楊樹達《漢書窺管》據《禮記·月令》云："四鄙入保。"鄭玄注云："小城曰保。"以爲顏訓"保聚"，非。楊伯峻《左傳》注："保，今作堡。築土爲城，猶近代之土寨。郊保，郊外之小城堡。"

[14]【顏注】師古曰："敍"讀與"救"同。

[15]【今注】晉侯：晉悼公。名周，一作"糾"。襄公曾孫。欒書殺晉厲公，迎公於周。公立，逐不臣者七人。修功業，施德惠，會諸侯，多次與楚爭鄭，鄭服。使魏絳和戎。使六卿會諸侯伐

秦，渡涇水，大敗秦軍，至棫林而返。晉復霸。在位十五年。

　　[16]【顏注】師古曰：士弱，晉大夫士莊伯。

　　[17]【今注】火正：傳說顓頊氏所置五行官掌火之官。

　　[18]【今注】心：心宿。蒼龍七宿的第五宿，有星三顆。其主星亦稱商星、鶉火、大火、大辰。

　　[19]【顏注】師古曰：咮，音竹救反。【今注】咮：柳宿。二十八宿之一，南方朱雀七宿的第三宿，有星八顆。

　　[20]【今注】陶唐氏：堯。

　　[21]【今注】商丘：在今河南商丘市東南；或以爲在今河南濮陽市西南。

　　[22]【今注】相土：商湯十一世祖。契孫。居於商丘。曾向東開拓疆土到渤海一帶。又傳爲馬車發明者。

　　[23]【顏注】韋昭曰：大亂之君，天不復告，故無象。

　　[24]【今注】七星：二十八宿之一。南方朱鳥七宿的第四宿，有星七顆。案，啄，蔡琪本、大德本、殿本作“咮”。

　　[25]【今注】帝嚳：高辛氏。古代部落首領。帝嚳生子放勳與摯。嚳卒，摯代之，不善，弟放勳立，即堯。

　　[26]【顏注】師古曰：“契”讀曰“偰”，音先列反。字或作“离”，其用同耳。據諸典籍，相土即离之孫，今云“曾孫”，未詳其意。

　　[27]【今注】案，蔡琪本、大德本、殿本“知火”後有“災”字。

　　三十年“五月甲午，宋災”。董仲舒以爲伯姬如宋五年，宋恭公卒，[1]伯姬幽居守節三十餘年，又憂傷國家之患禍，積陰生陽，故火生災也。[2]劉向以爲先是宋公聽讒而殺大子痤，[3]應火不炎上之罰也。

[1]【顔注】師古曰：伯姬，魯宣公女恭姬也。成九年歸于宋，十五年而宋公卒。今云“如宋五年”，則是轉寫誤（轉，殿本誤作“傳”）。【今注】宋恭公：宋共公。子姓，宋氏，名瑕。宋文公之子。

[2]【今注】案，沈欽韓《漢書疏證》以爲何休本其説，云“伯姬守禮，含悲極思之所生”。沈氏以爲宋數年内並無患禍。董説非。伯姬既能守禮，一老婦人何所悲思？何休説更難通。楊樹達《漢書窺管》引《鹽鐵論·備胡》云：“宋伯姬愁思而宋國火。”以爲正用董生義。

[3]【顔注】師古曰：痤，宋平公大子也。寺人惠牆伊戾譖大子，云與楚客盟，平公殺之。事在襄二十六年。痤，音在戈反。

《左氏傳》昭公六年，[1]“六月丙戌，鄭災”。是春三月，鄭人鑄刑書。[2]士文伯曰：“火見，鄭其火乎？[3]火未出而作火以鑄刑器，臧爭辟焉。[4]火而象之，不火何爲？”説曰：火星出於周五月，而鄭以三月作火鑄鼎，刻刑辟書，以爲民約，是爲刑器爭辟。故火星出，與五行之火爭明爲災，其象然也，又棄法律之占也。不書於經，時不告魯也。

[1]【今注】昭公：魯昭公。名稠。魯襄公子。在位三十二年。事迹見《左傳》及《史記》卷三二《魯周公世家》。

[2]【今注】刑書：刑法的條文。事在魯昭公六年（前536），子産執政鄭國期間，將成文法條款鑄於鼎上公布。晉叔向致書子産加以非難，認爲鑄刑書使民衆有法可循，則會“不忌於上，並有爭心，以征於書，而徼幸以成之”。子産回書表示，鑄刑書是爲了“救世”。

[3]【顏注】師古曰：士文伯，晉大夫伯瑕也。

[4]【顏注】師古曰：著刑於鼎（著，殿本作"鑄"），故稱刑器。法設下爭，故云"爭辟"。

九年"夏四月，陳火"。[1]董仲舒以爲陳夏徵舒殺君，楚嚴王託欲爲陳討賊，陳國闢門而待之，至因滅陳。[2]陳臣子尤毒恨甚，極陰生陽，故致火災。劉向以爲先是陳侯弟招殺陳大子偃師，[3]皆外事，不因其宮館者，[4]略之也。八年十月壬午，楚師滅陳，[5]《春秋》不與蠻夷滅中國，故復書"陳火"也。[6]《左氏經》曰"陳災"。傳曰"鄭裨竈曰：'五年，陳將復封，[7]封五十二年而遂亡。'子產問其故，[8]對曰：'陳，水屬也。火，水妃也，[9]而楚所相也。[10]今火出而火陳，逐楚而建陳也。妃以五成，故曰五年。歲五及鶉火，而後陳卒亡，楚克有之，天之道也。'"説曰：顓頊以水王，陳其族也。[11]今茲歲在星紀，[12]後五年在大梁。[13]大梁，昴也。金爲水宗，得其宗而昌，故曰"五年陳將復封"。楚之先爲火正，故曰"楚所相也"。天以一生水，地以二生火，天以三生木，地以四生金，天以五生土。五位皆以五而合，而陰陽易位，故曰"妃以五成"。然則水之大數六，火七，木八，金九，土十。故水以天一爲火二牡，木以天三爲土十牡，土以天五爲水六牡，火以天七爲金四牡，金以天九爲木八牡。陽奇爲牡，陰耦爲妃。[14]故曰"水，火之牡也；火，水妃也"。於《易》，《坎》爲水，爲中男，《離》爲火，爲中女，蓋取諸此也。自大梁四歲而及鶉火，四周四十八歲，凡五及鶉火，五十二年而陳卒亡。火盛水衰，故曰"天之道也"。哀公十七年七月己卯，楚滅陳。

[1]【顏注】師古曰：《公羊經》。

[2]【顏注】師古曰：夏徵舒，陳卿夏南，即少西氏也。徵舒之母通於靈公，靈公飲酒于夏氏，徵舒射而殺之（射，殿本作"討"）。楚子爲夏氏亂故伐陳，謂陳人無動，將討於少西氏，遂入陳，殺夏徵舒，轘諸栗門，因縣陳。事在宣十年十一年（十年，殿本作"公"，是。蔡琪本無此二字）。【今注】楚嚴王：楚莊王。名侶，一作"旅"。楚穆王子。春秋時霸主。事迹見《左傳》及《史記》卷四〇《楚世家》。案，《漢書考正》劉敞曰："昭九年，夏徵舒事且六十歲矣。仲舒之言一何謬乎！"錢大昕《三史拾遺》卷三以爲當云"陳公子招殺太子，楚靈王託欲爲陳討賊"，傳寫舛訛，校書者妄以意纂改。劉譏其謬是，但董仲舒明於《春秋》，不應乖舛若此，是恐非董、班原文。

[3]【顏注】師古曰：招，謂陳哀公之弟。偃師，即哀公子也。哀公有廢疾，招殺大子而立公子留（殺大，蔡琪本、大德本、殿本作"殺太"）。事在昭八年。招，音韶。【今注】陳侯：陳哀公。名弱。陳成公子。事迹見《左傳》及《史記》卷三六《陳杞世家》。案，大，蔡琪本、大德本、殿本作"太"。

[4]【今注】案，周壽昌《漢書注校補》曰："言不詳其火之所㽞火何宮館也。"

[5]【顏注】師古曰：莊王初雖縣陳，納申叔時之諫，乃復封陳，至此時陳又爲楚靈王所滅。

[6]【顏注】師古曰：九年火時，陳已爲楚縣，猶追書陳國者，以楚蠻夷，不許其滅中夏之國。

[7]【顏注】師古曰：裨竈，鄭大夫。【今注】裨竈：春秋時

鄭國大夫。善觀星象，曾預言周天子及楚王將死，宋、衛、陳、鄭四國將發生火災，晉國國君將死，陳國將亡等，皆被言中。但鄭子產不信，謂其多言，偶爾言中而已。

[8]【今注】子產：公孫僑。春秋時鄭國人，字子產，一字子美。子國之子。鄭簡公十二年爲卿，二十三年爲正卿，執政。實行政治、經濟改革，整頓田地疆界溝洫，發展農業生產，不毀鄉校，以聽取國人意見，鑄刑鼎公布法律條令。執政數年，鄭國大治。治鄭二十六年而死，國人爲之痛哭。

[9]【今注】妃：配。

[10]【今注】相：朱一新《漢書管見》引《左傳》昭公九年杜注：“相，治也。”

[11]【顏注】師古曰：陳，舜後也。舜本出顓頊。【今注】顓頊：事迹見《史記》卷一《五帝本紀》。

[12]【今注】星紀：星次名。十二次之一。與十二辰之丑相對應，二十八宿中之斗、牛二宿屬之。

[13]【今注】大梁：星次名。在十二支中爲酉，在二十八宿爲胃、昴、畢三星。

[14]【顏注】師古曰：奇，音居宜反。

昭十八年，“五月壬午，宋、衛、陳、鄭災”。董仲舒以爲象王室將亂，天下莫救，故災四國，言亡四方也。又宋、衛、陳、鄭之君皆荒淫於樂，不恤國政，與周室同行。陽失節則火災出，是以同日災也。劉向以爲宋、陳，王者之後，[1]衛、鄭，周同姓也。[2]時周景王老，[3]劉子、單子事王子猛，[4]尹氏、召伯、毛伯事王子朝。[5]子朝，楚之出也。[6]及宋、衛、陳、鄭亦皆外附於楚，亡尊周室之心。後二年，[7]景王崩，王室亂，故天災四國。天戒若曰，不救周，反從楚，廢世子，[8]立不正，以害王室，明同辜也。

　　[1]【顏注】師古曰：宋微子啓本出殷，陳胡公滿有虞苗裔，皆王者之後。

　　[2]【顏注】師古曰：衞康叔，文王之子。鄭桓公，宣王之弟。

　　[3]【今注】周景王：姬姓，名貴。靈王子。事迹見《史記》卷四《周本紀》。

　　[4]【顏注】師古曰：劉子，劉獻公摯也。單子，穆公旗也。皆周大夫也。猛，景王太子。單，音善。

　　[5]【顏注】師古曰：尹氏，文公圉也。召伯，莊公奐也。毛伯，毛得也。皆周大夫也。子鼂，景王庶子也。鼂，古"朝"字。

　　[6]【顏注】師古曰：姊妹之子曰出。

　　[7]【今注】案，二，蔡琪本、大德本、殿本作"三"。王先謙《漢書補注》引蘇輿以爲，景王崩於昭二十二年，合本年計之，則後五年，"二"當爲"五"。

　　[8]【今注】世子：太子。《公羊傳》僖公五年："世子，貴也。世子猶世世子也。"周壽昌《漢書注校補》曰："此叙周景王太子猛事。稱'世子'，周制也。"

　　定公二年，[1] "五月，雉門及兩觀災"。[2]董仲舒、劉向以爲此皆奢僭過度者也。先是，季氏逐昭公，[3]昭公死于外。[4]定公即位，不能誅季氏，[5]又用其邪説，淫於女樂，而退孔子。[6]天戒若曰，去高顯而奢僭者。一曰，門闕，號令所由出也，今舍大聖而縱有皋，[7]亡以出號令矣。京房《易傳》曰："君不思道，厥妖火燒宮。"哀公三年"五月辛卯，桓、釐宮災"。董仲舒、劉向以爲此二宮不當立，違禮者也。哀公又以季氏之故不用孔子。孔子在陳聞魯災，曰："其桓、釐之宮乎！"以爲桓，季氏之所出，釐，使季氏世卿者也。四年"六月辛丑，亳社災"。[8]董仲舒、劉向以爲亡國之社，所以爲戒也。[9]天戒若曰，國將危亡，不用戒矣。《春秋》火災，屢於定、哀之閒，不用聖人而縱驕臣，將以亡國，不明甚也。一曰，天生孔子，非爲定、哀也，蓋失禮不明，火災應之，自然象也。

[1]【今注】定公：魯定公。名宋，昭公弟。在位十五年。事迹見《左傳》及《史記》卷三二《魯周公世家》。

[2]【顏注】師古曰：雉門，公宮南門也。兩觀謂闕。【今注】雉門：古代諸侯之宮門名；一說天子之宮門名；一說雖爲天子之門，但魯周公享天子禮而有。檢群經注疏，僅以鄭玄、孔穎達說爲例，關於魯國或諸侯國有無"雉門"便不盡相同。《毛詩·大雅·綿》："乃立皋門，皋門有伉。乃立應門，應門將將。"《鄭箋》："諸侯之宮，外門曰皋門，朝門曰應門，內有路門。天子之宮，加以庫、雉。"孔穎達《正義》："鄭以《檀弓》云：'魯莊公之喪，既葬而絰，不入庫門。'《春秋》定二年：'雉門及兩觀災。'是魯有庫門、雉門也。《明堂位》云：'庫門，天子皋門。雉門，天子應門。'是則名之曰庫、雉，制之如皋、應。魯以周公之故，成王特襃之，使之制二兼四，則其餘諸侯不然矣。"《周禮·秋官司寇·朝士》："朝士掌建邦外朝之灋，左九棘，孤卿大夫位焉，群士在其後。右九棘，公侯伯子男位焉，群吏在其後。面三槐，三公位焉，州長衆庶在其後。左嘉石，平罷民焉。右肺石，達窮民焉。"鄭康成引鄭

綦王有五門之説，並云：“玄謂《明堂位》説魯公宮曰‘庫門，天子皋門。雉門，天子應門。’言魯用天子之禮，所名曰庫門者，如天子皋門。所名曰雉門者，如天子應門。此名制二兼四，則魯無皋門、應門矣。”《禮記·明堂位》：“大廟，天子明堂。庫門，天子皋門。雉門，天子應門。”鄭注：“天子五門：皋、庫、雉、應、路。魯有庫、雉、路，則諸侯三門與？”孔穎達《正義》：“此經有庫門、雉門，又《檀弓》云‘魯莊公之喪，既葬而絰，不入庫門’，定二年雉門災，是魯有庫、雉，則又有路門可知。魯既有三門，則餘諸侯亦有三門，故云‘諸侯三門與？’”考《穀梁傳》文，僅表明“新作”“加其度”爲“不正”，且“雖不正也，於美猶可也”。則言外之意，“魯有雉門”不爲僭制。《公羊傳》定公二年《經》：“夏，五月，壬辰，雉門及兩觀災。”《公羊傳》：“其言雉門及兩觀災何？兩觀微也。然則曷爲不言雉門災及兩觀？主災者兩觀也。時災者兩觀，則曷爲後言之？不以微及大也。何以書？記災也。”定公二年《經》：“冬，十月，新作雉門及兩觀。”《公羊傳》：“其言新作之何？修大也。修舊不書，此何以書？譏。何譏爾？不務乎公室也。”《春秋繁露·王道》：“作南門。刻桷，丹楹，作雉門及兩觀。築三臺，新延廐，譏驕溢不恤下也。”對比《公羊傳》文及《春秋繁露》，則同樣都無魯“雉門”過制之説。且“不務乎公室”與“譏驕溢不恤下”頗爲篤實。而過制爲僭越，“不務乎公室”爲墮政，在大多數古代師儒觀念中，僭越的罪過恐怕遠大於墮政。不言“過制”而祇言“不務乎公室”“譏驕溢不恤下”，於理不合。是《五行志》所載的董生説，或爲董仲舒後的《公羊》家，如嚴、顔等博士傳聞？因不可考知，當闕疑不論。然而劉向未細查《穀梁傳》文，且或受《五行志》中所載“董仲舒説”的影響而至誤，則是事實。

[3]【今注】季氏：季孫意如。專魯國政。與郈氏、臧氏不和，臧、郈告昭公。遂伐季氏，被圍困其宅。季氏聯合叔孫、孟孫三家共攻公，解圍。昭公出亡，赴齊、晉求助。意如抗齊賂晉，使

昭公居乾侯。晉調解，乃隨晉使荀躒至乾侯迎昭公。昭公不返，死
於乾侯，意如葬之於魯陵墓道南，不使與祖宗並列。卒諡平。

[4]【顏注】師古曰：謂薨于乾侯。

[5]【今注】案，蔡琪本、大德本、殿本"不能"前有
"既"字。

[6]【顏注】師古曰：齊人歸女樂，季桓子勸定公受之，君
臣相與觀之，廢朝禮三日，孔子乃行。【今注】案，沈欽韓《漢書
疏證》以爲，雉門兩觀災在定公二年，退孔子在定公十五年，時間
距離太遠，附會太甚。

[7]【今注】辠：同"罪"。

[8]【顏注】師古曰：亳社，殷社也。【今注】亳社：沈欽韓
《漢書疏證》指出《公羊》作"蒲社"，"蒲"是"薄"之訛。

[9]【顏注】師古曰：存其社者，欲使君常思敬慎，懼危
亡也。

　　高后元年五月丙申，[1]趙叢臺災。[2]劉向以爲是時
呂氏女爲趙王后，[3]嫉妒，將爲讒口以害趙王。王不寤
焉，卒見幽殺。[4]惠帝四年十月乙亥，[5]未央宮凌室
災；[6]丙子，織室災。[7]劉向以爲元年呂大后殺趙王如
意，殘戮其母戚夫人。是歲十月壬寅，大后立帝姊魯
元公主女爲皇后。[8]其乙亥，凌室災。明日，織室災。
凌室所以供養飲食，織室所以奉宗廟衣服，與《春
秋》御廩同義。天戒若曰，皇后亡奉宗廟之德，將絕
祭祀。其後，皇后亡子，後宮美人有男，大后使皇后
名之，而殺其母。惠帝崩，嗣子立，有怨言，大后廢
之，更立呂氏子弘爲少帝。賴大臣共誅諸呂而立文帝，
惠后幽廢。

　　[1]【今注】高后元年：公元前 187 年。吕雉執政凡八年（前 187—前 180）。

　　[2]【今注】趙叢臺：在今河北邯鄲市舊縣城東北。戰國趙武靈王建，因其由多個臺組成，"連聚非一"，故名。

　　[3]【今注】趙王：趙幽王劉友。傳見本書卷三八。

　　[4]【今注】幽殺：囚禁處死。

　　[5]【今注】案，十月，本書卷二《惠紀》作"七月"。

　　[6]【顏注】師古曰：臧冰之室也。【今注】未央宫：漢正宫。在秦章臺基礎上修建，位於漢長安城地勢最高西南角龍首原上，因在長安城安門大街之西，又稱西宫。（參見李毓芳《漢長安城未央宫的考古發掘與研究》，《文博》1995 年第 3 期；陳蘇鎮《未央宫四殿考》，《歷史研究》2016 年第 5 期）

　　[7]【顏注】師古曰：織作之室。

　　[8]【今注】魯元公主：漢高帝劉邦長女。

　　文帝七年六月癸酉，[1] 未央宫東闕罘思災。[2] 劉向以爲東闕所以朝諸侯之門也，罘思在其外，諸侯之象也。漢興，大封諸侯王，連城數十。文帝即位，賈誼等以爲違古制度，[3] 必將叛逆。先是，濟北、淮南王皆謀反，[4] 其後吴楚七國舉兵而誅。[5] 景帝中五年八月己酉，[6] 未央宫東闕災。先是，栗大子廢爲臨江王，[7] 以罪徵詣中尉，[8] 自殺。丞相條侯周亞夫以不合旨稱疾免，[9] 後二年下獄死。

　　[1]【今注】文帝七年：公元前 173 年。

　　[2]【顏注】師古曰：罘思，闕之屏也。解具在《文紀》。【今注】東闕：闕，古代皇宫門外兩邊供瞭望的樓臺，中有通道。

本書卷一《高紀》云："蕭何治未央宮，立東闕、北闕、前殿、武庫、大倉。"顏師古注云："未央殿雖南向，而上書奏事謁見之徒皆詣北闕，公車司馬亦在北焉。是則以北闕爲正門，而又有東門、東闕。至於西南兩面，無門闕矣。蓋蕭何初立未央宮，以厭勝之術，理宜然乎？"今案，如顏師古所言，未央宮確以北闕爲正門，與後世以南門爲正門的習俗大不相同。然其原因非所謂厭勝，而是當時由北極、北斗崇拜帶來的尊北之風。而設東闕則當與上古以來尊日的習俗有關。（參見宋艷萍《漢闕與漢代政治史觀》，載《形象史學研究（2013）》，人民出版社 2014 年版；安子毓《方位尊崇淵源考》，《社會科學戰綫》2017 年第 10 期） 罘思：設在門外或城角上的網狀建築，用以守望和防禦。本書卷四《文紀》顏師古注："罘罳，謂連闕曲閣也，以覆重刻垣墉之處，其形罘罳然，一曰屏也。"案，思，蔡琪本、殿本作"罳"。

［3］【今注】賈誼：傳見本書卷四八。

［4］【今注】濟北：濟北王劉興居。事迹見本書卷三八《高五王傳》。 淮南王：淮南厲王劉長。傳見本書卷四四。

［5］【今注】吳楚七國舉兵：西漢景帝時吳王劉濞爲首七同姓諸侯王的叛亂事件。漢景帝即位後，采納御史大夫鼂錯建議，逐步削奪楚、趙、吳、膠西等國封邑。吳王劉濞聯絡楚王戊、膠西王卬、膠東王雄渠、甾川王賢、濟南王辟光、趙王遂，以誅鼂錯、清君側爲名，公開發動武裝叛亂。史稱"吳楚七國之亂"。

［6］【今注】景帝中五年：公元前 145 年。

［7］【顏注】師古曰：景帝大子，栗姬所生，謂之栗大子。【今注】栗大子：劉榮。傳見本書卷五三。

［8］【今注】中尉：西漢初，中尉典武職，備盜賊，掌京師治安。秩中二千石。

［9］【今注】周亞夫：傳見本書卷四〇。

武帝建元六年六月丁酉，[1]遼東高廟災。[2]四月壬子，高園便殿火。[3]董仲舒對，[4]曰："《春秋》之道舉往以明來，是故天下有物，視《春秋》所舉與同比者，[5]精微眇以存其意，[6]通倫類以貫其理，天地之變，國家之事，粲然皆見，亡所疑矣。桉《春秋》魯定公、哀公時，季氏之惡已孰，[7]而孔子之聖方盛。夫以盛聖而易孰惡，季孫雖重，魯君雖輕，其勢可成也。故定公二年五月兩觀災。兩觀，僭禮之物，[8]天災之者，若曰，僭禮之臣可以去。已見象徵，而後告可去，此天意也。定公不知省。[9]至哀公三年五月，桓宮、釐宮災。二者同事，所爲一也，若曰燔貴而去不義云爾。[10]哀公未能見，故四年六月亳社災。兩觀、桓、釐廟、亳社，四者皆不當立，[11]天皆燔其不當立者以示魯，欲其去亂臣而用聖人也。季氏亡道久矣，前是天不見災者，魯未有賢聖臣，雖欲去季孫，其力不能，昭公是也。[12]至定、哀迺見之，其時可也。不時不見，天之道也。今高廟不當居遼東，高園殿不當居陵旁，於禮亦不當立，[13]與魯所災同。其不當立久矣，至於陛下時天迺災之者，殆亦其時可也。昔秦受亡周之敝，而亡以化之；漢受亡秦之敝，又亡以化之。夫繼二敝之後，承其下流，兼受其猥，難治甚矣。[14]又多兄弟親戚骨肉之連，驕揚奢侈，[15]恣睢者衆，[16]所謂重難之時者也。陛下正當大敝之後，又遭重難之時，甚可憂也。故天災若語陛下：'當今之世，雖敝而重難，非以大平至公，[17]不能治也。視親戚貴屬在諸侯遠正最

甚者，忍而誅之，[18]如吾燔遼東高廟迺可；視近臣在
國中處旁仄及貴而不正者，忍而誅之，[19]如吾燔高園
殿迺可’云爾。在外而不正者，雖貴如高廟，猶災燔
之，況諸侯乎！在内不正者，雖貴如高園殿，猶燔災
之，況大臣乎！此天意也。皋在外者天災外，皋在内
者天災内，燔甚罪當重，燔簡罪當輕，承天意之道
也。”先是，淮南王安入朝，[20]始與帝舅大尉武安侯田
蚡有逆言。[21]其後膠西于王、趙敬肅王、常山憲王皆
數犯法，[22]或至夷滅人家，藥殺二千石，[23]而淮南、
衡山王遂謀反。膠東、江都王皆知其謀，陰治兵弩，
欲以應之。至元朔六年，[24]迺發覺而伏辜。[25]時田蚡
已死，不及誅。上思仲舒前言，使仲舒弟子吕步舒持
斧鉞治淮南獄，[26]以《春秋》誼顓斷於外，不請。[27]
既還奏事，上皆是之。

[1]【今注】建元：漢武帝年號（前140—前135）。案，錢大
昕《廿二史考異·漢書二》以爲本書《武紀》作“二月乙未”。

[2]【今注】遼東：郡名。治襄平縣（今遼寧遼陽市）。 高
廟：即高祖廟，又稱“太祖廟”，是祭祀開國皇帝劉邦的宗廟。漢
惠帝時始設，地方諸郡國皆立。

[3]【今注】高園：高帝陵園。

[4]【今注】案，周壽昌《漢書注校補》引本書卷五六《董仲
舒傳》：“居家推説其意。主父偃竊其書而奏焉。”與本《志》記載
不同。

[5]【顔注】師古曰：比，類也，音必寐反。

[6]【今注】案，眇，殿本作“耖”。

[7]【顔注】師古曰：孰，成也。

[8]【顏注】師古曰：兩觀，天子之制也。

[9]【顏注】師古曰：省，察也（殿本無此注）。

[10]【顏注】師古曰：燔，音煩。

[11]【今注】案，沈欽韓《漢書疏證》以爲桓、釐二廟親盡當毀，此孔子所言。兩觀與亳社則未必。《禮記·禮運》孔穎達《正義》：“何休《公羊注》：‘天子兩觀，外闕諸侯臺門。’則諸侯不得有闕。魯有闕者，魯以天子之禮，故得有之。”案，《禮記·郊特牲》不言兩觀爲僭，《正義》云“臺上架屋曰臺門”，則臺門非闕門。亳社者，《左傳》杜預注云“諸侯有之，所以戒亡國”。《左傳》云“閒于兩社，爲公室輔”，孔穎達《正義》云：“左有亳社，右有周社。卿大夫有大事，詢衆庶在其閒也。”《公》《穀》二傳亦不議魯有亳社也。

[12]【顏注】師古曰：前是，謂此時之前也。見，顯示也，音胡電反。次下並同（次，大德本、殿本作“以”）。

[13]【今注】案，何焯《義門讀書記》卷一六曰：“此貢禹、匡衡罷諸廟所本。”可參本書卷七三《韋玄成傳》叙西漢廟、園制度：“初，高祖時，令諸侯王都皆立太上皇廟。至惠帝尊高帝廟爲太祖廟，景帝尊孝文廟爲太宗廟，行所嘗幸郡國各立太祖、太宗廟。至宣帝本始二年，復尊孝武廟爲世宗廟，行所巡狩亦立焉。凡祖宗廟在郡國六十八，合百六十七所。而京師自高祖下至宣帝，與太上皇、悼皇考各自居陵旁立廟，并爲百七十六。又園中各有寢、便殿。日祭於寢，月祭於廟，時祭於便殿。寢，日四上食；廟，歲二十五祠；便殿，歲四祠。又月一游衣冠。而昭靈后、武哀王、昭哀后、孝文太后、孝昭太后、衛思后、戾太子、戾后各有寢園，與諸帝合，凡三十所。一歲祠，上食二萬四千四百五十五，用衛士四萬五千一百二十九人，祝宰樂人萬二千一百四十七人，養犧牲卒不在數中。”貢禹、匡衡奏議亦見《韋玄成傳》。

[14]【顏注】師古曰：很，積也，謂積敝也。

[15]【顏注】師古曰：揚，謂振揚張大也。【今注】揚：周壽昌《漢書注校補》曰："揚，輕揚也。"

[16]【顏注】服虔曰：自恣意怒貌也。師古曰：睢，音呼季反。

[17]【今注】案，大，蔡琪本、大德本、殿本作"太"。

[18]【顏注】師古曰：遠，離也，謂離正道者也。

[19]【顏注】師古曰：仄，古"側"字。

[20]【今注】淮南王安：劉安。傳見本書卷四四。

[21]【今注】田蚡：傳見本書卷五二。

[22]【今注】膠西于王趙敬肅王常山憲王：即劉端、劉彭祖、劉舜，三人傳見本書卷五三。

[23]【今注】案，王先謙《漢書補注》曰："據傳云常山王數犯法，趙王迫劫告汙二千石，其禽滅人家及藥殺二千石則膠西王事也。"

[24]【今注】元朔：漢武帝年號（前128—前123）。

[25]【今注】案，王先謙《漢書補注》曰："伏辜在元狩元年，即元朔六年後一年；發覺在六年；《淮南衡山傳》可證。或疑此志文誤，非也。"

[26]【今注】呂步舒：西漢溫人。董仲舒弟子。官丞相長史，曾持節決淮南獄。

[27]【顏注】師古曰："頗"與"專"同。不請者，不奏待報（不奏待報，殿本作"不待奏報"）。【今注】案，本書《董仲舒傳》："先是遼東高廟、長陵高園殿災，仲舒居家推說其意，中稾未上，主父偃候仲舒，私見，嫉之，竊其書而奏焉。上召視諸儒，仲舒弟子呂步舒不知其師書，以爲大愚。於是下仲舒吏，當死，詔赦之。"周壽昌《漢書注校補》此乃復用步舒治獄，是獄"所連引與王謀反列侯、二千石、豪傑數千人，皆以罪輕重受誅"。

大初元年十一月乙酉，[1]未央宮柏梁臺災。[2]先是，大風發其屋，夏侯始昌先言其災日。[3]後有江充巫蠱衛大子事。[4]征和二年春，[5]涿郡鐵官鑄鐵鐵銷，[6]皆飛上去，此火爲變使之然也。其三月，涿郡大守劉屈氂爲丞相。[7]後月，巫蠱事興，帝女諸邑公主、陽石公主、[8]丞相公孫賀、子大僕敬聲、平陽侯曹宗等皆下獄死。[9]七月，使者江充掘蠱太子宮，大子與母皇后議，[10]恐不能自明，乃殺充，舉兵與丞相劉屈氂戰，死者數萬人，大子敗走，至湖自殺。[11]明年，屈氂復坐祝詛要斬，[12]妻梟首也。成帝河平二年正月，[13]沛郡鐵官鑄鐵，[14]鐵不下，隆隆如雷聲，又如鼓音，工十三人驚走。音止，還視地，地陷數尺，鑪分爲十，一鑪中銷鐵散如流星，皆上去，與征和二年同象。其夏，帝舅五人封列侯，號五侯。[15]元舅王鳳爲大司馬大將軍秉政。[16]後二年，丞相王商與鳳有隙，鳳譖之，免官，自殺。明年，京兆尹王章訟商忠直，[17]言鳳顓權，鳳誣章以大逆辠，[18]下獄死，妻子徙合浦。[19]後許皇后坐巫蠱廢，[20]而趙飛燕爲皇后，[21]妹爲昭儀，賊害皇子，成帝遂亡嗣。皇后、昭儀皆伏辜。一曰，鐵飛屬金不從革。

[1]【今注】大初：太初。漢武帝年號（前104—前101）。

[2]【今注】柏梁臺：西漢武帝建。在長安城中北闕內（今陝西西安市西北未央鄉盧家口村）。

[3]【今注】夏侯始昌：傳見本書卷七五。

[4]【今注】江充：傳見本書卷四五。 衛大子：劉據。謚

戾，故又稱戾太子。傳見本書卷六三。

[5]【今注】征和：漢武帝年號（前92—前89）。

[6]【今注】涿郡：治涿縣（今河北涿州市）。案，《漢書考正》宋祁以爲"鐵鐵"，或當作"錢錢"。《漢書考證》齊召南以爲此條及下"成帝河平二年正月，沛郡鐵官鑄鐵，鐵不下"其事正同。宋祁並疑"鑄鐵"當作"鑄錢"，非。元狩五年以後令天下非三官錢不行，則此時外郡不當有鑄錢之事。雖涿郡鐵飛，本書卷六《武紀》不載，而涿郡有鐵官，本書《地理志》有明文矣。至河平沛郡鐵散，則本書卷一〇《成紀》亦載其事。不得疑"鐵"字爲"錢"字之訛。

[7]【今注】劉屈氂：當作"劉屈氂"。傳見本書卷六六。王先謙《漢書補注》據《説文》："氂，家福也。氂，牛尾也。"以爲此是通用字。本書《王子侯表》作"屈氂"，與此同。紀、傳作"屈氂"。則作"氂"者是。

[8]【顏注】師古曰：諸，琅邪之縣也。公主所食曰邑，故謂之"諸邑"。陽石，北海之縣，字亦作"羊"。【今注】諸邑：縣邑名。治所在今山東諸城市西南。　陽石：縣名。治所在今山東萊州市南。

[9]【今注】公孫賀：傳見本書卷六六。　大僕：太僕。周置，秦、漢沿置。掌皇帝專用車馬，兼管官府畜牧業。列位九卿，秩中二千石。　曹宗：王先謙《漢書補注》據本書《高惠高后文功臣表》："征和二年，坐與中人姦，闌入宮掖門，入財贖完爲城旦"，不言爲巫蠱下獄死，疑有誤。

[10]【今注】母皇后：衛子夫。事見本書卷九七上《外戚傳上》。

[11]【顏注】師古曰：湖，縣名也。即今閿鄉、湖城二縣界。【今注】湖：縣名。治所在今河南靈寶市西北。

[12]【顏注】師古曰："褆"，古"祖"字也，音側據反。

【今注】要斬：腰斬。將犯人從腰部斬爲兩截。

[13]【今注】河平：漢成帝年號（前28—前25）。

[14]【今注】沛郡：治相縣（今安徽濉溪縣西北）。

[15]【顏注】師古曰：譚、商、立（立，蔡琪本、殿本作"音"。王鳴盛《十七史商榷》卷一三指出凌本"立"作"音"。引沈炳云："《恩澤侯表》立與譚、商、根、逢時以河平二年六月乙亥封，五人皆皇太后弟。音封在鴻嘉元年六月。凌本誤。"本書卷一〇《成紀》亦作"立"）、根、逢時，凡五人。【今注】五侯：王譚，字子元，西漢東平陵（今山東濟南市東）人。以元帝舅封平阿侯。爲人奢侈驕倨，不爲其兄王鳳所喜，故鳳死，不得執政。王商，字子夏。元帝皇后王政君弟。以外戚於成帝時封成都侯。位特進，領城門兵。後代王音爲大司馬衞將軍輔政。驕奢淫逸，爭爲奢侈。病死，子況嗣。王立，字子叔。元帝王皇后弟。以外戚受寵倖，成帝時封曲陽侯，位特進，領城門兵。驕奢橫暴，賓客爲群盜，藏匿亡命，官府不能制。又霸占民田，轉賣政府，得錢一萬萬以上。後其侄王莽秉政，恨其不附己，迫使自殺。王根，字稚卿。元帝皇后王政君弟。成帝時以帝舅封曲陽侯。後爲大司馬驃騎將軍，繼其兄王商輔政。歷五歲，以老辭職。哀帝立，遣就國。逢時，字季卿。事迹不詳。

[16]【今注】王鳳：字孝卿，西漢東平陵人。王禁子，妹爲漢元帝皇后王政君。初爲衞尉，襲父爵陽平侯。成帝即位，以外戚爲大司馬大將軍，領尚書事。輔政十一年。

[17]【今注】京兆尹：漢武帝時改右内史置，掌治京師，又得參與朝政。位列九卿，秩中二千石。　王章：傳見本書卷七六。

[18]【今注】案，皋，蔡琪本誤作"章"，殿本作"罪"。

[19]【今注】合浦：郡名。治合浦縣（今廣西浦北縣南）。

[20]【今注】許皇后：事見本書卷九七下《外戚傳下》。

[21]【今注】趙飛燕：事見本書《外戚傳下》。

昭帝元鳳元年，[1]燕城南門災。[2]劉向以爲時燕王使邪臣通於漢，爲讒賊，謀逆亂。南門者，通漢道也。天戒若曰，邪臣往來，爲姦讒於漢，絕亡之道也。燕王不寤，卒伏其辜。元鳳四年五月丁丑，孝文廟正殿災。劉向以爲孝文，大宗之君，與成周宣榭火同義。先是，皇后父車騎將軍上官安、安父左將軍桀謀爲逆，[3]大將軍霍光誅之。皇后以光外孫，年少不知，居位如故。光欲后有子，因上侍疾醫言，禁内後宮皆不得進，唯皇后顓寢。皇后年六歲而立，十三年而昭帝崩，[4]遂絕繼嗣。光執朝政，猶周公之攝也。是歲正月，上加元服，[5]通《詩》《尚書》，有明悊之性。光亡周公之德，秉政九年，久於周公，上既已冠而不歸政，將爲國害。故正月加元服，五月而災見。古之廟皆在城中，孝文廟始出居外，[6]天戒若曰，去貴而不正者。宣帝既立，光猶攝政，驕溢過制，至妻顯殺許皇后，光聞而不討，後遂誅滅。

[1]【今注】元鳳：漢昭帝年號（前80—前75）。

[2]【今注】燕：諸侯王國名。這裏指國都薊縣（今北京市西南部）。

[3]【今注】車騎將軍：漢初爲臨時將軍之號，因領車騎士得名，事訖即罷。武帝後常設，地位次於大將軍、驃騎將軍。常典京城、皇宮禁衛軍隊，出征時常總領諸將軍。文官輔政者亦或加此銜，領尚書政務，成爲中朝重要官員。　左將軍：漢朝重號將軍。有兵事則典掌禁兵，戍衛京師，或任征伐。與前、右、後將軍並位上卿，秩中二千石。　桀：上官桀。隴西郡上邽縣（今甘肅天水市

麥積區）人。武帝時，初爲羽林期門郎，後任未央厩令、侍中、騎都尉，遷太僕。武帝病篤，任爲左將軍，與霍光同受遺詔輔少主，封安陽侯。昭帝即位，其孫女被立爲皇后。後與大將軍霍光争權，遂與御史大夫桑弘羊、帝姊鄂邑長公主及燕王旦合謀除光，並另立帝。事發覺，被族誅。

[4]【今注】十三年：錢大昭《漢書辨疑》據本書卷九七下《外戚傳下》“皇后立十歲而昭帝崩，后年十四五云”，以爲“十三年”當作“十年”，“三”字衍。

[5]【顏注】師古曰：謂冠也。【今注】加元服：行冠禮。

[6]【今注】孝文廟始出居外：王先謙《漢書補注》引葉德輝以爲，《三輔黃圖》稱“太上皇廟在長安城中。高祖廟在長安城中西安門内東太常街”，是廟在城中之證；又云“文帝廟號顧成廟”，不云在何處，《西漢會要》卷一二引云“文帝廟在長安城南”，此所云“居外”，是。

宣帝甘露元年四月丙申，[1]大上皇廟災。[2]甲辰，孝文廟災。元帝初元三年四月乙未，[3]孝武園白鶴館災。[4]劉向以爲先是前將軍蕭望之、光禄大夫周堪輔政，[5]爲佞臣石顯、許章等所譖，[6]望之自殺，堪廢黜。明年，白鶴館災。園中五里馳逐走馬之館，[7]不當在山陵昭穆之地。[8]天戒若曰，去貴近逸遊不正之臣，將害忠良。後章坐走馬上林下烽馳逐，免官。[9]

[1]【今注】甘露：漢宣帝年號（前53—前50）。

[2]【今注】案，大德本、殿本“大上皇”前有“中山”二字。王念孫《讀書雜志·漢書第五》以爲景祐本無“中山”二字是。本書卷八《宣紀》云“甘露元年夏四月丙申，太上皇廟火。

甲辰，孝文廟火"，荀悦《漢紀》"火"作"災"，皆無"中山"二字。王先謙《漢書補注》引葉德輝指出，《西漢會要》卷三〇引此亦無"中山"二字，是宋人所見本皆與景祐本同。

[3]【今注】初元：漢元帝年號（前48—前44）。

[4]【今注】孝武園：茂陵。漢武帝陵墓，位於今陝西興平市東北。

[5]【今注】蕭望之：傳見本書卷七八。 光禄大夫：西漢武帝時改中大夫置，掌論議。屬光禄勳，秩比二千石。 周堪：事迹見本書卷八八《儒林傳》。

[6]【今注】石顯：傳見本書卷九三。

[7]【顏注】師古曰：五里者，言其周迴五里。

[8]【今注】昭穆：本爲古代宗法制度。宗廟或宗廟中神主的排列次序，始祖居中，以下父子（祖、父）遞爲昭穆，左爲昭，右爲穆。此指墓地葬位的左右次序。

[9]【顏注】孟康曰：夜於上林苑下舉火馳射也。"烽"或作"逄"（逄，蔡琪本、大德本、殿本作"㷭"）。晉灼曰：冠首曰烽。競走曰逐。師古曰：孟説是。

永光四年六月甲戌，[1]孝宣杜陵園東闕南方災。[2]劉向以爲先是上復徵用周堪爲光禄勳，[3]及堪弟子張猛爲大中大夫，[4]石顯等復譖毀之，皆出外遷。是歲，上復徵堪領尚書，[5]猛給事中，[6]石顯等終欲害之。園陵小於朝廷，闕在司馬門中，[7]内臣石顯之象也。孝宣，親而貴；闕，法令所從出也。[8]天戒若曰，去法令，内臣親而貴者必爲國害。後堪希得進見，因顯言事，事決顯口。堪病不能言。顯誣告張猛，自殺於公車。[9]成帝即位，顯卒伏辜。

[1]【今注】永光：漢元帝年號（前43—前39）。

[2]【今注】杜陵園：漢宣帝陵墓，位於今陝西西安市雁塔區曲江街道辦事處三兆村西北，漢代舊名"鴻固原"。

[3]【今注】光禄勳：秦稱郎中令，漢因之，武帝時更名光禄勳，掌宫殿掖門户。秩中二千石，位列九卿。

[4]【今注】張猛：事迹見本書卷六一《張騫傳》。 大中大夫：太中大夫。秦始置。侍從皇帝左右，掌顧問應對，參謀議政，奉詔出使，多以寵臣貴戚充任。秩比千石，無員額。

[5]【今注】領尚書：職銜。即領尚書事。以他官兼領尚書政事，參與政務，皆由重臣兼任。

[6]【今注】給事中：秦始置。西漢因之，爲加官，掌侍皇帝左右，備顧問應對，每日上朝謁見，分平尚書奏事，負責實際政務。無定員。

[7]【今注】司馬門：皇帝宫、王宫、軍營、帝陵均有司馬門，先秦時已有。司馬門不是止車門。司馬門在外，另有止車門在内。臣子入宫不得走司馬門，祇能走掖門。過司馬門須下車。

[8]【今注】案，蔡琪本、殿本"闕"上有"門"字。

[9]【今注】公車：漢代官署名。爲衛尉的下屬機構，設公車令，掌管宫殿司馬門的警衛。天下上事及徵召等事宜，經由此處受理。後以指此類官署。

　　成帝建始元年正月乙丑，[1]皇考廟災。[2]初，宣帝爲昭帝後而立父廟，於禮不正。[3]是時大將軍王鳳顓權擅朝，甚於田蚡，將害國家，故天於元年正月而見象也。其後竆盛，[4]五將世權，遂以亡道。[5]鴻嘉三年八月乙卯，[6]孝景廟北闕災。十一月甲寅，許皇后廢。

[1]【今注】建始：漢成帝年號（前32—前28）。

[2]【今注】皇考廟：皇考爲曾祖。周壽昌《漢書注校補》以爲皇考指父。其據本書卷一〇《成紀》作"皇曾祖悼考廟災"，顏師古注："宣帝父史皇孫廟。"認爲皇考廟是孝元廟，此句有脱文。

[3]【今注】案，漢昭帝爲漢武帝子。漢宣帝爲漢武帝曾孫。

[4]【顏注】師古曰：寖，古"浸"字。浸，漸也。

[5]【顏注】孟康曰：謂王五大司馬也。師古曰：謂鳳、音、商、根、莽也。【今注】五將世權：王先謙《漢書補注》以爲，本書卷九八《元后傳》云"三世據權，五將秉政"，傳贊亦云"群弟世權，更持國柄，五將十侯，卒成新都"。是王鳳、王商、王根爲大將軍，王音爲車騎將軍，莽未爲將軍，而與鳳等四人同爲五將者，以皆爲大司馬之故。本書《百官公卿表上》載大司馬初置本以冠將軍之號，故得稱之。其實惟將軍稱將，本書卷九四上《匈奴傳上》"漢遣田廣明等五將軍出塞，匈奴遠遁，是以五將少所得"，本書《五行志下之上》亦云"鳳爲上將，秉國政"，是其證。

[6]【今注】鴻嘉：漢成帝年號（前20—前17）。

永始元年正月癸丑，[1]大官凌室災。[2]戊午，戾后園南闕災。是時，趙飛燕大幸，許后既廢，上將立之，故天見象於凌室，與惠帝四年同應。戾后，衞大子姜，遭巫蠱之阨，宣帝既立，追加尊號，於禮不正。又戾后起於微賤，與趙氏同應。天戒若曰，微賤亡德之人不可以奉宗廟，將絶祭祀，有凶惡之阨至。其六月丙寅，趙皇后遂立，姊妹驕妒，賊害皇子，卒皆受誅。永始四年四月癸未，長樂宮金華殿及未央宮東司馬門災。[3]六月甲午，孝文霸陵園東闕南方灾。[4]長樂宮，成帝母王大后之所居也。[5]未央宮，帝所居也。霸陵，太宗盛德園也。是時，大后三弟相續秉政，[6]舉宗居位，充塞朝廷，兩宮親屬將害國家，[7]故天象仍見。[8]明年，成都侯商薨，弟曲陽侯根代爲大司馬秉政。後四年，根乞骸骨，薦兄子新都侯莽自代，遂覆國焉。

[1]【今注】永始：漢成帝年號（前16—前13）。

[2]【今注】大官：官署名。或作"太官"。戰國秦置，秦漢沿置，掌宮廷膳食。屬少府。

[3]【今注】長樂宮：西漢高帝時以秦興樂宮改建，在今陝西西安市西北漢長安城東隅。 金華殿：沈欽韓《漢書疏證》引《三輔黃圖》："長樂宮有臨華殿，在前殿後，武帝建。"陳直《漢書新證》："長樂宮有臨華殿，與《三輔黃圖》相合。又按：薛氏《鐘鼎款識》卷二十、二頁，有林華觀行鐙，五鳳二年造。臨林同音，疑即本文之臨華殿。" 案，金，蔡琪本、大德本、殿本作"臨"，是。

[4]【今注】霸陵園：西漢文帝劉恒墓。因地處霸上，故名。在今陝西西安市東北。

[5]【今注】案，沈欽韓《漢書疏證》據本書卷九七下《外戚傳下》班倢伃"求共養太后長信宮"。又趙昭儀"奈何令長信得聞之"。傅昭儀"成帝母太皇太后稱長信宮"。《水經注·渭水》：長樂宮殿西有長信、長秋諸殿。《玉海》引《三輔黃圖》："長樂宮有長信宮。"以爲長信又長樂之別殿，就其見居者名之。

[6]【顏注】師古曰：謂陽平侯鳳、安陽侯音、成都侯商相代爲大司馬。

[7]【顏注】師古曰：謂大后家王氏、皇后家趙氏，故云"兩宮親屬"。

[8]【顏注】師古曰：仍，重也。

哀帝建平三年正月癸卯，[1]桂宮鴻寧殿災，[2]帝祖母傅大后之所居也。[3]時，傅大后欲與成帝母等號齊尊，大臣孔光、師丹等執政，[4]以爲不可，大后皆免官爵，遂稱尊號。後三年，帝崩，傅氏誅滅。

[1]【今注】建平：漢哀帝年號（前6—前3）。

[2]【今注】桂宮：在今陝西西安市西北十三里長安故城中。沈欽韓《漢書疏證》據《三輔黃圖》：“桂宮，漢武帝造。”及《水經注·渭水下》：“未央宮北即桂宮也，周十餘里，內有明光殿、走狗臺、柏梁臺，舊乘複道，用相徑通。”指出本書卷八一《孔光傳》大司空何武言傅太后“可居北宮”及《孔光傳》載“北宮有紫房復道通未央宮”，即是桂宮。因傅太后居此，名曰永信宮。《三輔黃圖》復云“永信宮在甘泉宮”，恐非。

[3]【今注】傅太后：事見本書卷九七下《外戚傳下》。

[4]【今注】孔光：傳見本書卷八一。　師丹：傳見本書卷八六。

平帝元始五年七月己亥，[1]高皇帝原廟殿門災盡。[2]高皇帝廟在長安城中，後以叔孫通諫復道，[3]故復起原廟於渭北，非正也。是時平帝幼，成帝母王大后臨朝，[4]委任王莽，將篡絶漢，墮高祖宗廟，[5]故天象見也。其冬，平帝崩。明年，莽居攝，因以篡國，後卒夷滅。

[1]【今注】元始：漢平帝年號（1—5）。

[2]【顏注】師古曰：原廟，重廟也。【今注】原廟：在正廟以外另立的宗廟。《史記》卷八《高祖本紀》：“及孝惠五年，思高祖之悲樂沛，以沛宮爲高祖原廟。”裴駰《集解》：“謂‘原’者，

再也。先既已立廟，今又再立，故謂之原廟。"宋程大昌《考古編·廟在郡國亦名原廟》："《漢書·叔孫通傳》：'通説惠帝曰："願益爲原廟渭北，衣冠月出遊之。"上乃詔有司立原廟。'原廟之名始此。原者，如'原蠶'之原，既有太廟，又有此廟，是取'重''再'爲義也。" 　爨：沈欽韓《漢書疏證》以爲俗爲"爨"。

[3]【今注】叔孫通：傳見本書卷四三。 　復道：樓閣或懸崖間有上下兩重通道，稱復道。復，通"複"。本書《叔孫通傳》："惠帝爲東朝長樂宮，及間往，數蹕煩民，作復道，方築武庫南，通奏事，因請間，曰：'陛下何自築復道高帝寢，衣冠月出游高廟？子孫奈何乘宗廟道上行哉！'惠帝懼，曰：'急壞之。'通曰：'人主無過舉。今已作，百姓皆知之矣。願陛下爲原廟渭北，衣冠月出游之，益廣宗廟，大孝之本。'上乃詔有司立原廟。"

[4]【今注】王大后：王政君。傳見本書卷九八。

[5]【顏注】師古曰：墮，毀也，音火規反。

傳曰："治宮室，飾臺榭，[1]內淫亂，犯親戚，侮父兄，則稼穡不成。"説曰：土，中央，生萬物者也。其於王者，爲内事。宮室、夫婦、親屬，亦相生者也。[2]古者天子諸侯，宮廟大小高卑有制，后夫人媵妾多少進退有度，九族親疏長幼有序。孔子曰："禮，與其奢也，寧儉。"[3]故禹卑宮室，[4]文王刑于寡妻，[5]此聖人之所以昭教化也。[6]如此則土得其性矣。若迺奢淫驕慢，則土失其性。亡水旱之災而草木百穀不孰，[7]是爲稼穡不成。

[1]【顏注】師古曰：臺有室曰榭。

[2]【今注】案，王先謙《漢書補注》指出《隋書·五行志》

以此文有删易，作"宫室、臺榭、夫婦、親屬也"。

[3]【顏注】師古曰：《論語》載孔子之言也。若不得禮之中而失於奢，則不如儉。【今注】案，語見《論語·八佾》。

[4]【顏注】師古曰：《論語》載孔子曰："禹，吾無閒然矣，卑宮室而盡力乎溝洫（乎，殿本作"於"）。"謂勤於治水而所居狹陋也。

[5]【顏注】師古曰：《大雅·思齊》之詩云："刑于寡妻，至于兄弟，以御于家邦。"刑，法也。寡妻，謂正嫡也。御，治也。此美文王以禮法接待其妻，旁及兄弟宗族，又廣以政教治家邦。

[6]【顏注】師古曰：昭，明也（殿本無此注）。

[7]【今注】案，蔡琪本、殿本"亡"作"有"。朱一新《漢書管見》指出監本、汪本"亡"作"有"。王先謙《漢書補注》引葉德輝指出德藩本"亡"作"有"。殿本《漢書考證》曰："'無'，監本訛'有'，從宋本改正。"王念孫《讀書雜志·漢書第五》以爲景祐本、毛本作"亡水旱"，是。此言土失其性，則雖無水旱之災，而不能成稼穡。下文云"劉向以爲不書水旱而曰'大亡麥禾'者，土氣不養，稼穡不成者也"，是其證。《左傳》莊公二十八年"冬，大無麥禾"，孔穎達《正義》曰："此年不言水旱，而得無麥禾者，服虔曰'陰陽不和，土氣不養，故禾麥不成'也。"即用劉向之説。此篇但説稼穡不成之事。若水旱之災，則在後篇"水不潤下"及"厥罰恒陽"下。後人既改下文之"大亡麥禾"爲"大水亡麥禾"，故又改此文之"亡水旱"爲"有水旱"以從而不知謬。

　　嚴公二十八年，[1]"冬，大亡麥禾"。[2]董仲舒以爲夫人哀姜淫亂，[3]逆陰氣，故大水也。劉向以爲水旱當書，不書水旱而曰"大亡麥禾"者，土氣不養，稼穡不成者也。是時，夫人淫於二叔，内外亡別，[4]又因

凶饑，一年而三築臺，[5]故應是而稼穡不成，飾臺榭內
淫亂之罰云。遂不改寤，[6]四年而死，[7]既流二世，[8]
奢淫之患也。

[1]【今注】案，王先謙《漢書補注》引蘇輿曰："嚴公"上
當有"春秋"二字。劉知幾《史通》謂"'嚴公'之上，不復以
《春秋》建名，遂使漢帝、魯公同爲一揆"。先謙案，《漢書》采輯
舊文，間致漏略。此下失書"《春秋》"者頗多。

[2]【今注】案，蔡琪本、大德本、殿本"大亡"作"大水
亡"。《漢書考證》齊召南以爲，今本《公羊》《穀梁》《左傳》經
都云"大無麥禾"，並無大水"水"字，故劉向以屬土不稼穡。然
看董仲舒說，又似《公羊經》有"大水"之文。王念孫《讀書雜
志‧漢書第五》以爲景祐本無"水"字，是。後人以下文云"董
仲舒以爲夫人哀姜淫亂，逆陰氣，故大水也"，遂增入"水"字。
不知三家經文皆無"水"字，且下文云"不書水旱而曰'大亡麥
禾'"，則"大"下明無"水"字。董仲舒獨言"大水"者，其意
以爲無麥禾由於大水，大水由於夫人之淫亂。此是揣度之詞，非經
文實有"水"字。何休注《公羊傳》云"此蓋秋水所傷，夫人淫
泆之所致"，即用董仲舒之說。

[3]【顏注】師古曰：哀姜，莊公夫人，齊女也。【今注】哀
姜：齊桓公女，魯莊公夫人。性驕淫。與莊公弟慶父私通。莊公
死，與慶父先後殺公子般及閔公。立慶父爲君。魯人反對，哀姜奔
邾。魯亂，齊桓公立魯僖公。鴆殺哀姜。

[4]【顏注】師古曰：二叔，謂莊公二弟仲慶父及叔牙。【今
注】二叔：慶父，亦稱仲慶父、共仲、孟氏。魯桓公子，莊公之
弟，一說莊公庶兄。魯國大夫。莊公死，子般即位，使人殺子般，
立開爲閔公。閔公二年，欲自立又使人殺閔公。魯人怒，慶父奔
莒。僖公立，魯以賄賂求慶父於莒，莒人歸之，途中自縊死。其後

裔即魯國"三桓"中孟孫氏。叔牙,一稱僖叔。魯桓公子,莊公弟。莊公病,問嗣於叔牙,曰立慶父。公不欲,乃以般屬少弟季友。爲季友鴆殺,立其後爲叔孫氏。

[5]【顏注】師古曰:謂三十一年春築臺于郎,夏築臺于薛,秋築臺于秦也。郎、薛、秦,皆魯地(蔡琪本"魯地"後有"名也"字,大德本、殿本"魯地"後有"也"字)。

[6]【今注】遂:竟。 改寤:醒悟改過。

[7]【顏注】師古曰:莊公三十二年薨,距大無麥禾(蔡琪本、大德本、殿本"距大"後有"水"字),凡四歲也。

[8]【顏注】師古曰:謂子般及閔公,皆殺死。

傳曰:"好戰攻,[1]輕百姓,飾城郭,侵邊境,則金不從革。"說曰:金,西方,萬物既成,殺氣之始也。故立秋而鷹隼擊,秋分而微霜降。其於王事,出軍行師,把旄杖鉞,[2]誓士衆,抗威武,所以征畔逆止暴亂也。《詩》云:"有虔秉鉞,如火烈烈。"[3]又曰:"載戢干戈,載櫜弓矢。"[4]動静應誼,"説以犯難,民忘其死。"[5]金得其性矣。[6]若乃貪欲恣睢,務立威勝,[7]不重民命,則金失其性。蓋工冶鑄金鐵,金鐵冰滯涸堅,不成者衆,[8]及爲變怪,[9]是爲金不從革。

[1]【今注】戰攻:王先謙《漢書補注》指出《續漢書·五行志》引作"攻戰";《晉書·五行志》《宋書·五行志》與此同。

[2]【今注】旄:用牦牛尾裝飾的旗子。 鉞:兵刑用具。形似大斧,象徵王權。

[3]【顏注】師古曰:《商頌·長發》之詩也。虔,固也。此美殷湯興師出征,固持其鉞,以誅有罪,威力猛盛,如火熾烈。

[4]【顏注】師古曰：《周頌·時邁》之詩也。戢，聚也。橐，韜也。言天下大平，兵不復用，故戢斂而韜藏也。【今注】橐（gāo）：收藏盔甲、弓箭的袋子。

[5]【顏注】師古曰：言以和悦使人，雖犯危難，不顧其死生也（蔡琪本、大德本、殿本無"死"字）。《易·兑卦》象曰"説以犯難，人忘其死"，故引之也。"説"讀曰"悦"。

[6]【今注】案，殿本"金"上有"如此則"三字。王先謙《漢書補注》引葉德輝指出德藩本"金"上有"如此則"三字。

[7]【顏注】師古曰：暆，音呼季反。【今注】案，乃，殿本作"迺"。

[8]【顏注】師古曰："涸"讀與"沍"同。沍，凝也，音下故反。《春秋左氏傳》曰"固陰沍寒"。【今注】冰滯：凝滯。《漢書考正》劉敞曰："冰，音凝。" 涸：沈欽韓《漢書疏證》以爲"涸"當爲"涸"，《左傳》省文作"固"。本書《郊祀志》"秋涸凍"，《集韻》："涸，凝也。沍，固寒也。"

[9]【今注】案，錢大昭《漢書辨疑》以爲"及"，閩本作"乃"，非。王先謙《漢書補注》引蘇興以爲"及"下疑當有"金"字，上文"及木爲變怪"，與此一例。楊樹達《漢書窺管》以爲蘇興説非。"木爲變怪"句上文無"木"字，故加"木"字。此上文有"金鐵"二字，故不重加。下文雞多死及爲怪，犬多狂死及爲怪，羊多疫死及爲怪，豕多死及爲怪，牛多死及爲怪，皆與此一例。

《左氏傳》曰，昭公八年"春，石言於晉"。晉平公問於師曠，[1]對曰："石不能言，神或馮焉。[2]作事不時，怨讟動於民，[3]則有非言之物而言。今宮室崇侈，民力彫盡，怨讟並興，莫信其性，[4]石之言不亦宜乎！"於是晉侯方築虒祁之宮。[5]叔向曰："君子之言，信而有徵。"[6]劉歆以爲金石同類，[7]是爲金不從革，失其性也。劉向以爲石白色爲主，屬白祥。

[1]【顏注】師古曰：晉掌樂大夫。【今注】晉平公：名彪。晉悼公子。奢侈厚斂，不恤民力，政歸趙、韓、魏三家。在位二十六年。事迹見《左傳》及《史記》卷三九《晉世家》。 師曠：字子野。春秋時晉國樂師，故稱師曠。目盲，善辨音律，以聲音辨吉凶。衛靈公至晉，命其樂師師涓爲平公彈琴，他以爲是亡國之聲，加以制阻。晉平公鑄大鐘，衆樂工都認爲音律準確，他獨不以爲然。後爲師涓所證實。

[2]【今注】馮：憑。

[3]【顏注】師古曰：譖，痛怨之言也，音讀。

[4]【顏注】師古曰：信猶保也。性，生也。一説，"信"讀曰"申"，言不得申其性命也。【今注】信：王先謙《漢書補注》引蘇輿以爲《左傳》"信"作"保"，形近而誤。

[5]【顏注】師古曰：虒祁，地在絳西，臨汾水。虒，音斯。【今注】虒祁之宮：春秋晉平公築。在今山西侯馬市西南。

[6]【顏注】師古曰：叔向，晉大夫羊舌肸也。向，音許兩反，字亦作"嚮"，其音同（殿本無"向音許兩反字亦作嚮其音同"十二字）。【今注】叔向：名肸，字叔向，一名叔肸。食邑在楊，故又稱楊肸。春秋時晉國大夫，學識淵博，善辭令。嘗使楚，楚人欲以其所不知而侮之而不能。曾因弟羊舌虎党欒盈受牽連，爲范宣子所囚，由祁奚進説得釋。晉平公任爲太傅。使齊，與晏嬰論及齊、晉兩國禮治敗壞，大夫擅權，深表憂慮。反對鄭子產鑄刑書，認爲"民知有辟，則不忌其上，並有争心"。

[7]【今注】金石同類：王先謙《漢書補注》引葉德輝據《白虎通義·五行》云："金少陰。"又云："金者，陰畜丟。"又《公羊傳》僖公十六年《經》"隕石于宋五"，何休注："石者，陰德之專

者也。"以爲漢儒認爲金石性皆主陰，故劉歆以爲同類。

　　成帝鴻嘉三年五月乙亥，天水冀南山大石鳴，[1]聲隆隆如雷，有頃止，聞平襄二百四十里，[2]壄雞皆鳴。[3]石長丈三尺，廣厚略等，[4]旁著岸脅，[5]去地二百餘丈，民俗名曰石鼓。石鼓鳴，有兵。是歲，廣漢鉗子謀攻牢，[6]篡死罪囚鄭躬等，[7]盜庫兵，劫略吏民，衣繡衣，自號曰山君，黨與寖廣。[8]明年冬，迺伏誅，自歸者三千餘人。後四年，尉氏樊並等謀反，[9]殺陳留太守嚴普，[10]自稱將軍，山陽亡徒蘇令等黨與數百人盜取庫兵，[11]經歷郡國四十餘，[12]皆踰年迺伏誅。是時起昌陵，[13]作者數萬人，徙郡國吏民五千餘戶以奉陵邑。作治五年不成，乃罷昌陵，還徙家。[14]石鳴，與晉石言同應，師曠所謂"民力彫盡"，傳云"輕百姓"者也。虒祁離去絳都四十里，[15]昌陵亦在郊壄，皆與城郭同占。城郭屬金，宮室屬土，外內之別云。

　　[1]【顏注】師古曰：天水之冀縣南山也。【今注】天水：郡名。治平襄縣（今甘肅通渭縣西）。　冀：縣名。治所在今甘肅甘谷縣東。

　　[2]【顏注】韋昭曰：天水縣。【今注】平襄：縣名。治所在今甘肅通渭縣。

　　[3]【顏注】師古曰：雉也。【今注】壄雞：王先謙《漢書補注》以爲壄地之雞，非雉。

　　[4]【顏注】師古曰：廣及厚皆如其長。

　　[5]【今注】岸脅：猶言兩岸。

［6］【顏注】師古曰：鉗子，謂鉗徒也。牢，係重囚之處。
【今注】廣漢：縣名。治所在今四川射洪縣東南。

［7］【今注】案，罪，蔡琪本、大德本、殿本作"辠"，同。

［8］【顏注】師古曰：霩，漸也（殿本無此注）。

［9］【今注】尉氏：縣名。治所在今河南尉氏縣。

［10］【今注】陳留：郡名。治陳留縣（今河南開封市東南陳
留鎮）。

［11］【今注】山陽：郡名。治昌邑縣（今山東巨野縣南）。

［12］【今注】案，周壽昌《漢書注校補》據本書《成紀》永
始三年（前14）作"經歷郡國十九"，與此作"四十餘"不合。以
爲漢郡國共一百三，四十餘當半天下，成帝時無此大亂，則衍
"四"字。

［13］【今注】昌陵：漢成帝廢陵，在今陝西西安市臨潼區。
漢成帝鴻嘉元年（前20）以新豐縣戲鄉置昌陵縣，在此營建陵墓。
永始元年（前16）廢。（參見尚民傑《漢成帝昌陵相關問題探討》，
《考古與文物》2005年第2期）

［14］【顏注】師古曰：初徙人陪昌陵者，令皆還其本居。

［15］【今注】案，蔡琪本、大德本、殿本"虖池離"後有
"宮"字。

傳曰："簡宗廟，不禱祠，廢祭祀，逆天時，則水
不潤下。"說曰：水，北方，終臧萬物者也。其於人
道，命終而形臧，精神放越，聖人爲之宗廟以安魂
氣，[1]春秋祭祀，以終孝道。王者即位，必郊祀天
地，[2]禱祈神祇，望秩山川，[3]懷柔百神，亡不宗
事。[4]慎其齊戒，[5]致其嚴敬，鬼神歆饗，多獲福助。
此聖王所以順事陰氣，和神人也。至發號施令，亦奉

天時。十二月咸得其氣，則陰陽調而終始成。如此則水得其性矣。若迺不敬鬼神，政令逆時，[6]則水失其性。霧水暴出，百川逆溢，壞鄉邑，溺人民，及淫雨傷稼穡，是爲水不潤下。京房《易傳》曰："顓事有知，誅罰絕理，厥災水，其水也，雨殺人以隕霜，大風天黃。飢而不損兹謂泰，[7]厥災水，水殺人。辟遏有德兹謂狂，[8]厥災水，水流殺人，已水則地生蟲。歸獄不解，兹謂追非，[9]厥水寒，殺人。追誅不解，兹謂不理，厥水五穀不收。大敗不解，兹謂皆陰。解，舍也，王者於大敗，誅首惡，赦其眾，不則皆函陰氣，[10]厥水流入國邑，隕霜殺叔草。"[11]

[1]【今注】案，安，蔡琪本、大德本、殿本作"收"。

[2]【今注】郊祀：古代於郊外祭祀天地，南郊祭天，北郊祭地。郊謂大祀，祀爲群祀。

[3]【今注】望秩：按等級望祭山川。

[4]【顏注】師古曰：懷，來也。柔，安也。謂招來而祭祀之，使其安也。宗，尊也。

[5]【今注】齊戒：齋戒。

[6]【今注】案，政，殿本作"致"。朱一新《漢書管見》以爲"致"，汪本作"政"，是。王先謙《漢書補注》引葉德輝指出德藩本作"政"。王先謙《漢書補注》曰：《晉書·五行志》作"政"。

[7]【今注】飢：王先謙《漢書補注》以爲指凶年。

[8]【顏注】應劭曰：辟，天子也。有德者雍遏不用也（蔡琪本、大德本、殿本"用也"前有"見"字）。師古曰：過，音一曷反（殿本無"師古曰過音一曷反"八字）。

[9]【顏注】李奇曰：歸罪過於民，不罪己也。張晏曰：謂釋有罪之人而歸無辜者也。解，止也。追非，遂非也。【今注】解：朱一新《漢書管見》以爲下文云“解，舍也”，即“解”字之義，不必訓爲“止”。

[10]【顏注】師古曰：“函”讀與“含”同。【今注】案，楊樹達《漢書窺管》引李慈銘以爲《續漢書·五行志》及《晉書·五行志》《宋書·五行志》“茲謂皆陰”下即接“厥水流入國邑”句，無“解舍也”至“皆函陰氣”二十一字。案，上文：“茲謂狂，厥災水流殺人。”又“茲謂追非，厥水寒殺人”，又“茲謂不理，厥水五穀不收”，皆與此文法一例。“解舍也”以下二十一字，“乃大敗”二句之注，不知何時混入正文。上文“歸獄不解”，注張晏曰：“解，止也。”此處解字與上異義，故注曰：“解，舍也。”蓋亦師古所引舊注，而傳寫失其名。“皆函陰氣”下有師古注。案文以“皆函陰氣”釋“皆陰”二字，故顏師古以“函同含”釋之。然“皆陰”二字不成文義，疑本當作“函陰”，故舊注既以“皆函陰氣”釋“函陰”，師古復以“含”釋“函”字。

[11]【今注】案，叔草，蔡琪本、大德本、殿本作“穀”。《漢書考正》宋祁以爲“穀”當作“菽”。王先謙《漢書補注》指出《晉書·五行志》《宋書·五行志》作“穀”。

桓公元年，“秋，大水”。董仲舒、劉向以爲桓弒兄隱公，[1]民臣痛隱而賤桓。後宋督弒其君，[2]諸侯會，將討之，[3]桓受宋賂而歸，[4]又背宋。諸侯由是伐魯，仍交兵結讎，伏尸流血，百姓愈怨，[5]故十三年夏復大水。一曰，夫人驕淫，將弒君，陰氣盛，桓不寤，卒殺。[6]劉歆以爲桓易許田，不祀周公，[7]廢祭祀之罰也。

[1]【今注】隱公：名息姑，一作“息”。惠公長庶子。被弟魯桓公及公子翬所殺。在位十一年。事迹見《左傳》及《史記》卷三三《魯周公世家》。

[2]【顔注】師古曰：宋華父督爲太宰，弑殤公，事在桓公二年。【今注】宋督：華督，一作“華父督”。宋戴公孫。任太宰。宋殤公十年，殺大夫孔父嘉，奪其妻。又殺殤公，迎立公子馮爲宋莊公，爲相。後爲大夫南宫萬所殺。

[3]【顔注】師古曰：謂齊、陳、鄭也。

[4]【顔注】師古曰：謂郜大鼎。

[5]【顔注】師古曰：桓會宋公者五，與宋公、燕人盟，已而背盟伐宋。宋公、燕人怨而求助，齊、衞助之。桓公懼，而會紀侯、鄭伯及四國之師大戰。

[6]【顔注】師古曰：已解於上也（殿本無此注）。【今注】案，殺，蔡琪本、大德本、殿本作“弑死”。

[7]【顔注】師古曰：許田，魯朝宿之邑，而有周公別廟。桓既篡位，遂以許田與鄭，而取鄭之祊田，故云“不祀周公”。【今注】許田：春秋魯地。在今河南許昌市東北。沈欽韓《漢書疏證》以爲何休注參用董、劉三家之説。又，歆説非。許田，朝宿之邑，本非祀周公之所。

嚴公七年，“秋，大水，亡麥苗”。[1]董仲舒、劉向以爲嚴母文姜與兄齊襄公淫，共殺桓公，嚴釋父讎，復取齊女，[2]未入，先與之淫，一年再出，會於道逆亂，臣下賤之之應。[3]十一年“秋，宋大水”。董仲舒以爲時魯、宋比年爲乘丘、鄑之戰，[4]百姓愁怨，陰氣盛，故二國俱水。[5]劉向以爲時宋愍公驕慢，[6]睹災不改，明年與其臣宋萬博戲，婦人在側，矜而罵萬，殺公之應。[7]二十四年，“大水”。董仲舒以爲夫人哀姜淫亂不婦，陰氣盛也。劉向以爲哀姜初入，公使大夫宗婦見，用幣，[8]又淫於二叔，公弗能禁。臣下賤之，故是歲、明年仍大水。[9]劉歆以爲先是嚴飾宗廟，刻桷丹楹，以夸夫人，[10]簡宗廟之罰也。[11]

    [1]【今注】亡麥苗：周壽昌《漢書注校補》引孔穎達《左傳正義》云：“直言‘無麥苗’，似是麥之苗；而知麥、苗別者，蓋此秋是今之五月，麥已熟矣，不得方云‘麥苗’；故知熟麥及五穀之苗皆爲水漂殺也。”

    [2]【今注】案，沈欽韓《漢書疏證》以爲娶哀姜事在魯莊公二十四年，與七年大水事遠，實屬附會。

    [3]【今注】案，蔡琪本、大德本、殿本“之應”後有“也”字。

    [4]【顏注】師古曰：比年，頻年也。莊十年，公敗宋師于乘丘。十一年，公敗宋師于鄑。乘丘、鄑，魯地。鄑，音子移反。【今注】乘丘：在今山東兗州市西。 鄑：在今山東汶上縣南。

    [5]【今注】案，沈欽韓《漢書疏證》以爲謂魯、宋同在十一年被水。《公羊傳》云：“外災不書，此何以書？及我也。”

    [6]【今注】宋愍公：春秋時宋國國君，名捷。宋莊公子。事迹見《史記》卷三八《宋微子世家》及《左傳》。

    [7]【顏注】師古曰：萬，宋大夫也。戰敗獲于魯，復歸宋，又爲大夫，與愍公博，婦人在側。萬曰：“甚矣，魯侯之淑，魯侯之美！天下諸侯宜爲君者唯魯侯耳。”愍公矜此婦人，妒其言，顧曰：“此虜也。爾虜焉故魯侯之美惡乎至（故，殿本作“知”，朱一新《漢書管見》指出汪本“故”作“知”。案，《公羊傳》作“故”，何邵公注：“女嘗執虜於魯侯，故稱譽爾。”《春秋繁露》《韓詩外傳》均作“知”，蓋連下七字爲句）！”萬怒，搏愍公，絕

其胉而死。事在莊十二年。【今注】博戲：一種棋戲。案，蔡琪本、大德本、殿本"殺公"前有"萬"字。

[8]【顏注】師古曰：宗婦，同姓之婦也。大夫妻及宗婦見夫人者，皆令執幣，是踰禮也。【今注】幣：以束帛祭祀。

[9]【顏注】師古曰：仍，頻也（殿本無此注）。

[10]【顏注】臣瓚曰：桷，榱也。韋昭曰：楹，柱也。師古曰：莊公二十三年丹桓宮楹，二十四年刻桓宮桷。將迎夫人，故爲盛飾。

[11]【顏注】師古曰：簡，慢也。

　　宣公十年"秋大水，飢"。董仲舒以爲時比伐邾取邑，[1]亦見報復，兵讎連結，百姓愁怨。劉向以爲宣公殺子赤而立，子赤，齊出也，[2]故懼，以濟西田賂齊。[3]邾子貜且亦齊出也，[4]而宣比與邾交兵，[5]臣下懼齊之威，創邾之瑕，[6]皆賤公行而非其正也。

[1]【顏注】師古曰：比，頻也。九年秋，取根牟。《公羊傳》曰："根牟者何？邾婁之邑也。"十年，公孫歸父帥師伐邾取繹。故云"比年"也。【今注】邾：又作"鄒"。周代姬姓。周武王封顓頊之後於此。都邾（今山東曲阜市東南）。魯文公十一年（前616）遷都繹（今山東鄒城市東南）。戰國時滅於楚。

[2]【顏注】師古曰：赤母姜氏。赤死，姜氏大歸，齊市人皆哭，魯人謂之哀姜。

[3]【顏注】師古曰：宣既即位，與齊侯會于平州，以定其位。元年六月，齊人取濟西田，爲立公故，以敗齊也（敗，蔡琪本、大德本、殿本作"賂"，是）。

[4]【顏注】師古曰：貜且，邾文公之子邾定公也。亦齊女

所生。玃，音倶碧反，又音钁。且，音子余反。

　　[5]【顏注】師古曰：比，頻也。

　　[6]【顏注】師古曰：創，懲也（蔡琪本、大德本、殿本"懲也"之間有"艾"字，是），音初亮反。

　　成公五年，"秋，大水"。董仲舒、劉向以爲時成幼弱，政在大夫，前此一年再用師，[1]明年復城鄆以彊私家，[2]仲孫蔑、叔孫僑如顓會宋、晉，陰勝陽。[3]

　　[1]【顏注】師古曰：成三年春，公會晉侯、宋公、衞侯、曹伯伐鄭，秋，叔孫僑如帥師圍棘，是也。

　　[2]【顏注】師古曰：四年城鄆。鄆，季氏邑，音運。【今注】鄆：春秋時魯邑。治所在今山東鄆城縣東。

　　[3]【顏注】師古曰：仲孫蔑，孟獻子也。成五年春，仲孫蔑如宋。夏，叔孫僑如會晉荀首于穀。"顓"與"專"同，專者，不稟命於公。【今注】仲孫蔑：春秋時魯國大夫。仲孫穀子。魯文公末年嗣大夫位。歷事魯宣公、成公、襄公。　叔孫僑如：叔孫宣伯，又被稱爲叔孫宣子。叔孫莊叔子。魯成公時爲卿。後私通魯成公母穆姜，欲除季文子和孟獻子不成，出奔。

　　襄公二十四年"秋，大水"。董仲舒以爲先是一年齊伐晉，襄使大夫帥師救晉，[1]後又侵齊，[2]國小兵弱，數敵彊大，百姓愁怨，陰氣盛。劉向以爲先是襄慢鄰國，[3]是以邾伐其南，[4]齊伐其北，[5]莒伐其東，[6]百姓騷動，後又仍犯彊齊也。[7]大水，饑，穀不成，其災甚也。

[1]【顏注】師古曰：襄二十三年秋，齊伐衞，遂伐晉。八月，叔孫豹帥師救晉，次于雍榆。

[2]【顏注】師古曰：二十四年，仲孫羯帥師侵齊。

[3]【今注】襄慢：驕慢。

[4]【顏注】師古曰：十五年，邾人伐我南鄙是也。

[5]【顏注】師古曰：十六年，齊人伐我止鄙是也（止，蔡琪本、大德本、殿本作“北”，是）。

[6]【顏注】師古曰：十二年，莒人伐我東鄙是也。

[7]【顏注】師古曰：十八年，公會晉侯、宋公、衞侯、鄭伯同圍齊。二十三年救晉。二十四年又侵齊。是重犯也。

　　高后三年夏，漢中、南郡大水，[1]水出流四千餘家。四年秋，河南大水，[2]伊、雒流千六百餘家，[3]汝水流八百餘家。[4]八年夏，漢中、南郡水復出，流六千餘家。南陽沔水流萬餘家。[5]是時女主獨治，諸呂相王。文帝後三年秋，大雨，晝夜不絕三十五日。藍田山水出，[6]流九百餘家。燕壞民室八千餘所，[7]殺三百餘人。先是，趙人新垣平以望氣得幸，[8]爲上立渭陽五帝廟，欲出周鼎，以夏四月，郊見上帝。[9]歲餘懼誅，謀爲逆，發覺，要斬，夷三族。是時，比再遣公主配單于，賂遺甚厚，[10]匈奴愈驕，侵犯北邊，殺略多至萬餘人，漢連發軍征討戍邊。

[1]【今注】漢中：郡名。治西城縣（今陝西安康市西北）。南郡：治江陵縣（今湖北江陵縣）。

[2]【今注】河南：郡名。治雒陽縣（今河南洛陽市東北）。

[3]【今注】伊：雒水支流。源出今河南欒川縣伏牛山北麓，

東北流至偃師縣南入洛水。　雒：今河南洛河。黄河支流。

[4]【今注】汝水：淮河支流。本書《地理志》："高陵山，汝水出，東南至新蔡入淮，過郡四，行千三百四十里。"

[5]【顏注】師古曰：沔，漢水之上也，音彌善反。【今注】南陽：郡名。治宛縣（今河南南陽市宛城區）。　沔水：今漢水。

[6]【今注】藍田山：在今陝西藍田縣東。

[7]【今注】燕壞民室：王念孫《讀書雜志·漢書第五》以爲"燕壞民室"本作"漢水出，壞民室"，今本"漢"訛作"燕"，《孔龢碑》"爲漢制作"，"漢"字作"灘"，其右邊與"燕"相似而誤。又脱"水出"二字矣。"漢水出"與"藍田山水出"文同一例。若不言水出，而但言壞室，則叙事不明。荀悦《漢紀》正作"漢水出，壞民室八千餘所"。

[8]【今注】新垣平：西漢人。漢文帝時以望氣見文帝，官至上大夫。後讓人獻玉杯，刻"人主延壽"四字。文帝因以十七年爲元年，令天下大酺。後人上書告其所言皆詐。下吏治，處以參夷之罪。事迹詳見本書《郊祀志》。

[9]【顏注】師古曰：事並見《郊祀志》。

[10]【顏注】師古曰：比，頻也。高祖使劉敬奉宗室女翁主爲冒頓單于閼氏。冒頓死，其子老上單于初立，文帝復遣宗人女爲單于閼氏。

元帝永光五年夏及秋，大水。潁川、汝南、淮陽、廬江雨，[1]壞鄉聚民舍，及水流殺人。先是一年有司奏罷郡國廟，是歲又定迭毀，[2]罷大上皇、孝惠帝寢廟，皆無復脩，通儒以爲違古制。[3]刑臣石顯用事。[4]成帝建始三年夏，大水，三輔霖雨三十餘日，[5]郡國十九雨，山谷水出，凡殺四千餘人，壞官寺民舍八萬三千餘所。元年，有司奏徙甘泉泰畤、河東后土于長安南北郊。[6] 二年，又罷雍五畤、郡國諸舊祀，凡六所。[7]

[1]【今注】潁川：郡名。治陽翟縣（今河南禹州市）。 汝南：郡名。治上蔡縣（今河南駐馬店市上蔡縣西南）。 淮陽：淮陽國。治陳縣（今河南淮陽縣）。 廬江：郡名。治舒縣（今安徽廬江縣西南）。

[2]【顏注】師古曰：親盡則毀，故云“迭毀”。事在《韋玄成傳》。迭，音大結反（殿本無“迭音大結反”五字）。【今注】迭毀：古宗廟制度。天子設七廟，諸侯設五廟。其中始封之君、開國帝王之祖廟，世世不毀，餘則親過高祖而毀其廟，遷其神主於太廟中。親廟依次而毀。

[3]【今注】案，王鳴盛《十七史商榷》卷一三以爲致水災之應，觀本書《郊祀志》，知說出劉向。本書《五行志》采輯諸書而成，本書《郊祀志》贊云“究觀方士祠官之變，谷永之言，不亦正乎”，是以毀廟徙郊爲正，與此文不合。

[4]【顏注】師古曰：石顯官者（官，蔡琪本、大德本、殿本作“宦”），故曰“刑臣”。

[5]【今注】三輔：西漢時於京畿之地所設京兆尹、左馮翊、右扶風的合稱。在十三州之外，由司隸校尉部負責監察。

[6]【今注】河東：郡名。治安邑縣（今山西夏縣西北）。后土：祀土地神的社壇。 南北郊：南郊與北郊。分別爲古代王朝祭天、祭地之處。

[7]【今注】案，王先謙《漢書補注》據本書《成紀》書“罷雍五畤”，本書《郊祀志》：“是歲衡、譚復條奏：‘長安厨官縣官給祠郡國候神方士使者所祠，凡六百八十三所，其二百八所應禮，及疑無明文，可奉祠如故。其餘四百七十五所不應禮，或復重，請皆罷。’奏可”，以爲所罷者不止六所，“凡六”下疑有脫文。

漢書　卷二七中之上

五行志第七中之上

　　經曰："羞用五事。一曰貌,[1]二曰言,三曰視,四曰聽,五曰思。[2]貌曰恭,言曰從,視曰明,聽曰聰,思曰容。[3]恭作肅,從作艾,[4]明作悊,聰作謀,[5]容作聖。[6]休徵:[7]曰肅,時雨若;[8]艾,時陽若;[9]悊,時奧若;[10]謀,時寒若;聖,時風若。[11]咎徵:[12]曰狂,恒雨若;僭,恒陽若;[13]舒,恒奧若;急,恒寒若;霧,恒風若。"[14]

　　[1]【今注】案,蔡琪本、大德本、殿本"一"前有"五事"二字。

　　[2]【顏注】應劭曰:思,思慮(殿本無此注)。

　　[3]【顏注】應劭曰:容,通也,古文作"睿"。【今注】容:錢大昕《廿二史考異‧漢書二》及王念孫《讀書雜志‧漢書第五》皆以爲"容"當爲包容之"容",非睿智之"睿"字。

　　[4]【顏注】師古曰:"艾"讀曰"乂"。乂,治也。其下亦同。

　　[5]【顏注】應劭曰:上聰則下謀,故聰爲謀也。【今注】悊:同"哲"。

　　[6]【顏注】張晏曰:容通達以至於聖。

[7]【顏注】孟康曰：善行之驗也。

[8]【顏注】應劭曰：居上而敬，則雨順之。【今注】若：順。

[9]【顏注】應劭曰：政治（蔡琪本、大德本、殿本"政"前有"君"字），則陽順之。

[10]【顏注】應劭曰：懊，明也。師古曰："奧"讀曰"燠"。燠，溫也，音於六反。其下亦同（殿本無此四字）。

[11]【顏注】師古曰：凡言時者，皆謂行得其道，則寒暑風雨以時應而順之。

[12]【顏注】師古曰：言惡行之驗。

[13]【顏注】應劭曰：僭，僭差（僭差，殿本作"差僭"）。

[14]【顏注】服虔曰：霿，音人傋反（反，大德本、殿本作"霿"）。應劭曰：人君毅霿鄙吝，則風不順之也。師古曰：凡言"恒"者，謂所行者失道，寒暑風雨不時，而恒久爲災也。霿，音莫豆反。傋、毅，並音搆（搆，大德本作"傋"），又音寇。【今注】霿（méng）：天氣昏蒙。錢大昕《廿二史考異·漢書二》指出"霿""蒙"聲相近。

　　傳曰："貌之不恭，是謂不肅，厥咎狂，厥罰恒雨，厥極惡。時則有服妖，[1]時則有龜孽，[2]時則有雞禍，[3]時則有下體生上之痾，[4]時則有青眚青祥。[5]唯金沴木。"[6]説曰：凡草物之類謂之妖。[7]妖猶夭胎，言尚微。[8]蟲豸之類謂之孽。[9]孽則牙孽矣。及六畜，謂之禍，言其著也。及人，謂之痾。痾，病貌，言寖深也。[10]甚則異物生，謂之眚；自外來，謂之祥。祥猶禎也。氣相傷，謂之沴。沴猶臨莅，不和意也。每一事云"時則"以絶之，言非必俱至，或有或亡，或在前或在後也。

[1]【今注】服妖：服飾怪異的人。

[2]【顏注】師古曰：孽，音魚列反。其下竝同。

[3]【顏注】師古曰："眊"與"禍"同。

[4]【顏注】韋昭曰：若牛之足反出背上，下欲伐上之禍也。師古曰：痾，音阿。【今注】痾：同"疴"。病。王先謙《漢書補注》以爲韋説非。五痾皆屬人言。

[5]【顏注】李奇曰：內曰眚，外曰祥。　【今注】眚（shěng）：災異。

[6]【顏注】服虔曰：沴，害也。如淳曰：沴，音拂戾之戾，義亦同。

[7]【今注】案，物，殿本作"木"。

[8]【顏注】師古曰：夭，音烏老反。

[9]【顏注】師古曰：有足謂之蟲，無足謂之豸。【今注】豸：音zhì。

[10]【顏注】師古曰：瀸，漸也（殿本無此注）。

　　孝武時，夏侯始昌通五經，善推《五行傳》，以傳族子夏侯勝，下及許商，[1]皆以教所賢弟子。其傳與劉向同，唯劉歆傳獨異。貌之不恭，是謂不肅。肅，敬也。內曰恭，外曰敬。人君行己，[2]體貌不恭，怠慢驕蹇，[3]則不能敬萬事，失在狂易，故其咎狂也。[4]上嫚下暴，[5]則陰氣勝，故其罰常雨也。水傷百穀，衣食不足，則姦軌並作，故其極惡也。一曰，民多被刑，或形貌醜惡，亦是也。風俗狂慢，變節易度，則爲剽輕奇怪之服，[6]故有服妖。水類動，故有龜孽。[7]於《易》，巽爲雞，雞有冠距文武之貌。[8]不爲威儀，貌氣毀，故有雞禍。一曰，水歲雞多死及爲怪，亦是也。

上失威儀，則下有彊臣害君上者，故有下體生於上之
痾。木色青，故有青眚青祥。凡貌傷者病木氣，木氣
病則金沴之，衝氣相通也。[9]於《易》，震在東方，爲
春爲木也；兑在西方，爲秋爲金也；离在南方，[10]爲
夏爲火也；坎在北方，爲冬爲水也。春與秋，日夜分，
寒暑平，是以金木之氣易以相變，故貌傷則致秋陰常
雨，言傷則致春陽常旱也。至於冬夏，日夜相反，寒
暑殊絶，水火之氣不得相并，故視傷常奥，聽傷常寒
者，其氣然也。逆之，其極曰惡；順之，其福曰攸好
德。[11]劉歆貌傳曰有鱗蟲之孽，羊旤，鼻痾。説以爲
於天文東方辰爲龍星，[12]故爲鱗蟲；於《易》兑爲羊，
木爲金所病，故致羊旤，與常雨同應。此説非是。春
與秋，氣陰陽相敵，木病金盛，故能相并，唯此一事
耳。旤與妖痾祥眚同類，不得獨異。

　　[1]【今注】許商：字長伯，西漢長安（今陝西西安市）人。
周堪弟子，治大夏侯尚書學，又善曆算。官至九卿。

　　[2]【今注】行己：立身行事。

　　[3]【今注】驕蹇（jiǎn）：傲慢。

　　[4]【顔注】師古曰：狂易，謂狂而易其常性。

　　[5]【今注】案，嫚，殿本作“慢”。

　　[6]【顔注】師古曰：剽，音匹妙反。【今注】剽輕：輕浮。

　　[7]【顔注】如淳曰：河魚大上，以爲魚孽之比。

　　[8]【今注】距：雞附足骨。

　　[9]【今注】衝氣：五行之氣相衝克。案，王先謙《漢書補
注》引《續漢書·五行志》劉昭注引鄭玄注補證：“沴，殄也。凡
貌、言、視、聽、思心，一事失，則逆人之心，人心逆則怒，木、

金、水、火、土氣爲之傷。傷則衝勝來乘珍之，於是神怒人怨，將爲禍亂。故五行先見變異，以告人也。及妖、孽、禍、痾、眚、祥皆其氣類，暴作非常，爲時怪者也。各以物象爲之占也。”

[10]【今注】案，离，蔡琪本、殿本作“離”。

[11]【顏注】孟康曰：政不順則致妖，順則致福也。師古曰：攸，所也，所好者德也。

[12]【今注】辰：心宿。

　　史記[1]成公十六年，公會諸侯于周，單襄公見晉厲公視遠步高，[2]告公曰：“晉將有亂。”魯侯曰：“敢問天道也？抑人故也？”[3]對曰：“吾非瞽史，[4]焉知天道？吾見晉君之容，殆必禍者也。夫君子目以定體，足以從之，[5]是以觀其容而知其心矣。目以處誼，足以步目。[6]晉侯視遠而足高，目不在體，而足不步目，其心必異矣。目體不相從，何以能久？夫合諸侯，民之大事也，於是虖觀存亡。故國將無咎，其君在會，步言視聽必皆無讁，則可以知德矣。[7]視遠，曰絕其誼；[8]足高，曰棄其德；言爽，曰反其信；[9]聽淫，曰離其名。[10]夫目以處誼，足以踐德，[11]口以庇信，[12]耳以聽名者也，故不可不慎。偏喪有咎；[13]既喪，則國從之。[14]晉侯爽二，吾是以云。”[15]後二年，晉人殺厲公。凡此屬，皆貌不恭之咎云。

　　[1]【顏注】師古曰：此志凡稱“史記”者，皆謂司馬遷所撰也。【今注】史記：《漢書考證》齊召南以爲，下文單襄公見晉厲公一段，《史記》卷三九《晉世家》不載。是《國語》文。《國

語》本是各國之史記，故以史記稱之。顏以司馬遷所撰，非。其時司馬遷《史記》稱《太史公書》等。另，錢大昕《廿二史考異·漢書二》多有舉證，可參。

　　[2]【顏注】師古曰：單襄公，周卿士單子朝也。晉屬公，景公之子（蔡琪本、大德本、殿本“子”後有“也”字），名州蒲。單，音善。【今注】視遠步高：高視闊步。形容態度傲慢。

　　[3]【顏注】師古曰：抑，發語辭也（殿本無此注）。

　　[4]【顏注】師古曰：瞽，樂太師。史，太史。

　　[5]【顏注】師古曰：體定則目安，足之進退皆無違也。

　　[6]【顏注】師古曰：視瞻得其宜，行步中其節也。

　　[7]【顏注】師古曰：譎，責也。無譎，謂得其義理無可咎責也。

　　[8]【今注】曰：王先謙《漢書補注》引蘇輿以爲《國語·周語》“曰”作“日”，韋昭注：“言日日絕其宜也。”楊樹達《漢書窺管》以爲日爲誤字，當據此文正之。

　　[9]【顏注】師古曰：爽，差也。

　　[10]【顏注】師古曰：淫，邪也。

　　[11]【顏注】師古曰：踐，履也，所履皆德行也。

　　[12]【顏注】師古曰：庇，覆也。言行相覆則爲信矣。

　　[13]【顏注】師古曰：苟喪其一，則有咎。

　　[14]【顏注】師古曰：既，盡也。若盡喪之，則國亦亡。

　　[15]【顏注】張晏曰：視遠一也，步高二也。【今注】爽：楊樹達《漢書窺管》以爲即上文“偏喪”“既喪”之“喪”，同音通假。

　　《左氏傳》桓公十三年，楚屈瑕伐羅，鬭伯比送之，[1]還謂其馭曰：“莫囂必敗，[2]舉止高，心不固矣。”[3]遽見楚子以告。[4]楚子使賴人追之，弗及。莫囂行，遂無次，且不設備。[5]及羅，羅人軍之，大敗。莫囂縊死。釐公十一年，周使內史過賜晉惠公命，[6]受玉，惰。[7]過歸告王曰：“晉侯其無後乎！王賜之命，而惰於受瑞，先自棄也已，其何繼之有！禮，國之幹也；敬，禮之輿也。[8]不敬則禮不行，禮不行則上下昏，何以長世！”二十一年，晉惠公卒，子懷公立，晉人殺之，更立文公。

[1]【顏注】師古曰：屈瑕即莫囂也。鬬伯比，楚大夫。羅，國名，在南郡枝江西。【今注】屈瑕：春秋時楚人。武王子，食邑於屈。爲莫敖。武王四十年（前701），奉命伐鄖，敗之，盟而還。次年伐絞，誘之出城設伏而敗之，爲城下之盟而還。明年，伐羅，屢勝而驕，爲羅及盧、戎兩軍擊敗，自縊。　鬬伯比：春秋時楚國公族。熊儀後裔。楚武王時爲大夫。

[2]【顏注】師古曰：莫囂，楚官名也。字或作“敖”，其音同。【今注】馭：駕車之人。

[3]【顏注】師古曰：止，足也。

[4]【顏注】師古曰：遄，速也。

[5]【顏注】師古曰：無次，不爲次列也。

[6]【顏注】師古曰：內史過，周大夫。晉惠公，夷吾也。諸侯即位，天子則賜命圭以爲瑞。

[7]【顏注】師古曰：不敬其事也。

[8]【顏注】師古曰：無禮，則國不立，故謂之幹。無敬，則禮不行，故比之於輿。

成公十三年，晉侯使郤錡乞師于魯，將事不敬。[1]孟獻子曰：“郤氏其亡乎！[2]禮，身之幹也；敬，身之基也。[3]郤子無基。且先君之嗣卿也，受命以求師，將社稷是衛，而惰棄君命也，不亡何爲！"十七年，郤氏亡。成公十三年，諸侯朝王，遂從劉康公伐秦。成肅公受脤于社，不敬。[4]劉子曰："吾聞之曰，民受天地之中以生，所謂命也。[5]是以有禮義動作威儀之則，[6]以定命也。能者養以之福，不能者敗以取禍，[7]是故君子勤禮，小人盡力。勤禮莫如致敬，盡力莫如惇篤。敬在養神，篤在守業。國之大事，在祀與戎。祀有執膰，戎有受脤，[8]神之大節。[9]今成子惰，棄其命矣，其不反虖！"五月，成肅公卒。成公十四年，衛定公享苦成叔，甯惠子相。[10]苦成叔敖，[11]甯子曰："苦成家其亡虖！古之爲享食也，以觀威儀省禍福也。[12]故《詩》曰：'兕觥其觩，旨酒思柔，匪傲匪傲，萬福來求。'[13]今夫子傲，取禍之道也。"後三年，苦成家亡。[14]

[1]【顏注】師古曰：郤錡，晉大夫駒伯也。乞師，欲以伐秦也。將事，致其君命也。錡，音牛爾反。【今注】郤（xì）錡（yǐ）：春秋時晉人。郤克之子，晉厲公時爲卿。厲公三年（前578）將伐秦，使至魯乞師，致君命而不敬，仲孫蔑譏之。後奪夷陽五田，夷陽五怨。厲公七年爲胥童、夷陽五等襲殺。　將事：吳恂《漢書注商》以爲當釋作"行事"。

[2]【顏注】師古曰：孟獻子，仲孫蔑（殿本"蔑"後有"也"字）。【今注】案，乎，殿本作"虖"。

[3]【顏注】師古曰：無禮，則身不立；不敬，則身不安也。

[4]【顏注】服虔曰：脤，祭社之肉也，盛以蜃器，故謂之

脤。師古曰：劉康公、成肅公，皆周大夫也。"脤"讀與"蜃"同。以出師而祭社謂之宜。脤者，即宜社之肉也。蜃，大蛤也，音上忍反。【今注】脤：王先謙《漢書補注》引葉德輝以爲字本作"祳"，《説文》云"祳，社肉，盛以蜃，故謂之祳"，假借爲"脤"。

[5] 【顏注】師古曰：劉子即康公也。中，謂中和之氣。

[6] 【今注】案，殿本《漢書考證》云："《左傳》'禮義'二字在'動作'之下。"

[7] 【顏注】師古曰：之，往也。能養生者，則定禮義威儀，自致於福；不能者，則喪之以取禍亂。

[8] 【顏注】應劭曰：膰，祭肉也。師古曰：膰，音扶元反。

[9] 【顏注】師古曰：交神之節。【今注】案，蔡琪本、大德本、殿本"節"後有"也"字。

[10] 【顏注】師古曰：定公名臧。苦成叔，晉大夫郤犫也。晉使郤犫如衞，故定公享之。惠子，衞大夫甯殖也。相，謂贊相其禮。【今注】享：通"饗"。　苦成叔：春秋時晉人。郤缺從子，晉景公時大夫，食邑襄陵。有辯才，爲使有禮，謀事有智。嘗與長魚矯爭田，執而桎之，矯怨。晉厲公七年，胥童、長魚矯、夷陽五等得厲公助，殺犫。　甯惠子：春秋時衞人。定公時大夫。定公病危，使甯殖與孔成子共立獻公。後獻公無禮，乃與孫林父共逐之，立殤公。後悔之，將死，囑其子寧喜掩飾其逐君之過。

[11] 【顏注】師古曰："敖"讀曰"傲"。其下並同。

[12] 【顏注】師古曰："食"讀曰"飤"。

[13] 【顏注】張晏曰：觓，罰爵也。飲酒和柔，無失禮可罰，罰爵徒觓然而已。應劭曰：言在位者不傲訐不倨傲也。師古曰：《小雅·桑扈》之詩也。傲，謂傲幸也。萬福，言其多也。謂飲酒者不傲幸，不傲慢，則福祿就而求之也。觓，音虬（虬，蔡琪本、殿本作"蚪"）。傲，音工堯反。【今注】匪：彼。錢大昕《廿二史考異·漢書二》指出今本《毛詩》作"彼交匪敖"。古書

"彼"與"匪"通。

[14]【顏注】師古曰：十七年，晉攻郤氏，長魚矯以戈殺郤錡、郤犫、郤至，而滅其家。

襄公七年，衛孫文子聘于魯，君登亦登。[1]叔孫穆子相，[2]趨進曰："諸侯之會，寡君未嘗後衛君，今吾子不後寡君，寡君未知所過，吾子其少安！"[3]孫子亡辭，亦亡悛容。[4]穆子曰："孫子必亡。爲臣而君，過而不悛，亡之本也。"十四年，孫子逐其君而外叛。[5]襄公二十八年，蔡景侯歸自晉，入于鄭。[6]鄭伯享之，不敬。子產曰："蔡君其不免虖！[7]日其過此也，君使子展往勞于東門，而敖。[8]吾曰：'猶將更之，'[9]今還，受享而惰，迺其心也。[10]君小國，事大國，[11]而惰敖以爲己心，將得死虖？君若不免，必由其子。淫而不父，[12]如是者必有子旤。"三十年，爲世子般所殺。[13]

[1]【顏注】師古曰：文子，衛大夫孫林父也。禮之登階，臣後君一等。【今注】孫文子：春秋時衛人。孫良夫之子，歷仕定、獻、殤公三君，專衛政。獻公時與甯殖同列，獻公對二人無禮，共逐公，立殤公。殤公十二年（前547），出奔之獻公與甯殖子喜謀復位，甯氏攻孫氏，孫氏敗，林父以其采邑戚叛衛奔晉。

[2]【顏注】師古曰：穆子，叔孫豹。【今注】叔孫穆子：一稱穆叔。春秋時魯大夫。叔孫僑如弟，僑如與魯成公之母穆姜私通，豹見其兄所爲將召禍，奔齊。魯成公末年，僑如奔齊。豹應召歸魯。事襄公奔齊時，與外妻生子豎牛，又娶於國氏，生二子孟丙、仲壬。後寵用豎牛，孟丙、仲壬均被豎牛所殺，己亦爲豎牛所

困，飢渴而死。　相：儐相，司儀。

[3]【顏注】師古曰：安，徐也。

[4]【顏注】師古曰：悛，改也，音千全反（千，大德本誤作“十”）。

[5]【顏注】師古曰：逐其君，謂衛獻公出奔齊也。外叛，謂以戚叛之。

[6]【顏注】師古曰：景侯名固，文侯之子（蔡琪本、大德本、殿本句末有“也”字）。

[7]【顏注】師古曰：言不免於禍。

[8]【顏注】師古曰：日，謂往日，適晉之時也（蔡琪本、殿本作“適”前有“始”字）。子展，鄭大夫公孫舍之。【今注】子展：春秋鄭國大夫。簡公十二年（前 554），子孔專政，國人患之，子展、子西殺子孔，鄭人使子展當國。十八年，子展從子產帥師攻陳，十九年鄭伯賞入陳之功，以子展爲鄭國相。

[9]【顏注】師古曰：更，改也。

[10]【顏注】師古曰：言心之所常行也。

[11]【顏注】師古曰：言身爲小國之君，而事於大國。

[12]【顏注】師古曰：通太子之妻。

[13]【顏注】師古曰：“般”讀與“班”同。

　　襄公三十一年，公薨。季武子將立公子裯，[1]穆叔曰：“是人也，居喪而不哀，在慼而有嘉容，是謂不度。不度之人，鮮不爲患，[2]若果立，必爲季氏憂。”武子弗聽，卒立之。比及葬，三易衰，衰衽如故衰。[3]是爲昭公。立二十五年，聽讒攻季氏。兵敗，出奔，死于外。[4]襄公三十一年，衛北宮文子見楚令尹圍之儀，[5]言於衛侯曰：“令尹似君矣，將有它志；[6]雖獲其志，弗能終也。"公曰："子何以知之？"對曰："《詩》云'敬慎威儀，惟民之則'，[7]令尹無威儀，民無則焉。民所不則，以在民上，何以終世。"[8]

[1]【顔注】師古曰：裯，襄公之子，齊歸所生。裯，音直留反。【今注】季武子：季孫宿。季文子之子。魯國執政，歷仕襄、昭公。襄公十一年（前562），説叔孫穆子固請作三軍，孟孫、叔孫、季孫三家各有一軍，三分公室。魯昭公五年（前537），改三軍爲二軍，四分公室，季孫氏得其二。卒諡武。

[2]【顔注】師古曰：穆叔，即叔孫穆子也。不度，不遵禮度也。鮮，少也，音先淺反（殿本無"鮮"下七字）。

[3]【顔注】師古曰：衣前曰袥。言游戲無已也。比，音必寐反。衰，音千回反。袥，音人禁反。【今注】衰袥：古代喪服掩於裳際的衣襟。

[4]【顔注】師古曰：謂薨于乾侯。

[5]【顔注】師古曰：北宫文子，衛大夫也，名佗。令尹圍即公子圍，楚恭王之子也，時爲令尹。文子從衛侯在楚，故見之。【今注】北宫文子：春秋衛國大夫，北宫括之子。從衛襄公如楚會盟過鄭，報聘時，見鄭國子羽、馮簡子、子太叔等，認爲鄭有此人才，可無大國之攻討。及楚，見令尹圍之威儀似國君，斷其將有異志。皆如其言。

[6]【顔注】師古曰：謂有爲君之心，言語視瞻非其常。

[7]【顔注】師古曰：《大雅·抑》之詩也。則，法也。言君能慎其威儀，乃臣下所法效之。

[8]【顔注】師古曰：遂以殺君篡國，而取敗於乾谿也。【今注】案，蔡琪本、大德本、殿本"何以終世"作"不可以終"。王念孫《讀書雜志·漢書第五》以爲《左傳》僖十一年"禮不行則上下昏，何以長世"，文義與此相似，疑劉向、劉歆所見《左傳》

與今本不同。而各本作"不可以終"，是後人以《左傳》改。

　　昭公十一年夏，周單子會於戚，[1]視下言徐。[2]晉叔向曰："單子其死虖！[3]朝有著定，[4]會有表，[5]衣有襘，帶有結。[6]會朝之言必聞于表著之位，所以昭事序也；[7]視不過結襘之中，所以道容貌也。[8]言以命之，容貌以明之，失則有闕。今單子爲王官伯，[9]而命事於會，視不登帶，言不過步，貌不道容而言不昭矣。不道不恭，不昭不從，無守氣矣。"[10]十二月，單成公卒。昭公二十一年三月，葬蔡平公，蔡大子朱失位，[11]位在卑。[12]魯大夫送葬者歸告昭子。[13]昭子歎曰："蔡其亡虖！若不亡，是君必不終。[14]《詩》曰'不解於位，民之攸墍。'[15]今始即位而適卑，身將從之。"十月，蔡侯朱出奔楚。

　　[1]【顏注】師古曰：單子，周大夫單成公也。戚，衛地。

　　[2]【顏注】應劭曰：視下，視不登帶。言徐，不聞於表著。

　　[3]【顏注】師古曰：叔向，晉大夫羊舌肸也。向，音許兩反。

　　[4]【顏注】師古曰：朝內列位有定處，所謂表著者也。著，音直庶反，又音除。【今注】著定：錢大昭《漢書辨疑》以爲"著"通作"宁"，門屏之間。引《釋名》曰："宁，佇也，將見君所佇立定氣之處也。"

　　[5]【顏注】師古曰：會於野，設表以爲位。

　　[6]【顏注】師古曰：襘，領之交會也。結，紳帶之結也。襘，音工外反。

　　[7]【顏注】師古曰：昭，明也（殿本無此六字）。

[8]【顏注】師古曰："道"讀曰"導"。其下並同。

[9]【顏注】師古曰：伯，長也。

[10]【顏注】師古曰：貌正曰恭，言正曰從。

[11]【今注】案，大，蔡琪本、殿本作"太"。

[12]【顏注】師古曰：不在正嫡之位，而以長幼序之。

[13]【顏注】師古曰：昭子，叔孫婼。

[14]【今注】案，蔡琪本、大德本、殿本"必"前有"也"字。

[15]【顏注】師古曰：《大雅·假樂》之詩也。墍，息也。言在上者能率位不怠，則其臣下恃以安息也。"解"讀曰"懈"。墍，音許既反。【今注】墍：音jì。

　　晉魏舒合諸侯之大夫于翟泉，[1]將以城成周。魏子涖政，[2]衞彪傒曰："將建天子，而易位以令，非誼也。[3]大事奸誼，必有大咎。[4]晉不失諸侯，魏子其不免虖！"是行也，魏獻子屬役於韓簡子，[5]而田於大陸，焚焉而死。[6]定公十五年，邾隱公朝於魯，執玉高，其容仰。公受玉卑，其容俯。[7]子贛觀焉，[8]曰："以禮觀之，二君者皆有死亡焉。夫禮，死生存亡之體也。將左右周旋，進退俯仰，於是虖取之；朝祀喪戎，於是虖觀之。今正月相朝，而皆不度，心已亡矣。[9]嘉事不體，何以能久？[10]高仰，驕也；卑俯，替也。[11]驕近亂，替近疾。君爲主，其先亡虖！"[12]

　　[1]【顏注】應劭曰：水名，今洛陽是也。師古曰：魏舒，晉卿魏獻子也。事在定公元年。《志》不書者，蓋闕文。【今注】魏舒：一作"魏荼"。春秋時晉國人。魏嬴子，魏絳孫，一說爲魏

絳子。事晉昭公、頃公，繼韓宣子執國政，誅滅晉宗室祁氏、羊舌氏，盡取其邑分爲十縣，六卿各令其子爲大夫。嘗謂舉人唯善所在，親疏一也。孔子稱之。卒諡獻。　翟泉：一作"狄泉"。在今河南洛陽市東北。

[2]【顏注】師古曰：謂代天子大夫爲政，以臨其事（殿本作"事"後有"也"字）。

[3]【顏注】師古曰：傒，衞大夫。建天子，謂立天子之居也。傒，音奚。

[4]【顏注】師古曰：奸，犯也，音干。

[5]【顏注】師古曰：簡子，亦晉卿韓不信。以城周之功役委簡子也。屬，音之欲反（殿本無末五字）。

[6]【顏注】師古曰：高平曰陸。因放火田獵而見燒殺也。説者或以爲大陸即鉅鹿北大陸澤也。據會於狄泉，則其所田處固當在近，非大陸澤也（殿本無"説者"下三十四字）。【今注】案，吳仁傑《兩漢刊誤補遺》卷五指出本《志》所載"田於大陸，焚而死"，爲《國語》文。《左傳》亦載此事，云"田於大陸，焚焉，還，卒於甯"，觀此，則非因獵被焚而卒。

[7]【顏注】師古曰：隱公，邾子益也。玉，謂朝者之贄。

[8]【顏注】師古曰：子贛，孔子弟子端木賜也。贛，音貢。【今注】子贛：子貢。事見《史記》卷六七《仲尼弟子列傳》。

[9]【顏注】師古曰：不度，不合法度。

[10]【顏注】師古曰：嘉事，嘉禮之事，謂朝祀也。不體，不得身體之節。

[11]【顏注】師古曰：替，廢惰也。

[12]【顏注】師古曰：是年五月，定公薨。哀公七年秋，伐邾，以邾子益來也。

　　庶徵之恒雨，劉歆以爲《春秋》大雨也，劉向以爲大水。隱公九年"三月癸酉，大雨，震電；庚辰，大雨雪"。[1]大雨，雨水也；[2]震，雷也。劉歆以爲三月癸酉，於歷數春分後一日，始震電之時也，當雨，而不當大雨。大雨，常雨之罰也。於始震電八日之間而大雨雪，常寒之罰也。劉向以爲周三月，今正月也，當雨水，雪雜雨，電未可以發也。既已發也，[3]則雪不當復降。皆失節，故謂之異。於《易》，雷以二月出，其卦曰《豫》，[4]言萬物隨雷出地，皆逸豫也。[5]以八月入，其卦曰《歸妹》，[6]言雷復歸。入地則孕毓根核，保藏蟄蟲，[7]避盛陰之害；出地則養長華實，發揚隱伏，宣盛陽之德。入能除害，出能興利，人君之象也。是時，隱以弟桓幼，代而攝立。[8]公子翬見隱居位已久，勸之遂立。[9]隱既不許，翬懼而易其辭，[10]遂與桓共殺隱。天見其將然，故正月大雨水而雷電。是陽不閉陰，出涉危難而害萬物。[11]天戒若曰，爲君失時，賊弟佞臣將作亂矣。後八日大雨雪，陰見間隙而勝陽，篡殺既將成也。[12]公不寤，後二年而殺。昭帝元始元年七月，[13]大水雨，自七月至十月。成帝建始三年秋，大雨三十餘日；四年九月，大雨十餘日。

[1]【顏注】師古曰：雨雪，雨，音于具反。

[2]【顏注】師古曰：下"雨"音于具反。後類並同。

[3]【今注】案，《漢書考證》劉敞以爲"也"字衍。王先謙《漢書補注》引王先慎以爲劉説非。"也"與"矣"同義。此謂雷既已發矣，則雪不當復降。

[4]【顏注】師古曰：《坤》下《震》上也。

[5]【今注】逸豫：舒緩貌。

[6]【顏注】師古曰：兌下震上也。

[7]【顏注】師古曰："毓"字與"育"同。"核"亦"荄"字也。草根曰荄，音該。

[8]【今注】案，代，殿本作"入"。

[9]【顏注】師古曰：公子翬，魯大夫羽父也。勸殺桓公，己求爲大宰。翬，音揮。

[10]【顏注】師古曰：反謂桓公云隱欲殺之。

[11]【今注】案，王先謙《漢書補注》引葉德輝引《南齊志》引《洪範傳》補證曰："雷於天地爲長子，以其首長萬物，與之出入。故雷出萬物出，雷入萬物入。夫雷者，人君之象，入則除害，出則興利。雷之微氣以正月出，其有聲者以二月出，以八月入，其餘微者以九月入。冬三月雷無出者，若是陽不避陰，則出涉危難而害萬物也。"

[12]【今注】案，蔡琪本、大德本、殿本"旣"前有"之"字。

[13]【今注】案，元始，蔡琪本、大德本、殿本作"始元"，是。

《左氏傳》愍公二年，晉獻公使太子申生帥師，[1]公衣之偏衣，佩之金玦。[2]狐突歎曰："時，事之徵也；衣，身之章也；佩，衷之旗也。[3]故敬其事，則命以始；[4]服其身，則衣之純；[5]用其衷，則佩之度。[6]今命以時卒，閟其事也；[7]衣以尨服，遠其躬也；[8]佩以金玦，棄其衷也。服以遠之，時以閟之，尨涼冬殺，金寒玦離，胡可恃也！"[9]梁餘子養曰："帥師者，受命于廟，受脤於社，有常服矣。[10]弗獲而尨，命可知也。

死而不孝，不如逃之。"罕夷曰："尨奇無常，金玦不復，君有心矣。"[11]後四年，申生以讒自殺。近服妖也。《左氏傳》曰，鄭子臧好聚鷸冠，[12]鄭文公惡之，使盜殺之。[13]劉向以爲近服妖者也。一曰，非獨爲子臧之身，亦文公戒也。[14]初，文公不禮晉文，[15]又犯天子命而伐滑，[16]不尊尊敬上。其後晉文伐鄭，幾亡國。[17]

[1]【顏注】師古曰：以伐東山皋落氏。【今注】晉獻公：春秋時晉國國君，在位二十六年。名詭諸。武公子。立八年，用士之謀，盡殺晉之諸公子，始都絳。十六年（前661），作二軍，伐滅霍、魏、耿。二十二年，假道於虞以滅虢，回師滅虞。有子八人，太子申生，公子重耳、夷吾皆有賢名。後寵驪姬，欲立其子奚齊，殺太子申生。公子重耳、夷吾出奔。晉國亂。

[2]【顏注】師古曰：偏衣，謂左右異色，其半象公之服也。金玦，以金爲玦也。半環曰玦。

[3]【顏注】師古曰：狐突，晉大夫伯行，時爲太子御戎也。徵，證也。章，明也。旗，表也。衣所以明貴賤，佩所以表中心。【今注】狐突：字伯行。春秋時晉國大夫。晉文公重耳外祖父。晉懷公立，突之二子毛、偃隨從重耳出奔在秦。懷公怒，囚狐突，令其召二子歸，突不肯，遂爲所殺。

[4]【顏注】師古曰：賞以春夏。

[5]【顏注】師古曰：壹其色。

[6]【顏注】師古曰：佩玉者，君子之常度。【今注】案，《漢書考正》劉奉世曰："欲表其衷，則當佩之，使合法度。世子佩瑜玉而綦組綬。"

[7]【顏注】應劭曰（應劭，殿本作"師古"）：卒，盡也。

閟，閉也。謂十二月盡時也。

[8]【顏注】師古曰：尨，雜色也，謂偏衣也。遠，音于萬反。其下並同。【今注】尨：音 máng。

[9]【顏注】師古曰：涼，薄也。尨色不能純，故曰薄也。冬主殺氣，金行在西，是謂之寒。玦形半缺，故云離。

[10]【顏注】師古曰：梁餘子養，晉大夫（蔡琪本、大德本、殿本“夫”後有“也”字），時爲下軍御。軍之常服則韋弁。【今注】梁餘子養：名養，字餘子。

[11]【顏注】應劭曰：奇，奇怪非常意。復，反也。金玦，猶決去，不反意也。師古曰：罕夷，晉大夫，時爲下軍卿也。有心，害太子之心也。復，音扶目反。

[12]【顏注】張晏曰：鷸鳥赤足黃文，以其毛飾冠。韋昭曰：鷸，今翠鳥（蔡琪本、大德本、殿本“鳥”後有“也”字）。師古曰：子臧，鄭文公子也。鷸，大鳥，即《戰國策》所云啄蚌者也。天之將雨，鷸則知之。翠鳥自有鷸名，而此飾冠，非翠鳥（蔡琪本、大德本、殿本“鳥”後有“也”字）。《逸周書》曰“知天文者冠鷸冠”，蓋以鷸鳥知天時故也。《禮圖》謂之“術氏冠”。鷸，音聿，又音術。

[13]【顏注】師古曰：時已得罪出奔宋，故使盜殺之於陳、宋之間。

[14]【今注】案，蔡琪本、大德本、殿本“公”後有“之”字。

[15]【顏注】師古曰：晉文公之爲公子也，避驪姬之難而出奔，欲之楚，過鄭，鄭不禮焉。

[16]【顏注】師古曰：僖二十四年，鄭公子士及堵俞彌帥師伐滑（蔡琪本、大德本、殿本“士”下有“洩”字；蔡琪本無“及”字）。王使伯服游、孫伯如鄭請滑，鄭伯不聽而執二子。

[17]【顏注】師古曰：僖三十年，晉侯、秦伯圍鄭，佚之狐

曰："國危矣！"使燭之武見秦伯，師乃退也。幾，音鉅依反（殿本無末五字）。

昭帝時，昌邑王賀遣中大夫之長安，[1]多治仄注冠，[2]以賜大臣，又以冠奴。劉向以爲近服妖也。時王賀狂悖，[3]聞天子不豫，[4]弋獵馳騁如故，與騶奴宰人游居娛戲，驕嫚不敬。[5]冠者尊服，奴者賤人，賀無故好作非常之冠，暴尊象也。以冠奴者，當自至尊墜至賤也。[6]其後帝崩，無子，漢大臣徵賀爲嗣。即位，狂亂無道，[7]縛戮諫者夏侯勝等。[8]於是大臣白皇太后，廢賀爲庶人。賀爲王時，又見大白狗冠方山冠而無尾，[9]此服妖，亦犬旤也。[10]賀以問郎中令龔遂，[11]遂曰："此天戒，言在仄者盡冠狗也。[12]去之則存，不去則亡矣。"賀既廢數年，宣帝封之爲列侯，復有皋，死不得置後，又犬旤無尾之效也。京房《易傳》曰："行不順，厥咎人奴冠，天下亂，辟無適，[13]妾子拜。"[14]又曰："君不正，臣欲篡，厥妖狗冠出朝門。"

　　[1]【今注】昌邑王賀：劉賀，武帝之子。傳見本書卷六三。
中大夫：漢諸侯王國官，多以文學之士充任，掌奉使京城及諸國之事。
　　[2]【顏注】應劭曰：今法冠是也。李奇曰：一曰高山冠，本齊冠也，謁者服之。師古曰："仄"，古"側"字也。謂之側注者，言形側立而下注也。蔡邕云，高九寸，鐵爲卷，非法冠及高山也。卷，音去權反。
　　[3]【顏注】師古曰：悖，惑也，音布内反（殿本無此注）。

[4]【顏注】師古曰：言有疾不悦豫也。《周書·顧命》曰"王有疾，不豫"。

[5]【顏注】師古曰：騶，厩御也。宰人，主膳者也。娛，樂也。戲，音僖。

[6]【顏注】師古曰：墜，墮也，音直類反（殿本無此注）。

[7]【今注】案，亂，殿本作"悖"。

[8]【今注】戮：罪。

[9]【顏注】鄧展曰：方山冠以五采縠爲之，樂舞人所服。【今注】方山冠：《續漢書·輿服志下》："方山冠，似進賢，以五采縠爲之。祠宗廟，《大予》《八佾》《四時》《五行》樂人服之，冠衣各如其行方之色而舞焉。"

[10]【今注】案，大，蔡琪本、殿本作"犬"，是。

[11]【今注】郎中令：王國郎中令。掌王大夫、郎中宿衛。俸千石。　龔遂：傳見本書卷八九。

[12]【顏注】師古曰：言王左右侍側之人不識禮義，若狗而著冠者耳。冠，音工喚反。其下亦同（大德本作"下亦同"）。

[13]【顏注】如淳曰：辟，君也。適，適子也。師古曰：辟，音壁。"適"讀曰"嫡"（殿本無"師古"下十字）。

[14]【顏注】如淳曰：無適子故也。

成帝鴻嘉、永始之閒，好爲微行出游，選從期門郎有材力者，[1]及私奴客，多至十餘，少五六人，皆白衣袒幘，[2]帶持刀劍。或乘小車，御者在茵上，[3]或皆騎，出入市里郊壄，遠至旁縣。大臣車騎將軍王音及劉向等數以切諫。[4]谷永曰："《易》稱'得臣無家'，[5]言王者臣天下，無私家也。今陛下棄萬乘之至貴，樂家人之賤事；厭高美之尊稱，好匹夫之卑字；[6]崇聚票輕無誼之人，以爲私客；[7]置私田於民間，畜私奴車馬於北宮；[8]數去南面之尊，離深宮之固，挺身獨與小人晨夜相隨，[9]烏集醉飽吏民之家，[10]亂服共坐，溷殽亡別，[11]閔勉邀樂，晝夜在路。[12]典門戶奉宿衞之臣執干戈守空宮，公卿百寮不知陛下所在，[13]積數年矣。昔虢公爲無道，有神降曰‘賜爾土田’，[14]言將以庶人受土田也。諸侯夢得土田，爲失國祥，[15]而況王者畜私田財物，爲庶人之事乎！”[16]

[1]【今注】期門郎：西漢護衞禁軍名稱。武帝時選隴西、天水等六郡良家子組成。武帝微行，衞士執兵護衞，因“期諸殿門”，故稱期門。隸屬光禄勳。平帝時改稱虎賁郎。

[2]【顔注】師古曰：袒（蔡琪本、大德本、殿本“袒”後有“幘”字），不加上冠。【今注】袒幘：謂頭包髮巾而不戴冠。沈欽韓《漢書疏證》指出即空頂幘。又引《續漢書·輿服志》：“幘至孝文乃高顔題，續之爲耳，崇其巾爲屋。未冠童子幘無屋。”以爲無屋則袒幘。

[3]【顔注】蘇林曰：茵，車上蓐也。御者錯亂，更在茵上坐也。師古曰：車小，故御者不得迴避，而在天子茵上也。茵，音因（殿本無“茵音因”三字）。

[4]【今注】王音：西漢東平陵人。元帝皇后王政君從弟。親附兄王鳳。鳳死代爲大司馬車騎將軍輔政，封安陽侯。輔政八年死。 案，蔡琪本、殿本作“大臣”前有“時”字。

[5]【顔注】師古曰：《損卦》上九爻辭。

[6]【顔注】如淳曰：稱張放家人，是爲卑字。師古曰：爲微行，故變易姓名。

[7]【顔注】師古曰：票，音匹妙反，又音頻妙反。

[8]【今注】北宫：故址在今陝西西安市西北漢長安故城中。位置在未央宫東北、長樂宫西北。因在未央宫北，故名。西漢供奉神君的宫殿，也是軟禁廢黜后妃的居處。漢高祖時始建，漢武帝時增修（參見李毓芳《漢長安城的布局與結構》，《考古與文物》1997 年第 5 期）。

[9]【顏注】師古曰：挺，引也。

[10]【顏注】師古曰：乍合乍離，如烏之集。

[11]【顏注】師古曰：涸肴，謂雜亂也。涸，音胡困反。

[12]【顏注】師古曰：閔勉猶黽勉，言不息也。遯樂，言流遯爲樂也。【今注】遯樂：周壽昌《漢書注校補》曰："遯猶逸也。言逸樂也。"

[13]【今注】案，寮，蔡琪本作"僚"。

[14]【顏注】師古曰：《春秋左氏傳》，莊公三十二年，有神降于莘，虢公使祝應、宗區、史嚚享焉。神賜之土田。史嚚曰（殿本"嚚"作"囂"，王先謙以爲是）："虢其亡乎！"

[15]【顏注】師古曰：僖五年，晉滅虢，虢公醜奔京師。

[16]【今注】案，王先謙《漢書補注》引蘇輿曰：劉知幾《史通》卷一九以此爲"直引時談，竟無它述"，云"以下不言成帝悛與不悛，谷永言效與不效。諫詞雖具，諸事闕如"。以爲志中此類頗多，疑皆闕文。

《左氏傳》曰，周景王時大夫賓起見雄雞自斷其尾。[1]劉向以爲近雞旤也。是時，王有愛子子朝，王與賓起陰謀欲立之。[2]田于北山，將因兵眾殺適子之黨，[3]未及而崩。三子爭國，王室大亂。其後，賓起誅死，[4]子朝奔楚而敗。[5]京房《易傳》曰："有始無終，厥妖雄雞自齧斷其尾。"[6]

[1]【顔注】師古曰：賓起即賓孟。【今注】賓起：春秋時人，名孟。周景王庶子子朝之傅。景王與起皆欲立子朝。劉獻公之庶子伯盆惡賓起之爲人，又惡子朝。及景王死，國人立景王長子猛，劉盆遂攻殺賓起。

[2]【顔注】師古曰：子猛，王之庶長子。

[3]【顔注】師古曰："適"讀曰"嫡"。嫡子王子猛，及後爲悼王。子猛之黨，謂劉獻公、單穆公。

[4]【顔注】師古曰：三子，謂子猛、子猛及子猛弟敬王丐也。劉子遂攻賓起，殺之。事並在昭二十二年（蔡琪本"昭"後有"公"字）。

[5]【顔注】師古曰：昭二十六年，邵伯盈逐王子猛，子猛奔楚。定五年（蔡琪本、大德本、殿本"定"後有"公"字），王人殺之于楚。

[6]【今注】齧（niè）：咬。

宣帝黃龍元年，[1]未央殿輅軨中雌雞化爲雄，[2]毛衣變化而不鳴，不將，無距。[3]元帝初元中，丞相府史家雌雞伏子，[4]漸化爲雄，[5]冠距鳴將。永光中，有獻雄雞生角者。京房《易傳》曰："雞知時，知時者當死。"房以爲己知時，恐當之。劉向以爲房失雞占。雞者小畜，主司時，起居人，[6]小臣執事爲政之象也。言小臣將秉君威，以害正事，猶石顯也。竟寧元年，[7]石顯伏辜，此其效也。一曰，石顯何足以當此？昔武王伐殷，至于牧墅，誓師曰："古人有言曰'牝雞無晨；牝雞之晨，惟家之索'。今殷王紂惟婦言用。"[8]繇是論之，[9]黃龍、初元、永光雞變，迺國家之占，妃后象也。孝元王皇后以甘露二年生男，立爲大子。[10]妃，王禁女也。[11]黄龍元年，宣帝崩，大子立，是爲元帝。王妃將爲皇后，故是歲未央殿中雌雞爲雄，明其占在正宫也。不鳴不將無距，貴始萌而尊未成也。至元帝初元元年，將立王皇后，先以爲婕妤。[12]三月癸卯制書曰："其封婕妤父丞相少史王禁爲陽平侯位特進。"[13]丙午，立王婕妤爲皇后。明年正月，立皇后子爲大子。故應是，丞相府史家雌雞爲雄，其占即丞相少史之女也。伏子者，明已有子也。冠距鳴將者，尊已成也。永光二年，陽平頃侯禁薨，子鳳嗣侯，爲侍中衛尉。[14]元帝崩，皇太子立，是爲成帝。尊皇后爲皇大后，以后弟鳳爲大司馬大將軍，領尚書事，上委政，無所與。[15]王氏之權自鳳起，故於鳳始受爵位時，雄雞有角，明視作威[16]顓君害上[17]危國者，從此人始也。其後群弟世權，以至於莽，遂篡天下。即位五年，王大后迺崩，此其效也。京房《易傳》曰："賢者居明夷之世，知時而傷，[18]或衆在位，[19]厥妖雞生角。雞生角，時主獨。"又曰："婦人顓政，國不静；牝雞雄鳴，主不榮。"故房以爲已亦在占中矣。

　　[1]【今注】黄龍：漢宣帝年號（前49）。

　　[2]【顔注】孟康曰：輅軨，厩名也。師古曰：《百官表》大僕屬官有輅軨丞（大，大德本、殿本作"太"）。"輅"與"路"同。軨，音零。【今注】輅軨：天子六厩之一。其餘爲未央、承華、駒騄、騎馬、大厩。

　　[3]【顔注】師古曰：將，謂率領其群也。距，雞附足骨，鬭時所用刺之。

［4］【今注】丞相府史：西漢置，屬丞相。協助丞相處理具體事務，無定員。秩四百石。　伏子：孵卵。

［5］【顏注】師古曰：初尚伏子，後乃稍稍化爲雄也。伏，音房富反。

［6］【顏注】師古曰：至時而鳴，以爲人起居之節。【今注】司：楊樹達《漢書窺管》以爲當讀爲伺，候也。

［7］【今注】竟寧：漢元帝年號（前33）。

［8］【顏注】師古曰：《周書·牧誓》之辭。晨，謂晨時鳴也。索，盡也。言婦人爲政，猶雌雞而代雄鳴，是喪家之道也。索，音思各反（殿本無"索音思各反"五字）。

［9］【顏注】師古曰："繇"讀與"由"同（殿本無此注）。

［10］【今注】案，大，蔡琪本、大德本、殿本作"太"。本段"大"參校本多作"太"，不復出校。

［11］【今注】王禁：王賀子。字稚君，西漢東平陵人。少學法律於長安，爲廷尉史。不修廉節，好酒色，多娶妻妾。次女王政君，宣帝時獻入太子宮，後立爲妃。元帝即位，立爲皇后。禁受封爲陽平侯。

［12］【今注】婕妤：西漢武帝始置。位次皇后，視上卿，比列侯。

［13］【今注】丞相少史：漢武帝置。爲丞相屬官，位在長史下，佐長史理職事。秩四百石。陳直《漢書新證》引《漢舊儀》云："武帝元狩六年，丞相吏員三百八十二人，史二十人，秩四百石。少史八十人，秩三百石。"又丞相史見薛氏《鐘鼎款識》卷一九丞相府漏壺，此丞相屬官史與少史之可考者。　特進：西漢置，凡諸侯功德優盛、朝廷敬異者賜特進，位在三公下，得自辟僚屬。

［14］【今注】侍中：秦置，即丞相史。西漢時爲加官，與聞朝政，贊導衆事，顧問應對，與公卿大臣論辯，平議尚書奏事，爲中朝要職。

[15]【顏注】師古曰："與"讀曰"豫"。言政皆出鳳,天子不豫。

[16]【顏注】師古曰："視"讀曰"示"。

[17]【顏注】師古曰："顓"與"專"同。其下類此。

[18]【顏注】師古曰:《易》之《明夷卦》曰:"明入地中,明夷。"夷,傷也,《離》下《坤》上,言日在地中,傷其明也。知時,謂知天時者也。賢而被傷,故取明夷之義。

[19]【顏注】師古曰:言虛偽無實之人矯惑於衆在職位也。

成公七年"正月,鼷鼠食郊牛角;[1]改卜牛,又食其角"。劉向以爲近青祥,亦牛旤也,不敬而儲霤之所致也。[2]昔周公制禮樂,成周道,故成王命魯郊祀天地,以尊周公。至成公時,三家始顓政,魯將從此衰。天愍周公之德,痛其將有敗亡之旤,故於郊祭而見戒云。鼠,小蟲,性盜竊,鼷又其小者也。牛,大畜,祭天尊物。[3]角,兵象,在上,君威也。小小鼷鼠,食至尊之牛角,象季氏乃陪臣盜竊之人,將執國命以傷君威而害周公之祀也。改卜牛,鼷鼠又食其角,天重語之也。[4]成公怠慢昏亂,遂君臣更執于晉。[5]至于襄公,晉爲溴梁之會,[6]天下大夫皆奪君政。[7]其後三家逐昭公,卒死于外,[8]幾絶周公之祀。[9]董仲舒以爲鼷鼠食郊牛,皆養牲不謹也。京房《易傳》曰:"祭天不慎,厥妖鼷鼠齧郊牛角。"

[1]【顏注】師古曰:鼷,小鼠也,即今所謂甘鼠者,音奚。【今注】鼷鼠:鼠類最小的一種。古人以爲有毒,嚙人畜至死不覺

痛，故又稱甘口鼠。　郊牛：郊祭時尚未卜日祭祀的牛。

〔2〕【今注】傋（gòu）霿：愚昧昏蒙。案，殿本"傋"誤作"備"。

〔3〕【今注】案，蔡琪本、大德本、殿本"尊物"後有"也"字。

〔4〕【顔注】師古曰：重，音直用反。

〔5〕【顔注】師古曰：更，互也。十年秋，公如晉，晉人以公爲貳於楚，故止公，至十一年三月乃得歸。十六年秋，公會晉侯于沙隨，晉受叔孫僑如之譖而止公。是年九月，又信僑如之譖，執季孫行父，舍之于苕丘，十二月乃得歸。故云"君臣更執"也。更，音工衡反。

〔6〕【顔注】師古曰：襄十六年，晉平公會諸侯于溴梁。溴梁者，溴水之梁也。溴水出河内軹縣東南，至温入河。溴，音工覓反。【今注】案，蔡琪本"晉"後有"侯"字。　溴：古水名。即今河南濟源、孟州二市境黃河支流漭河。

〔7〕【顔注】師古曰：溴梁之會，諸侯皆在，而魯叔孫豹、晉荀偃、宋向戌、衞甯殖、鄭公孫蠆、小邾之大夫盟，是奪其君政也。

〔8〕【顔注】師古曰：已解於上。

〔9〕【顔注】師古曰：幾，音鉅依反（殿本無此注）。

定公十五年"正月，鼷鼠食郊牛，牛死"。劉向以爲定公知季氏逐昭公，皋惡如彼，親用孔子爲夾谷之會，齊人俠歸鄆、讙、龜陰之田，[1]聖德如此，反用季桓子，淫於女樂，而退孔子，無道甚矣。[2]《詩》曰："人而亡儀，不死何爲！"[3]是歲五月，定公薨，牛死之應也。京房《易傳》曰："子不子，鼠食其郊牛。"

哀公元年"正月，鼷鼠食郊牛"。劉向以爲天意汲汲於用聖人，逐三家，故復見戒也。[4]哀公年少，不親見昭公之事，故見敗亡之異。已而哀不寤，身奔於粵，此其效也。[5]

[1]【顔注】師古曰：夾谷，齊地也，一名祝其。定公十年，公與齊侯會于夾谷，齊侯欲使萊人以兵劫公。孔子以公退，命士衆兵之，齊侯乃止。又欲以盟要公，孔子不欲，使兹無還以辭對。又欲詐享公，孔子又距而不受。於是齊人乃服。先是季氏之臣陽虎以鄆、讙、龜陰之田奔齊，至此會，乃以歸我。鄆、讙，二邑名。龜陰，龜山之陰。夾，音頰。讙，音驩。【今注】夾谷：春秋齊地，在今山東萊蕪市南，一説在今山東淄博市淄川區西南，或説在今江蘇贛榆縣西。　讙：春秋時魯邑。在今山東肥城市南。

[2]【顔注】師古曰：桓子，季平子之子季孫斯也。女樂已解於上。【今注】季桓子：春秋時魯人。季孫意如子。魯定公五年（前505）繼其父爲魯國執政，相魯定公。家臣陽虎爲亂，囚之而與爲盟。八年，陽虎欲盡去三桓，劫魯定公以伐孟氏、季氏，戰敗出奔。十二年，受齊人女樂，與定公觀之，廢朝禮。孔子時任大司寇，因而去魯赴衞。卒謚桓。

[3]【顔注】師古曰：《衞詩·相鼠》之篇也。無儀（無，殿本作"亡"），無禮儀也。

[4]【顔注】師古曰：聖人，孔子也。見，顯也（殿本無此注）。

[5]【顔注】師古曰：哀二十七年，公欲以越伐魯而去三桓，公如公孫有山氏，因遜于邾，遂如越。國人施罪於公孫有山氏，而立哀公之子悼公。

昭帝元鳳元年九月，燕有黃鼠銜其尾舞王宮端門中，[1]王往視之，鼠舞如故。王使吏以酒脯祠，鼠舞不休，一日一夜死。近黃祥。[2]時燕剌王旦謀反將死之象也。[3]其月，發覺伏辜。京房《易傳》曰："誅不原情，厥妖鼠舞門。"[4]成帝建始四年九月，長安城南有鼠銜黃蒿、柏葉，上民家柏及榆樹上爲巢，桐柏尤多。[5]巢中無子，皆有乾鼠矢數十。[6]時議臣以爲恐有水災。鼠，盜竊小蟲，夜出晝匿；今晝去穴而登木，象賤人將居顯貴之位也。桐柏，衛思后園所在也。[7]其後，趙皇后自微賤登至尊，與衛后同類。趙后終無子而爲害。明年，有鳶焚巢，殺子之異也。[8]天象仍見，甚可畏也。[9]一曰，皆王莽竊位之象云。京房《易傳》曰："臣私祿罔辟，[10]厥妖鼠巢。"

[1]【顏注】師古曰：宮之正門。

[2]【今注】案，王先謙《漢書補注》以爲此條已采入"思心傳"，"黃祥"下不應重出，班氏失刪。

[3]【今注】燕剌王旦：劉旦。傳見本書卷六三。

[4]【顏注】師古曰：不原情者，不得其本情。

[5]【顏注】師古曰：桐柏，本亭名，衛思后於其地葬也。

[6]【今注】矢：屎。

[7]【今注】衛思后：事見本書卷九七上《外戚傳上》。

[8]【顏注】師古曰：鳶，鴟也，音弋全反（殿本無此注）。

[9]【顏注】師古曰：仍，頻也（殿本無此注）。

[10]【顏注】李奇曰：辟，君也。擅私爵祿，誣罔其君。

　　文公十三年，[1]"大室屋壞"。[2]近金沴木，木動也。先是，冬，釐公薨，十六月迺作主。[3]後六月，又吉禘於大廟而致釐公，[4]《春秋》譏之。經曰："大事於大廟，躋釐公。"[5]《左氏》説曰：大廟，周公之廟，饗有禮義者也；祀，國之大事也。惡其亂國之大事於太廟，故言大事也。躋，登也，登釐公於愍公上，逆祀也。釐雖愍之庶兄，嘗爲愍臣，臣子一例，不得在愍上。又未三年而吉禘，前後亂賢父聖祖之大禮，內爲貌不恭而狂，外爲言不從而僭。故是歲自十二月不雨，至于秋七月。後年，若是者三，而大室屋壞矣。前堂曰大廟，中央曰大室；屋，其上重屋尊高者也，象魯自是陵夷，[6]將墮周公之祀也。[7]《穀梁》《公羊經》曰，世室，魯公伯禽之廟也。周公稱大廟，魯公稱世室。大事者，祫祭也。[8]躋釐公者，先禰後祖也。

　　[1]【今注】文公：魯文公。春秋時魯國國君，名興。僖公之子。三年（前624），朝晉襄公。十一年，以兵擊敗狄人於鹹，擒殺其首領長狄喬如。十三年，如晉，鄭、衞畏晉，因魯而求和於晉，成十四年新城之盟。在位十八年。

　　[2]【今注】大室：太廟中央之室，亦指太廟。下文《左氏》説，必以爲"中央之室"，求之過甚。案，大，大德本、殿本作"太"。該段參校本"大"多作"太"，下不出校。

　　[3]【顏注】師古曰：主，廟主也。僖公三十三年十一月薨（一，蔡琪本、大德本、殿本作"二"），至文二年二月迺作主，閒有一閏，故十六月也。

　　[4]【顏注】師古曰：禘，祭也，一一而祭之。文二年八月而禘，距作主六月也。致，謂升其主於廟。【今注】吉禘：除喪

後，奉死者神主入祭於宗廟。

［5］【顏注】師古曰：躋，音子奚反，又音子詣反。

［6］【今注】陵夷：衰頹，衰落。

［7］【顏注】師古曰：墮，毀也，音火規反。

［8］【顏注】師古曰：祫，合也。毀廟及未毀廟之主，皆合祭於大祖。

景帝三年十二月，吳二城門自傾，大船自覆。劉向以爲近金沴木，木動也。先是，吳王濞以大子死於漢，[1]稱疾不朝，陰與楚王戊謀爲逆亂。[2]城猶國也，其一門名曰楚門，一門曰魚門。[3]吳地以船爲家，以魚爲食。天戒若曰，與楚所謀，傾國覆家。吳王不寤，正月，與楚俱起兵，身死國亡。京房《易傳》曰："上下咸誖，厥妖城門壞。"[4]宣帝時，大司馬霍禹所居弟門自壞。[5]時禹內不順，外不敬，見戒不改，卒受滅亡之誅。哀帝時，大司馬董賢弟門自壞。[6]時賢以私愛居大位，賞賜無度，驕嫚不敬，大失臣道，見戒不改。後賢夫妻自殺，家徙合浦。

［1］【今注】吳王濞：傳見本書卷三五。　案，大，蔡琪本、大德本、殿本作"太"。

［2］【今注】楚王戊：事迹見本書卷三六《楚元王傳》。

［3］【今注】案，王鳴盛《十七史商榷》卷一三引范成大《吳郡志·城郭》"閶門亦名破楚門"，而無所謂楚門、魚門者。但二門必當在今蘇州市，此志特因吳本屬吳國，濞又嘗東渡之吳，故此下文遂以二門之傾爲濞亡之兆。其實濞都廣陵，不都吳。若據此文誤認濞之所都即今蘇州府治則非。沈欽韓《漢書疏證》引《越絕

書》："楚門，春申君所造，楚人從之，故爲楚門。"魚門，《越絕
書》作"巫門"。

[4]【顏注】師古曰：詩，惑也，音布內反。

[5]【今注】霍禹：事迹見本書卷六八《霍光傳》。

[6]【今注】董賢：傳見本書卷九三。

　　傳曰："言之不從，是謂不艾，[1]厥咎僭，厥罰恆
陽，厥極憂。時則有詩妖，時則有介蟲之孽，時則有
犬禍，時則有口舌之痾，時則有白眚白祥。惟木沴
金。""言之不從"，從，順也。"是謂不乂"，乂，治
也。孔子曰："君子居其室，出其言不善，則千里之外
違之，況其邇者虖！"[2]《詩》云："如蜩如螗，如沸
如羹。"[3]言上號令不順民心，虛譁憒亂，[4]則不能治
海內，失在過差，故其咎僭。僭，差也。刑罰妄加，
群陰不附，則陽氣勝，故其罰常陽也。旱傷百穀，則
有寇難，上下俱憂，故其極憂也。君炕陽而暴虐，[5]臣
畏刑而柑口，[6]則怨謗之氣發於謌謠，故有詩妖。介蟲
孽者，謂小蟲有甲飛揚之類，陽氣所生也，於《春
秋》爲螽，今謂之蝗，皆其類也。於《易》，兌爲口，
犬以吠守，而不可信，言氣毀故有犬禍。一曰，旱歲
犬多狂死及爲怪，亦是也。及人，則多病口喉欬者，
故有口舌痾。金色白，故有白眚白祥。凡言傷者，病
金氣；金氣病，則木沴之。其極憂者，順之，其福曰
康寧，劉歆言傳曰時有毛蟲之孽。說以爲天文西方參
爲虎星，[7]故爲毛蟲。

[1]【顏注】師古曰："艾"讀曰"乂"（殿本無此注）。

[2]【顏注】師古曰：《易·上繫》之辭也（辭，大德本、殿本作"辤"）。邇，近也。

[3]【顏注】師古曰：《大雅·蕩》之詩也。蜩，蟬也。螗，蝘也，即蚗蟟也。謂政無文理，虛言蹲沓（蹲，殿本作"噂"，王先謙《漢書補注》以爲是），如蜩螗之鳴，湯之沸湦，羹之將孰也。蜩，音調。螗，音唐。蝘，音偃。蚗，音貂。蟟，音聊。湦，音下館反。

[4]【今注】虛譁：空相驚嚷。

[5]【顏注】師古曰：凡言炕陽者，枯涸之意，謂無惠澤於下也。炕，音口浪反。

[6]【顏注】師古曰：柑（柑，蔡琪本作"拑"），簎也。音其廉反。簎，音女涉反。【今注】案，柑，蔡琪本、殿本作"拑"，是。

[7]【今注】案，蔡琪本、殿本作"天文"前有"於"字。參：星座名。二十八宿之一，西方白虎七宿的末一宿。

史記周單襄公與晉郤錡、郤犨、郤至、齊國佐語，[1]告魯成公曰："晉將有亂，三郤其當之虖！夫郤氏，晉之寵人也，三卿而五大夫，[2]可以戒懼矣。高位實疾顛，厚味實腊毒。[3]今郤伯之語犯，叔迁，季伐。[4]犯則陵人，迁則誣人，伐則掩人。有是寵也，而益之以三怨，其誰能忍之！雖齊國子亦將與焉。[5]立於淫亂之國，而好盡言以招人過，[6]怨之本也。唯善人能受盡言，齊其有虖?"[7]十七年，晉殺三郤。十八年，齊殺國佐。凡此屬，皆言不從之咎云。

　　[1]【顏注】師古曰：單襄公，解已在前。郤錡（郤，蔡琪本誤作“部”），駒伯也。郤犨，苦成叔也。郤至，昭子，即溫季也。國佐，齊大夫國武子也（殿本無“大夫”二字）。【今注】郤至：春秋晉景公時溫邑大夫，又稱溫季。晉厲公六年（前575），晉楚鄢陵之戰，至佐新軍，剖析楚軍有六不利，晉急擊，必勝。公從之而不用欒書之計。遂敗楚師。欒書怨之。後郤至、郤錡等侈而招怨多，遂爲厲公之寵臣胥童、夷陽五等人襲殺。

　　[2]【今注】案，三，蔡琪本、大德本、殿本作“二”。

　　[3]【顏注】師古曰：顛，仆也。腊，久也。言位高者必速顛仆也，味厚者爲毒久。

　　[4]【顏注】師古曰：伯，駒伯也。叔，苦成叔也。季，溫季也。犯，侵也。迂，夸誕也。伐，矜尚也。

　　[5]【顏注】師古曰：“與”讀曰“豫”。豫於禍（殿本無此注）。

　　[6]【顏注】蘇林曰：招，音翹。招，舉也。師古曰：盡言，猶極言也。【今注】招：沈欽韓《漢書疏證》引宋庠《國語補音》云“考他書，未獲爲翹之意”。又引《淮南子·主術訓》“力招城關”，高誘注：“招，舉也。”《呂氏春秋·慎大》：“孔子之勁，舉國門之關。”是招爲舉義。《唐六典》“兵部員外郎試武舉，七日，舉重”，注云：“謂翹關率以五次爲上第。”是招關即翹關。是“招”本訓“召”，無用力高舉意，故須讀招爲翹。賈誼《過秦論》“招八州”，蘇林音翹，則知訓舉者皆讀爲翹。

　　[7]【顏注】師古曰：言無善人不能受盡言。

　　晉穆侯以條之役生大子，名之曰仇；[1]其弟以千畝之戰生，名之曰成師。[2]師服曰：“異哉，君之名子也！[3]夫名以制誼，誼以出禮，[4]禮以體政，政以正民，[5]是以政成而民聽；易則生亂。[6]嘉耦曰妃，怨耦曰仇，古之命也。^[7]今君名太子曰仇，弟曰成師，始兆亂矣，兄其替虖！"^[8]及仇嗣立，是爲文侯。文侯卒，子昭侯立，封成師于曲沃，號桓叔。^[9]後晉人殺昭侯而納桓叔，不克。^[10]復立昭侯子孝侯，桓叔子嚴伯殺之。晉人立其弟鄂侯。鄂侯生哀侯，嚴伯子武公復殺哀侯及其弟，滅之，而代有晉國。^[11]

　　[1]【顏注】師古曰：穆侯，僖侯之孫也。條，晉地也。蓋以敵來侵己，當戰時而生，故取仇怨之義以名子。【今注】晉穆侯：西周晉國國君，名弗生。獻侯子。在位二十七年。　案，大，蔡琪本、殿本作"太"。

　　[2]【顏注】師古曰：大子之弟（大，蔡琪本、殿本作"太"），即桓叔也。"晦"，古"畝"字也。千晦亦地名。意取能成其師衆也。

　　[3]【顏注】師古曰：師服，晉大夫。

　　[4]【顏注】師古曰：先制義理然後立名。義理既定，禮由之出（出，大德本作"也"）。

　　[5]【顏注】師古曰：政以禮成，俗所以正。

　　[6]【顏注】師古曰：反易禮義，則亂也（蔡琪本、大德本、殿本"亂"後有"生"字）。

　　[7]【顏注】師古曰：本自古昔而有此名。

　　[8]【顏注】師古曰：替，廢也。

　　[9]【顏注】師古曰：昭侯國亂身危，不能自安，故封成師爲曲沃伯也。桓，謚也。昭侯叔父，故謂之叔也。【今注】曲沃：春秋晉邑。在今山西聞喜縣東北。

　　[10]【顏注】師古曰：事不遂（殿本無此注）。

　　[11]【顏注】師古曰：武始并晉國，故稱公也。事在桓三年

（三，殿本作"二"）。

宣公六年，鄭公子曼滿與王子伯廖語，欲爲卿。[1]伯廖告人曰："無德而貪，其在《周易》《豐》之《離》，[2]弗過之矣。"[3]閒一歲，鄭人殺之。[4]

　　[1]【顏注】師古曰：曼滿、伯廖，皆鄭大夫也。廖，音聊。
　　[2]【顏注】張晏曰：《離》下《震》上，《豐》。上六變而之《離》，曰"豐其屋，蔀其家"也。【今注】豐之離：指占卜結果《豐》上六爻變。
　　[3]【顏注】師古曰：言無道德而大其屋，不過三歲，必滅亡也。
　　[4]【顏注】師古曰：閒一歲者，中閒隔一歲。

襄公二十九年，齊高子容與宋司徒見晉知伯，汝齊相禮。[1]賓出，汝齊語知伯曰："二子皆將不免！子容專，司徒侈，皆亡家之主也。[2]專則速及，侈將以其力斃，[3]專則人實斃之，將及矣。"九月，高子出奔燕。襄公三十一年正月，魯穆叔會晉歸，告孟孝伯曰："趙孟將死矣！[4]其語偷，不似民主；[5]且年未盈五十，而諄諄焉如八九十者，弗能久矣。[6]若趙孟死，爲政者其韓子虖？[7]吾子盍與季孫言之？可以樹善，君子也。"[8]孝伯曰："民生幾何，誰能毋偷！[9]朝不及夕，將焉用樹！"穆叔告人曰："孟孫將死矣！吾語諸趙孟之偷也，而又甚焉。"九月，孟孝伯卒。

　　[1]【顏注】師古曰：高子容，齊大夫高止也。宋司徒，華定。知伯，晉大夫荀盈也。汝齊，晉大夫司馬侯也。

　　[2]【顏注】師古曰：專，自是也。侈，奢泰。

　　[3]【今注】敝：通"獘"。今本《左傳》作"獘"。

　　[4]【顏注】師古曰：穆叔，即叔孫穆子也。孟孝伯，魯大夫仲孫羯也。趙孟，晉卿趙文子也，名武。前年十月，穆叔與武同會澶泉，至此年正月乃歸。【今注】趙孟：即趙文子。春秋時晉國大夫趙朔之子，其母爲晉成公姊。晉景公時，屠岸賈誅滅趙氏，朔妻莊姬遺腹生武，賴程嬰、公孫杵臼之救得免死，隨其母莊姬蓄養於公宮。後被立爲趙氏後嗣。晉悼公立，任爲卿。晉平公十年（前548），執國政。十二年，與楚屈建主持弭兵之會。與韓宣子、魏獻子等同爲晉國勢力最大的六卿之一。卒謚文。

　　[5]【顏注】師古曰：偷，苟且。

　　[6]【顏注】師古曰：諄諄，重頓之貌也。音之閏反。

　　[7]【顏注】師古曰：韓子，韓宣子也，名起。

　　[8]【顏注】師古曰：季孫，謂季武子也，名宿。言韓起有君子之德，方執晉政，可素厚之，以立善也。

　　[9]【顏注】師古曰：幾何，言無多時也。幾，音居豈反。

　　昭公元年，周使劉定公勞晉趙孟，[1]因曰："子弁冕以臨諸侯，盍亦遠績禹功，而大庇民乎？"[2]對曰："老夫罪戾是懼，[3]焉能恤遠？吾儕偷食，朝不謀夕，何其長也？"[4]劉子歸，以語王曰："諺所謂老將知而耄及之者，其趙孟之謂虖！[5]爲晉正卿以主諸侯，而儕於隸人，朝不謀夕，棄神人矣。神怒民畔，何以能久？[6]趙孟不復年矣！"[7]是歲，秦景公弟后子奔晉，[8]趙孟問："秦君何如？"對曰："無道。"趙孟曰："亡虖？"

對曰："何爲？一世無道，國未艾也。[9]國於天地，有與立焉，[10]不數世淫，弗能敝也。"趙孟曰："天乎？"[11]對曰："有焉。"趙孟曰："其幾何？"[12]對曰："鍼聞國無道而年穀和孰，天贊之也，鮮不五稔。"[13]趙孟視蔭，曰："朝夕不相及，誰能待五？"[14]后子出而告人曰："趙孟將死矣！主民玩歲而愒日，其與幾何？"[15]冬，趙孟卒。昭五年，秦景公卒。

[1]【顏注】師古曰：周，周景王也。劉定公，周卿也，食邑於劉，名夏。是時，孟與諸侯會於虢，故就而勞之。

[2]【顏注】師古曰：時館於洛汭，因見河洛而美禹功，故言之也。弁冕，冠也。言今服冠冕有國家，何不追績禹功，而庇蔭其人乎？

[3]【今注】老夫：周壽昌《漢書注校補》以爲古者七十致仕，自稱"老夫"。趙孟年未到五十，便對周王之卿自稱"老夫"，故劉子料其"不復年"。

[4]【顏注】師古曰：儕，等也。言且得食而已，苟免目前，不能念其長久也。儕，音仕皆反。

[5]【顏注】師古曰：諺，俗所傳言也。八十日耄，亂也。言人年老閱歷既多，謂將益智，而又耄亂也。

[6]【顏注】師古曰：言其自比賤隸，而無恤下之心，人爲神主，故神人皆去也。

[7]【顏注】師古曰：謂其即死，不復見明年。

[8]【顏注】師古曰：后子，即公子鍼。

[9]【顏注】師古曰："艾"讀曰"刈"。刈，絕也。

[10]【顏注】師古曰：言在天地之間，多欲輔助，相與共成立之。

[11]【今注】案，蔡琪本、大德本、殿本"天"作"天"。王念孫《讀書雜志·漢書第五》以爲底本是。

[12]【顏注】師古曰：言當幾時也。音居豈反（殿本無末四字）。

[13]【顏注】師古曰：贊，佐助之也。鮮，少也。稔，孰也。穀孰爲一稔。言少尚當五年，多則或不稔也。稔，音人甚反。

[14]【顏注】師古曰：蔭，謂日之蔭影也。趙孟自以年暮，朝不及夕，故言五年不可待也。"蔭"讀與"陰"同。

[15]【顏注】師古曰：玩，愛也。愒，貪也。與幾何，言不能久也。愒，音口蓋反。

　　昭公元年，楚公子圍會盟，[1]設服離衛。[2]魯叔孫穆子曰："楚公子美矣君哉！"[3]伯州犁曰："此行也，辭而假之寡君。"[4]鄭行人子羽曰："假不反矣。"[5]伯州犁曰："子姑憂子皙之欲背誕也。"[6]子羽曰："假而不反，子其無憂虖？"[7]齊國子曰："吾代二子愍矣。"[8]陳公子招曰："不憂何成？二子樂矣！"[9]衛齊子曰："苟或知之，雖憂不害。"[10]退會，子羽告人曰："齊、衛、陳大夫其不免乎！國子代人憂，子招樂憂，齊子雖憂弗害。夫弗及而憂，與可憂而樂，與憂而弗害，皆取憂之道也。[11]《大誓》曰：'民之所欲，天必從之。'[12]三大夫兆憂矣，能無至乎！[13]言以知物，其是之謂矣。"[14]

[1]【顏注】師古曰：圍，楚恭王之子也。時爲楚令尹，與齊、宋、衛、陳、蔡、鄭會于虢。

[2]【顏注】張晏曰：設服者，設人君之服。離衛者，二人

執戈在前也。師古曰：離列人君之侍衞也。

　　〔3〕【顏注】師古曰：穆子，叔孫豹也。言其服美似人君也。

　　〔4〕【顏注】師古曰：伯州犁，楚大宰也。言受楚王之命，假以此禮耳。蓋為其令尹文過。【今注】伯州犁：春秋時晉國人，伯宗之子。晉厲公五年（前576），伯宗被譖殺，州犁奔楚。楚康王時為太宰。曾參與鄢陵之戰。後楚公子圍殺郟敖自立，恐州犁不服，乃殺之於郟。

　　〔5〕【顏注】師古曰：行人，官名。子羽，公孫揮字也。假不反矣，言將遂為君。【今注】子羽：公孫揮。春秋時鄭國人。善辭令，事鄭簡公，為行人，屢聘問於各諸侯國。楚公子圍聘於鄭，娶公孫段女。將入甥館，所從兵卒衆，子羽與之言，乃館於外。後其衆將入城迎女。子產患之，使子羽婉言辭之。楚知鄭已有備，乃垂櫜而入以示無他。

　　〔6〕【顏注】應劭曰：子皙攻殺伯有，今又背盟，欲復作亂也。師古曰：子皙，鄭大夫公孫黑也。背誕者，背命放誕，欲為亂也。子且自憂此，無憂令尹不反戈也。

　　〔7〕【顏注】師古曰：言令尹將圖為君，則楚國有難，子亦有憂也。

　　〔8〕【顏注】應劭曰：閔，憂也。二子，伯州犂，行人子羽也。師古曰：國子，齊大夫國弱也。二子，謂王子圍及伯州犁也。圍以是年篡位，而不能令終，州犁亦為圍所殺，故言可閔。應說非也。

　　〔9〕【顏注】應劭曰：言國有憂，己乃得以成功也。師古曰：招，陳公子，哀公弟也。言因憂以成事，事成而樂也。招，音詔。

　　〔10〕【顏注】師古曰：齊子，衞大夫齊惡也。言先知為備，雖有憂難，無所損害。

　　〔11〕【顏注】師古曰：弗及而憂，謂憂不及己而妄憂也。

　　〔12〕【顏注】師古曰：《大誓》（大，蔡琪本、大德本、殿本

作"太"），《周書》也。【今注】案，大，蔡琪本、大德本、殿本作"太"。

［13］【顏注】師古曰：兆憂，謂開憂兆也。

［14］【顏注】師古曰：物，類也。察其所言，以知禍福之類。

　　昭公十五年，晉籍談如周葬穆后，[1]既除喪而燕，[2]王曰："諸侯皆有以填撫王室，晉獨無有，何也？"[3]籍談對曰："諸侯之封也，皆受明器於王室，故能薦彝器。[4]晉居深山，戎翟之與鄰，[5]拜戎不暇，[6]其何以獻器？"王曰："叔氏其忘諸乎！[7]叔父唐叔，成王之母弟，其反亡分乎？[8]昔而高祖司晉之典籍，[9]以爲大正，[10]故曰籍氏。女，司典之後也，何故忘之？"籍談不能對。賓出，王曰："籍父其無後乎！數典而忘其祖。"[11]籍談歸，以語叔嚮。叔嚮曰："王其不終乎！吾聞所樂必卒焉。[12]今王樂憂，若卒以憂，不可謂終。王一歲而有三年之喪二焉，[13]於是乎以喪賓燕，又求彝器，樂憂甚矣。三年之喪，雖貴遂服，禮也。[14]王雖弗遂，燕樂已早。[15]禮，王之大經也；一動而失二禮，無大經矣。[16]言以考典，典以志經。[17]忘經而多言舉典，將安用之！"

　　［1］【顏注】師古曰：籍談，晉大夫也。穆后，周景王之后諡穆也。

　　［2］【顏注】師古曰："燕"與"宴"同。

　　［3］【顏注】師古曰：填撫王室，謂獻器物也。填，音竹

刃反。

[4]【顏注】師古曰：明器，明德之器也（蔡琪本無"也"字）。葬器，常可寶用之器也。

[5]【今注】戎翟：同"戎狄"。

[6]【今注】拜：屈。

[7]【顏注】師古曰：叔，籍談字也。一曰，叔父之使，故謂之叔氏也。

[8]【顏注】師古曰：分，音扶問反。

[9]【顏注】師古曰：而亦汝。

[10]【今注】大正：正卿。

[11]【顏注】師古曰：忘祖業。

[12]【顏注】師古曰：言志之所樂，終於此事。

[13]【顏注】師古曰：爲大子三年（大，蔡琪本、大德本、殿本作"太"），妻死三年乃娶，達子之志。言三年之喪，二后及大子也（大，蔡琪本、大德本、殿本作"太"）。

[14]【顏注】師古曰：遂猶竟。

[15]【顏注】師古曰：天子除喪，當在卒哭，今適既葬，故譏其早也。

[16]【顏注】師古曰：經，謂常法也。既不遂服，又即宴樂，是失二禮。

[17]【顏注】師古曰：考，成也。志，記也。

哀公十六年，孔丘卒，公誄之曰："旻天不弔，不憖遺一老，俾屏予一人。"[1]子贛曰："君其不殁於魯乎？夫子之言曰：'禮失則昏，名失則愆。'[2]失志爲昏，失所爲愆。生弗能用，死而誄之，非禮也；稱'予一人'，非名也。[3]君兩失之。"二十七年，公孫于邾，[4]遂死於越。[5]

[1]【顏注】應劭曰：慭，且辭也。言旻天不善於魯，不且遺一老，使屏蔽我一人也。師古曰：慭，音魚覲反。【今注】旻天：泛指天。　不慭（yìn）遺：不願留。

[2]【顏注】師古曰：夫子，謂孔子也。昏，謂惑也。惽，過也。

[3]【顏注】師古曰：天子自稱曰"予一人"，非諸侯之號，故云"非名"。

[4]【顏注】師古曰："孫"讀曰"遜"。

[5]【顏注】師古曰：已解於上。

庶徵之恒陽，劉向以爲《春秋》大旱也。其夏旱雩祀，謂之大雩。[1]不傷二穀，謂之不雨。京房《易傳》曰："欲德不用兹謂張，[2]厥災荒。荒，旱也，其旱陰雲不雨，變而赤，因而除。師出過時兹謂廣，[3]其旱不生。上下皆蔽兹謂隔，其旱天赤三月，[4]時有雹殺飛禽。上緣求妃兹謂僭，[5]其旱三月大溫亡雲。居高臺府，兹謂犯陰侵陽，其旱萬物根死，數有火災。庶位踰節兹謂僭，其旱澤物枯，爲火所傷。"

[1]【今注】大雩（yú）：求雨祭名。

[2]【顏注】孟康曰：欲得賢者而不用，人君徒張此意。【今注】欲德不用：楊樹達《漢書窺管》以爲，"德"與"得"古通用，孟讀德爲得，是。但訓爲得賢，又云人君徒張此意，則非是。此言人君貪欲多得財貨而不能用，猶人貪食不能化而患張病。

[3]【顏注】李奇曰：廣，音曠。韋昭曰：謂怨曠也。

[4]【今注】案，三，蔡琪本作“二”。

[5]【顔注】師古曰：緣，歷也。言歷衆處而求妃妾也。【今注】妃：楊樹達《漢書窺管》以爲即今配“偶”字，顔釋爲妃妾，非。上緣求妃者，謂求偶攀緣在己上者，即《國語·晉語》所謂“欲求系援”者。鄭公子忽曰：“齊大，非吾偶。”此不肯上緣求妃者。

釐公二十一年“夏，大旱”。董仲舒、劉向以爲齊桓既死，諸侯從楚，釐尤得楚心。楚來獻捷，釋宋之執。[1]外倚彊楚，炕陽失衆，又作南門，勞民興役。[2]諸雩旱不雨，略皆同説。宣公七年“秋，大旱”。是夏，宣與齊侯伐萊。[3]

[1]【顔注】師古曰：謂此年楚執宋公以伐宋，冬使宜申來獻捷，十二月盟于薄，釋宋公也。【今注】獻捷：打勝仗後，進獻所獲的俘虜及戰利品。

[2]【顔注】師古曰：南門本名稷門，更改高大而作之。事在二十年。

[3]【顔注】師古曰：萊國即東萊黃縣也。

襄公五年“秋，大雩”。先是宋魚石犇楚，[1]楚伐宋，取彭城以封魚石。[2]鄭畔于中國而附楚，[3]襄與諸侯共圍彭城，[4]城鄭虎牢以禦楚。[5]是歲鄭伯使公子發來聘，[6]使大夫會吳于善道。[7]外結二國，內得鄭聘，有炕陽動衆之應。八年“九月，大雩”。時作三軍，季氏盛。[8]二十八年“八月，大雩”。先是，比年晉使荀吳、齊使慶封來聘，[9]是夏邾子來朝。襄有炕陽自大之應。

[1]【顏注】師古曰："犇"，古"奔"字也。事在成十五年。魚石，宋左師也，公子目夷之曾孫也。

[2]【顏注】師古曰：事在成十八年。【今注】彭城：春秋宋邑。在今江蘇徐州市。

[3]【顏注】師古曰：自鄢陵戰後，鄭遂不服，故諸侯屢侵伐之。

[4]【顏注】師古曰：謂襄元年使仲孫蔑會晉欒饜、宋華元、衞甯殖、曹人、莒人、邾人、滕人、薛人圍彭城。

[5]【顏注】師古曰：事在二年。武牢本鄭邑（武，殿本作"虎"），時已屬晉，蓋追言之。【今注】虎牢：春秋鄭邑。在今河南滎陽市西北。

[6]【顏注】師古曰：公子發，鄭穆公之子，子產之父也，字子國。

[7]【顏注】師古曰：使仲孫蔑會吳也。善道，地名（地名，殿本作"吳地"）。【今注】善道：春秋吳邑。在今江蘇盱眙縣東北。

[8]【顏注】師古曰：萬二千五百人爲軍。魯本立上下二軍，皆屬於公，有事則三卿遞帥之而征伐。今季氏欲專其人，故增立中軍，三卿各主其一也。事在十一年。

[9]【顏注】師古曰：比年，頻年也。荀吳，晉大夫，即荀偃之子也，二十六年晉侯使來聘。慶封，齊大夫也，二十七年齊侯使來聘。

　　昭公三年"八月，大雩"。劉歆以爲昭公即位年十九矣，猶有童心，居喪不哀，炕陽失衆。六年"九月，大雩"。先是莒牟夷以二邑來犇，[1]莒怒伐魯，叔弓帥師，距而敗之，昭得入晉。[2]外和大國，内獲二邑，取勝鄰國，有炕陽動衆之應。十六年"九月，大雩"。先是昭公母夫人歸氏薨，昭不慼，又大蒐于比蒲。[3]晉叔嚮曰："魯有大喪而不廢蒐。國不恤喪，不忌君也；君亡慼容，不顧親也。殆其失國。"與三年同占。二十四年"八月，大雩"。劉歆以爲《左氏傳》二十三年邾師城翼，還經魯地，[4]魯襲取邾師，獲其三大夫。[5]邾人愬于晉，晉人執我行人叔孫婼，[6]是春迺歸之。二十五年"七月上辛大雩，季辛又雩"，旱甚也。劉歆以爲時后氏與季氏有隙。[7]又季氏之族有淫妻爲讒，使季平子與族人相惡，皆共譖平子。[8]子家駒諫曰："讒人以君徼幸，不可。"[9]昭公遂伐季氏，爲所敗，出犇齊。[10]

[1]【顏注】師古曰：事在五年。牟夷，莒大夫也。二邑，謂牟婁及防兹也。

[2]【顏注】師古曰：叔弓，魯大夫。時昭公適欲朝晉，而遇莒人來討，將不果行。叔弓既敗莒師，公乃得去。故傳云成禮大國，以爲援好也。【今注】叔弓：春秋時魯國大夫，叔老子。昭公二年（前540）聘於晉。晉侯使使以迎大賓禮郊勞之。以使晉爲繼舊好，不敢受大賓禮，請辭。晉叔向稱爲謙讓知禮。謚敬子。

[3]【顏注】師古曰：事在昭十一年。歸氏，胡國之女。歸姓，即齊歸也。齊，謚也。蒐，謂聚衆而田獵也。比蒲，魯地名。比，音"毗"（蔡琪本無"比"字，殿本無"比音毗"三字）。

[4]【顏注】師古曰：翼，邾邑也。經者，道出其中也。魯地，謂武城也。【今注】翼：春秋時邾地。在今山東費縣西南。

[5]【顏注】師古曰：謂徐鉏、丘弱、茅地也。

　　[6]【顏注】師古曰：叔孫昭子也。婼，音丑略反。【今注】叔孫婼：春秋時魯國大夫。叔孫豹庶子。豹卒，豎牛立婼嗣大夫職。以豎牛殺嫡立庶，爲禍於叔孫氏，乃聚族謀殺之。豎牛懼，奔齊，爲孟丙、仲壬之子所殺。其後，婼屢出使各諸侯國。昭公十七年，郯子朝魯，婼問少皞氏以鳥名官之事。二十三年使晉，爲晉所留，不屈，次年纔歸。卒謚昭。

　　[7]【顏注】師古曰：后氏，郈昭伯也。季氏，季平子也。季、郈之雞鬬，季氏芥其雞，郈子爲之金距。平子怒，益宮於郈氏，且責讓之，故郈昭伯怨之。

　　[8]【顏注】師古曰：謂平子庶叔父公鳥之妻季姒與雍人檀通，而譖季氏之族人季公亥、公思展，故平子殺思展，以故族人皆怨之。【今注】季平子：季孫氏名意如。春秋時魯國大夫，季孫宿孫，歷仕昭公、定公二世。專魯國之政。與郈氏、臧氏不協，臧、郈告昭公。遂伐季氏，被圍困於宅。結連叔孫、孟孫，三家共攻公，得解圍。昭公出亡，赴齊、晉求助。意如抗齊賂晉，使昭公居乾侯。後因晉調停，乃隨晉使荀躒至乾侯迎昭公。昭公不返，死於乾侯，意如葬之於魯陵墓道南，不使與祖宗並列。卒謚平。

　　[9]【顏注】師古曰：子家駒，即子家懿伯，莊公之玄孫也，一名羈。

　　[10]【今注】案，犇，大德本、殿本作“奔”，同。

　　定公十年“九月，大雩”。[1]先是定公自將侵鄭，歸而城中城。二大夫帥師圍鄆。[2]嚴公三十一年“冬，不雨”。是歲，一年而三築臺，[3]奢侈不恤民。釐公二年“冬十月不雨”，三年“春正月不雨，夏四月不雨”，“六月雨”。先是者，嚴公夫人與公子慶父淫，而殺二君。[4]國人攻之，夫人遜于邾，慶父犇莒。釐公即位，南敗邾，[5]東敗莒，獲其大夫。[6]有炕陽之應。

[1]【今注】案，王先謙《漢書補注》引蘇輿以爲，《春秋》定公十年（前500）無大雩事；其書“九月，大雩”，在定七年。“十”疑“七”之誤。《史通》作“十二年”。案，《春秋》十二年但書“秋，大雩”，班氏所引，悉經原文，不當改“秋”爲“九月”，《史通》亦誤。案，今本《春秋》脫誤較多，未必爲定公七年事。

[2]【顏注】師古曰：事並在六年。中城，魯之邑也。二大夫，謂季孫斯、仲孫何忌。

[3]【顏注】師古曰：是年春築臺于郎，夏築臺于薛，秋築臺于秦。秦、郎、薛，皆魯地。

[4]【顏注】師古曰：慶父，桓公之子，莊公弟也。二君，謂子般及閔公。

[5]【顏注】師古曰：謂元年公敗邾師于偃。

[6]【顏注】師古曰：謂元年公子友帥師敗莒師于酈，獲莒挐也。

文公二年，“自十有二月不雨，至于秋七月”。文公即位，天子使叔服會葬，[1]毛伯賜命。[2]又會晉侯于戚。[3]公子遂如齊納幣。[4]又與諸侯盟。[5]上得天子，外得諸侯，沛然自大。[6]躋釐公主。大夫始顓事。[7]十年，“自正月不雨，至于秋七月”。先是公子遂會四國而救鄭。[8]楚使越椒來聘。[9]秦人歸襚。[10]有炕陽之應。十三年，“自正月不雨，至于秋七月”。先是曹伯、杞伯、滕子來朝，[11]郕伯來犇，[12]秦伯使遂來聘，[13]季孫行父城諸及鄆。[14]二年之間，五國趨之，內城二邑。

炕陽失衆。一曰，不雨而五穀皆孰，異也。文公時，大夫始顓盟會，公孫敖會晉侯，又會諸侯盟于垂隴。[15]故不雨而生者，陰不出氣而私自行，以象施不由上出，臣下作福而私自成。一曰，不雨近常陰之罰，君弱也。

[1]【顏注】師古曰：叔服，周之內史也，叔氏，服字。會葬，葬僖公。

[2]【顏注】師古曰：亦天子使之也。毛伯，周之卿士。毛，國；伯，爵也。賜命之者（蔡琪本、大德本、殿本無“之”字），賜以命圭爲瑞信也。

[3]【顏注】師古曰：謂大夫公孫敖會之也。戚，衞邑，在頓丘衞縣西。【今注】戚：一作“宿”。春秋衞邑。在今河南濮陽市北。

[4]【顏注】師古曰：納玄纁之幣，謂公爲婚於齊。【今注】納幣：婚嫁六禮中的納徵。男方擇一吉日，送禮物章服到女家的禮節。《儀禮·士昏禮》：“納徵，玄纁、束帛、儷皮，如納吉禮。”

[5]【顏注】師古曰：謂公孫敖會宋公、陳侯、鄭伯、晉士穀盟于垂隴也。垂隴，鄭地。

[6]【顏注】師古曰：沛，音普大反。

[7]【顏注】師古曰：謂季孫行父也。“顓”讀與“專”同（殿本無“顓讀與專同”五字）。

[8]【顏注】師古曰：謂九年楚人伐鄭，公子遂會晉人、宋人、衞人、許人以救之。

[9]【顏注】師古曰：越椒，楚大夫名也。事亦在九年。

[10]【顏注】師古曰：謂九年秦人來歸僖公及成風之襚也。凡問喪者，衣服曰襚。成風，僖公之母也。成，謚也。風，姓也。

禭，音遂。

［11］【顔注】師古曰：十一年曹伯來朝，十二年杞伯（二，蔡琪本作“三”）、滕子來朝。

［12］【顔注】師古曰：事在十二年。郕，國；伯，爵也。

［13］【顔注】師古曰：事在十二年。遂，秦大夫名，即左氏所謂西乞術。【今注】遂：錢大昭《漢書辨疑》指出“術”“遂”古字通。

［14］【顔注】師古曰：事在十二年（二，蔡琪本、殿本作“一”）。諸、鄆，二邑名也。諸即琅邪諸縣也。

［15］【今注】垂隴：春秋鄭邑。治所在今河南滎陽市東北。

惠帝五年夏，大旱，江河水少，谿谷絶。先是發民男女十四萬六千人城長安，是歲城迺成。文帝三年秋，天下旱。是歲夏，匈奴右賢王寇侵上郡，[1]詔丞相灌嬰發車騎士八萬五千人詣高奴，[2]擊右賢王走出塞。其秋，濟北王興居反，使大將軍討之，皆伏誅。後六年春，天下大旱。先是發車騎材官屯廣昌，[3]是歲二月復發材官屯隴西。[4]後匈奴大入上郡、雲中，[5]烽火通長安，三將軍屯邊，[6]又三將軍屯京師。[7]景帝中三年秋，大旱。

［1］【今注】上郡：治膚施縣（今陝西榆林市東南）。

［2］【顔注】師古曰：即上郡之縣。【今注】灌嬰：傳見本書卷四一。　高奴：縣名。治所在今陝西延安市北。

［3］【顔注】師古曰：武都之縣。【今注】材官：秦漢地方兵種名稱。秦時諸郡多有材官，漢代則廣泛分布於郡國。亦稱材士，屬徵兵。民年二十三以上，爲材官、騎士一歲。材官善射，也用於

步戰。遇有戰事，由中央統一徵調，或戍衛京師，或駐屯邊塞。有時用於儀仗。其中有材官引强、材官蹶張等，指能引强弓、能以脚踏强弩而張之的材官（參見王彦輝《論秦漢時期的正卒與材官騎士》，《歷史研究》2015 年第 4 期）。　廣昌：縣名。治所在今河北淶源縣北。《漢書考證》齊召南以爲顏注非，廣昌縣屬代郡，是。

　　[4]【今注】隴西：郡名。治狄道縣（今甘肅臨洮市）。

　　[5]【今注】雲中：郡名。治雲中縣（今内蒙古托克托縣古城村）。

　　[6]【顏注】師古曰：謂以中大夫令免爲車騎將軍屯飛狐，故楚相蘇意爲將軍屯句注，將軍張武屯北地。

　　[7]【顏注】師古曰：謂河内大守周亞夫爲將軍次細柳（大，蔡琪本、大德本、殿本作“太”），宗正劉禮爲將軍次霸上，祝兹侯徐屬爲將軍次棘門。

　　武帝元光六年夏，[1]大旱。是歲，四將軍征匈奴。[2]元朔五年春，大旱。是歲，六將軍衆十餘萬征匈奴。[3]元狩三年夏，[4]大旱。是歲發天下故吏伐棘上林，穿昆明池。[5]天漢元年夏，大旱；其三年夏，大旱。先是貳師將軍征大宛還。[6]天漢元年，發適民。[7]二年夏，三將軍征匈奴，[8]李陵没不還。[9]征和元年夏，大旱。是歲發三輔騎士閉長安城門，大搜，始治巫蠱。明年，衛皇后、大子敗。[10]

　　[1]【今注】元光：漢武帝年號（前 134—前 129）。

　　[2]【顏注】師古曰：謂車騎將軍衛青出上谷，騎將軍公孫敖出代，輕車將軍公孫賀出雲中，驃騎將軍李廣出鴈門。

　　[3]【顏注】師古曰：謂衛青將六將軍兵也。六將軍者，衛

尉蘇建爲游擊將軍，左內史李沮爲彊弩將軍，大僕公孫賀爲騎將軍（大，蔡琪本、大德本、殿本作“太”），代相李蔡爲輕車將軍，俱出朔方；大行李息、岸頭侯張次公爲將軍，出右北平。

［4］【今注】元狩：漢武帝年號（前122—前117）。

［5］【今注】昆明池：在今陝西西安市西南。周圍四十里。爲解決長安水源不足問題，兼爲訓練水軍以備對昆明國作戰。

［6］【今注】貳師將軍：李廣利，傳見本書卷六一。武帝太初元年（前104）李廣利被武帝派遣出征貳師城，因而得名。　大宛：傳見本書卷九六上。

［7］【顏注】師古曰：“適”讀曰“謫”。【今注】適民：陳直《漢書新證》指出《流沙墜簡·考釋·戍役類》有殘簡文云“缺隊敬代適卒郭□令遣詣署錄□□（上下俱缺）”，王國維考爲謫戍之卒，與本文正合。秦時戍卒，大半以謫發，武帝太初元年，發天下謫戍征大宛，天漢元年（前100）廢謫戍戍五原，四年廢天下七科謫及勇敢士伐匈奴，蓋因正卒及戍卒不足，爲一時權宜之計，非定制。

［8］【顏注】師古曰：謂貳師將軍三萬騎出酒泉，因杅將軍出西河，騎都尉李陵將步兵五千人出居延北也。

［9］【今注】李陵：傳見本書卷五四。

［10］【今注】案，大，蔡琪本、大德本、殿本作“太”。

　　昭帝元始六年，［1］大旱。先是大鴻臚田廣明征益州，［2］暴師連年。宣帝本始三年夏，［3］大旱，東西數千里。先是五將軍衆二十萬征匈奴。［4］神爵元年秋，［5］大旱。是歲，後將軍趙充國征西羌。［6］成帝永始三年、四年夏，大旱。

　　［1］【今注】案，元始，蔡琪本、大德本、殿本作“始

元”，是。

[2]【今注】大鴻臚：秦時稱典客，西漢景帝改名大行令，武帝時改大鴻臚。掌諸侯和四方歸降的少數民族。另郊廟祭祀行禮時掌贊導，請求行事；諸王入朝郊迎時掌禮儀；皇子封王，掌贊授印綬；諸侯之子繼位和四方少數民族頭領受封，掌召拜。王死，負責吊祭及拜王嗣。秩中二千石。　田廣明：傳見本書卷九〇。　益州：漢武帝所置十三刺史部之一。轄境相當今四川、重慶、貴州、雲南大部分地區，及湖北西北部、甘肅小部分地區。

[3]【今注】本始：漢宣帝年號（前73—前70）。

[4]【顏注】師古曰：本始三年，御史大夫田廣明爲祁連將軍，後將軍趙充國爲蒲類將軍，雲中大守田順爲武牙將軍，及渡遼將軍范明友、前將軍韓增，凡五將軍，兵十五萬騎。校尉常惠持節護烏孫兵，咸擊匈奴，是爲二十萬衆也。

[5]【今注】神爵：漢宣帝年號（前61—前58）。

[6]【今注】趙充國：傳見本書卷六九。　西羌：古代對羌族的稱謂。古代羌族主要活動在西北地方，故稱西羌。《史記·六國年表》記載：“故禹興於西羌。”《後漢書》卷八七《西羌傳》：“西羌之本，出自三苗，姜姓之本也。”羌、姜在甲骨文中經常互用。又顧祖禹《讀史方輿紀要》卷六五：“西羌舊在陝西四川塞外。《四裔傳》：西羌本自三苗，舜徙之三危，今河關西南羌地是也。濱于賜支，至於河首，綿地千里……及武帝西逐諸羌，乃渡河湟，築令居塞，始置護羌校尉。”

《左氏傳》晉獻公時童謠曰：“丙子之晨，[1]龍尾伏辰，[2]袀服振振，取虢之旂。[3]鶉之賁賁，[4]天策焞焞，火中成軍，虢公其奔。”[5]是時虢爲小國，介夏陽之阨，怙虞國之助，[6]亢衡於晉，有炕陽之節，失臣下之心。晉獻伐之，問於卜偃曰：“吾其濟乎？”[7]偃以童謠對曰："克之。十月朔丙子旦，日在尾，月在策，鶉火中，必此時也。"冬十二月丙子朔，晉師滅虢，虢公醜犇周。周十二月，夏十月也。言天者以夏正。

[1]【今注】案，蔡琪本、殿本無"子"字。王念孫《讀書雜志·漢書第五》以爲景祐本"丙"下有"子"字，是。"丙子之晨"正與"丙子旦"之文相應。且此謠皆以四字爲句。此《志》所論《左傳》事，文皆本於劉歆，蓋歆所見《傳》文"丙"下有"子"字，故所引如是。自賈、服以下諸本皆脱"子"字，故《經典釋文》《春秋正義》不言他本有"子"字。而《國語·晉語》亦作"丙之晨"，韋昭注："丙，丙子也。"則《晉語》亦脱"子"字。若今本《漢書》無"子"字，則後人依《左傳》删之。朱一新《漢書管見》以爲景祐本固不謬，但以爲劉歆所見《左傳》本如此，則非。劉歆特因下文有"丙子旦"等語，遂增"子"字。漢人引經傳增減其文者甚多，未可據以斷原本如此。又王氏謂此謠皆以四字爲句，亦非。謠辭未必整齊。

[2]【今注】龍尾：即箕宿，二十八宿之一。居東方蒼龍七宿之末，故稱。

[3]【顏注】師古曰：徒歌曰謠。袀服，黑衣。振振，袀服之貌也。袀，音均，又音弋春反。振，音只人反。【今注】袀服：一說指同一的服裝。這裏謂着相同的戎裝。　振振：美盛的樣子。

[4]【今注】鶉：鶉火。　賁賁：形容柳宿的模樣。

[5]【顏注】師古曰：犇（犇，蔡琪本、殿本作"賁"），音奔。焞，音吐敦反，又音敦。犇，古"奔"字（殿本無"犇古奔字"）。【今注】天策：傅説星。　焞焞：光暗弱貌。

[6]【顏注】師古曰：介，隔也。【今注】夏陽：地名。又作"下陽"。春秋北虢邑。治所在今山西平陸縣北。　怗：王念孫《讀書雜志·漢書第五》以爲介、怗，皆愃。

今注本二十四史　漢書

[7]【顏注】師古曰：卜偃，晉大夫主卜者。【今注】案，乎，殿本作“虖”。

　　史記晉惠公時童謠曰：“恭大子更葬兮，[1]後十四年，晉亦不昌，昌迺在其兄。”是時，惠公賴秦力得立，立而背秦，内殺二大夫，[2]國人不説。[3]及更葬其兄恭大子申生而不敬，[4]故詩妖作也。後與秦戰，爲秦所獲，立十四年而死。晉人絶之，更立其兄重耳，是爲文公，遂伯諸侯。[5]《左氏傳》文、成之世童謠曰：“鸜之鵒之，公出辱之。[6]鸜鵒之羽，公在外野，往饋之馬。[7]鸜鵒趾趾，公在乾侯，[8]徵褰與襦。[9]鸜鵒之巢，遠哉摇摇，[10]裯父喪勞，宋父以驕。[11]鸜鵒鸜鵒，往歌來哭。”[12]至昭公時，有鸜鵒來巢。公攻季氏，敗，出奔齊，居外野，次乾侯。八年，死于外，歸葬魯。昭公名裯。公子宋立，是爲定公。

　　[1]【今注】案，大，蔡琪本、大德本、殿本作“太”。

　　[2]【顏注】師古曰：謂里克、丕鄭。

　　[3]【顏注】師古曰：“説”讀曰“悦”（殿本無此注）。

　　[4]【今注】案，大，蔡琪本、大德本、殿本作“太”。

　　[5]【顏注】師古曰：“伯”讀曰“霸”（殿本無此注）。

　　[6]【顏注】師古曰：鸜，音劬。鵒，音欲。【今注】鸜之鵒之：鸜鵒，又作“鴝鵒”，即八哥鳥。

　　[7]【顏注】師古曰：“饋”亦“餽”字（殿本無此注）。

　　[8]【顏注】臣瓚曰：乾侯，在魏郡斥丘縣。師古曰：趾趾，跳行貌也。趾，音誅。乾，音干。【今注】乾侯：春秋晉邑。治所在今河北成安縣東南。

2660

[9]【顏注】師古曰：微，求也。褰，袴也。言公出外求袴襦之服。【今注】褰：套褲。 襦：短衣。

[10]【顏注】師古曰：搖搖，不安之貌。【今注】搖搖：王念孫《讀書雜志·漢書第五》以爲即遠貌。"遠哉搖搖"，猶言"殆哉岌岌"。

[11]【顏注】師古曰："父"讀曰"甫"。甫者，男子之通號，故云禂甫（甫，殿本作"父"，本注下同）、宋甫也。言昭公欲去季氏，不遂而出，故曰"喪勞"。定公無德於下，坐致君位，故曰"以驕"。

[12]【顏注】師古曰：謂昭公生時出奔，死乃以喪歸之。

　　元帝時童謠曰："井水溢，滅竈煙，灌玉堂，流金門。"至成帝建始二年三月戊子，北宫中井泉稍上，溢出南流，象春秋時先有鸜鵒之謠，而後有來巢之驗。井水，陰也；竈煙，陽也；玉堂、金門，至尊之居，象陰盛而滅陽，竊有宫室之應也。王莽生於元帝初元四年，至成帝封侯，爲三公輔政，因以篡位。成帝時童謠曰："燕燕尾涎涎，[1]張公子，時相見。木門倉琅根，[2]燕飛來，啄皇孫，皇孫死，燕啄矢。"其後帝爲微行出遊，常與富平侯張放俱稱富平侯家人，過河陽主作樂，[3]見舞者趙飛燕而幸之，故曰"燕燕尾涎涎"，美好貌也。張公子謂富平侯也。"木門倉琅根"，謂宫門銅鍰，[4]言將尊貴也。後遂立爲皇后。弟昭儀賊害後宫皇子，卒皆伏辜，所謂"燕飛來，啄皇孫，皇孫死，燕啄矢"者也。成帝時謌謠又曰："邪徑敗良田，讒口亂善人。桂樹華不實，黄爵巢其顛。[5]故爲人所羨，今爲人所憐。"桂，赤色，漢家象。華不實，無繼嗣也。王莽自謂黃象，黃爵巢其顛也。

[1]【顏注】師古曰：涎涎（涎涎，蔡琪本、大德本、殿本作涎涎），光澤貌也，音徒見反。【今注】涎：音 tǐng。

[2]【今注】倉琅根：裝置在大門上的青銅鋪首及銅環。倉，通"蒼"。

[3]【今注】河陽：何焯《義門讀書記》卷一六以爲當作"陽阿"。王念孫《讀書雜志·漢書第五》據本書卷九七下《外戚傳下》："孝成趙皇后，本長安宮人……屬陽阿主家，學歌舞，號曰飛燕。成帝嘗微行出，過陽阿主，作樂。見飛燕而說之。"師古曰："陽阿，平原之縣也。今俗書'阿'字作'河'，又或爲'河陽'，皆後人所妄改耳。"《文選》曹植《箜篌引》"陽阿奏奇舞"，李善注引本書《外戚傳》、荀悅《漢紀·孝成紀》亦作"陽阿"，則作"河陽"者誤。陳直《漢書新證》以爲本書《外戚傳》載"孝成趙皇后，本長安宮人……屬陽阿主家學歌舞，號曰飛燕"與本文作"河陽主"不同，注家多以河陽爲陽阿之誤字，然西安漢城遺址出土有"真河陽"及"河陽第一"陶器殘片，見《關中秦漢陶錄》卷一。河陽當爲長安附近鄉亭之名，在西漢時以善製陶器著名者。河陽主食湯沐於此，亦爲近理，現尚不能直斷河陽爲陽阿之誤字。

[4]【顏注】師古曰：門之鋪首及銅鍰也。銅色青，故曰倉琅。鋪首銜環，故謂之根。"鍰"讀與"環"同。

[5]【今注】黃爵：黃雀。

嚴公十七年"冬，多麋"。劉歆以爲毛蟲之孽爲災。劉向以爲麋色青，近青祥也。麋之爲言迷也，蓋牝獸之淫者也。是時，嚴公將取齊之淫女，其象先見，天戒若曰，勿取齊女，淫而迷國。嚴不寤，遂取之。

夫人既入，淫於二叔，終皆誅死，[1]幾亡社稷。[2]董仲舒指略同。京房《易傳》曰：“廢正作淫，大不明，國多麋。”又曰：“震遂泥，[3]厥咎國多麋。”昭帝時，昌邑王賀聞人聲曰“熊”，視而見大熊。左右莫見，以問郎中令龔遂，遂曰：“熊，山野之獸，而來入宮室，王獨見之，此天戒大王，恐宮室將空，危亡象也。”賀不改寤，後卒失國。

[1]【顏注】師古曰：謂慶父縊死，叔牙鴆卒，齊人殺哀姜也。

[2]【顏注】師古曰：謂子般、閔公前後見殺，而齊侯欲取魯國也。幾，音鉅依反（殿本無“幾音距依反”五字）。

[3]【顏注】李奇曰：從二至五（二，蔡琪本、大德本、殿本作“三”），有坎象。坎爲水，四爲泥在水中，故曰震遂泥。泥者，泥溺於水，不能自扶（扶，蔡琪本、大德本、殿本作“拔”，是），道未光也。或以爲溺於淫女，故其妖多麋。麋，迷也。師古曰：此《易·震卦》九四爻辭也。泥，音乃計反。

《左氏傳》襄公十七年十一月甲午，宋國人逐狂狗，[1]狂狗入於華臣氏，[2]國人從之。臣懼，遂奔陳。先是臣兄閱爲宋卿，[3]閱卒，臣使賊殺閱家宰，遂就其妻。宋平公聞之，曰：“臣不唯其宗室是暴，大亂宋國之政。”欲逐之。左師向戌曰：“大臣不順，國之恥也，不如蓋之。”[4]公迺止。華臣炕暴失義，內不自安，故犬禍至，以犇亡也。

　　[1]【顏注】師古曰：狾，狂也，音征例反。　【今注】狾
(zhì)：狂犬。錢大昕《三史拾遺》卷三指出今本《左傳》作"獟
狗"。許慎《說文解字》無"獟"字，當依此作"狾"。

　　[2]【顏注】師古曰：華臣，華元之子也。

　　[3]【顏注】師古曰：爲右師。

　　[4]【顏注】師古曰：向戌，宋桓公曾孫也。蓋謂覆掩其
事也。

　　高后八年三月，祓霸上，[1]還過枳道，[2]見物如倉
狗，械高后掖，[3]忽之不見。[4]卜之，趙王如意爲祟。
遂病掖傷而崩。先是高后鴆殺如意，支斷其母戚夫人
手足，摧其眼以爲人彘。[5]文帝後五年六月，齊雍城門
外有狗生角。[6]先是帝兄齊悼惠王亡後，[7]帝分齊地，
立其庶子七人皆爲王。[8]兄弟並彊，有炕陽心，故犬禍
見也。犬守御，角兵象，在前而上鄉者也。[9]犬不當生
角，猶諸侯不當舉兵鄉京師也。天之戒人蚤矣，[10]諸
侯不寤。後六年，吳、楚畔，濟南、膠西、膠東三國
應之，舉兵至齊。齊王猶與城守，[11]三國圍之。會漢
破吳、楚，因誅四王。故天狗下梁而吳、楚攻梁，狗
生角於齊而三國圍齊。漢卒破吳、楚於梁，誅四王於
齊。京房《易傳》曰："執政失，下將害之，厥妖狗生
角。君子苟免，小人陷之，厥妖狗生角。"

　　[1]【顏注】師古曰：祓者，除惡之祭也，音廢。【今注】霸
上：在今陝西西安市東。因地處霸水西高原上，故名。又作"灞
上""霸頭"。一作"灞上"。

[2]【今注】枳道：軹道。亭名。在今陝西西安市東北。

[3]【顏注】師古曰：械，謂拘持之也。械，音戒。拘，音居足反。【今注】械：音jī。 掖：通"腋"。

[4]【今注】案，之，蔡琪本、大德本、殿本作"而"。

[5]【顏注】師古曰：摧，謂敲擊去其精也（去，大德本誤作"夫"）。摧，音口角反。凡言甊者，皆豕之別名。【今注】摧：陳直《漢書新證》以爲是"矐"字假借，《史記》卷八六《刺客列傳》云："秦皇帝惜其善擊筑，重赦之，乃矐其目。"與本文正合。

[6]【顏注】師古曰：雍城門者，齊門名也。《春秋左氏傳》，平陽之役，趙武及秦周伐雍門之获是也。

[7]【今注】齊悼惠王：劉肥。傳見本書卷三八。

[8]【顏注】師古曰：謂齊孝王將閭、濟北王志、菑川王賢、膠東王雄渠、膠西王卬、濟南王辟光，并城陽恭王喜，是爲七王（爲，殿本作"謂"）。

[9]【顏注】師古曰："鄉"讀曰"嚮"。次下亦同（次，蔡琪本、殿本作"此"）。

[10]【顏注】師古曰：蚤，古"早"字（殿本無此注）。

[11]【顏注】師古曰："與"，讀曰"豫"。

景帝三年二月，邯鄲狗與彘交。[1]悖亂之氣，近犬豕之禍也。[2]是時趙王遂悖亂，[3]與吳、楚謀爲逆，遣使匈奴求助兵，卒伏其辜。犬，兵革失衆之占；[4]豕，北方匈奴之象。逆言失聽，交於異類，以生害也。京房《易傳》曰："夫婦不嚴，厥妖狗與豕交。兹謂反德，國有兵革。"成帝河平元年，長安男子石良、劉音相與同居，[5]有如人狀在其室中，擊之，爲狗，走出。

去後有數人被甲持兵弩至良家，良等格擊，或死或傷，皆狗也。自二月至六月乃止。鴻嘉中，狗與彘交。

[1]【今注】邯鄲：縣名。治所在今河北邯鄲市西南。

[2]【顏注】師古曰：悖，惑也，音布內反。此下亦同（殿本無此注）。

[3]【今注】趙王：劉遂。事迹見本書卷三八《高五王傳》。

[4]【顏注】如淳曰：犬吠守，似兵革外附它類，失衆也。

[5]【顏注】師古曰：二人共止一室。

《左氏》昭公二十四年十月癸酉，王子朝以成周之寶圭湛于河，[1]幾以獲神助。[2]甲戌，津人得之河上，陰不佞取將賣之，則爲石。[3]是時王子朝篡天子位，萬民不鄉，號令不從，[4]故有玉變，近白祥也。癸酉入而甲戌出，神不享之驗云。玉化爲石，貴將爲賤也。後二年，子朝犇楚而死。史記秦始皇帝三十六年，鄭客從關東來，[5]至華陰，[6]望見素車白馬從華山上下，知其非人，道住止而待之。遂至，[7]持璧與客曰：“爲我遺鎬池君。”[8]因言“今年祖龍死”。[9]忽不見。鄭客奉璧，即始皇二十八年過江所湛璧也。與周子朝同應。是歲，石隕于東郡，[10]民或刻其石曰：“始皇死而地分。”此皆白祥，炕陽暴虐，[11]號令不從，孤陽獨治，群陰不附之所致也。一曰，石，陰類也，陰持高節，臣將危君，趙高、李斯之象也。始皇不畏戒自省，反夷滅其旁民，而燔燒其石。是歲始皇死，後三年而秦滅。

[1]【顏注】師古曰：以祭河也。《爾雅》曰："祭川曰浮沈。""湛"讀曰"沈"。後皆類此。

[2]【顏注】師古曰："幾"讀曰"冀"。

[3]【顏注】師古曰：陰不佞，周大夫也。

[4]【顏注】師古曰："鄉"讀曰"嚮"。

[5]【今注】關東：秦漢時指崤山、函谷關以東地區。

[6]【今注】華陰：縣名。治所在今陝西華陰市東。因在華山之北，故得名。

[7]【顏注】師古曰：於道上住而待此車馬。

[8]【顏注】張晏曰：武王居鎬，鎬池君則武王也。武王伐商，故神云始皇荒淫若紂矣，今亦可伐也。孟康曰：長安西南有鎬池。師古曰：鎬池在昆明池北。此直江神告鎬池之神，云始皇將死耳，無豫於武王也。張說失矣。

[9]【顏注】蘇林曰：祖，始也。龍，人君象。謂始皇也。

[10]【今注】東郡：治濮陽縣（今河南濮陽市華龍區西南）。

[11]【今注】案，暴，殿本作"暴"，同。

孝昭元鳳三年正月，泰山萊蕪山南匈匈有數千人聲。[1]民視之，有大石自立，高丈五尺，大四十八圍，入地深八尺，三石爲足。石立處，有白烏數千集其旁。眭孟以爲石陰類，下民象，泰山岱宗之嶽，王者易姓告代之處，當有庶人爲天子者。孟坐伏誅。京房《易傳》曰："'復，崩來無咎。'[2]自上下者爲崩，厥應泰山之石顚而下，[3]聖人受命人君虜。"又曰："石立如人，庶士爲天下雄。立於山，同姓；[4]平地，異姓。立於水，聖人；於澤，小人。"

　　[1]【今注】【今注】萊蕪：縣名。治所在今山東淄博市東南。匈匈：同“訩訩”。喧嘩，吵嚷。

　　[2]【顏注】師古曰：《復卦》之辭也。今易“崩”字作“朋”字（字，蔡琪本作“也”）。

　　[3]【顏注】師古曰：顛，墜也。

　　[4]【今注】同姓：朱一新《漢書管見》曰：“言立於山，則爲同姓將興之象也。”下同。

　　天漢元年三月，天雨白毛；三年八月，天雨白氂。[1]京房《易傳》曰：“前樂後憂，厥妖天雨羽。”又曰：“邪人進，賢人逃，天雨毛。”

　　[1]【顏注】師古曰：凡言氂者，毛之强曲者也，音力之反。

　　史記周威烈王二十三年，九鼎震。[1]金震，木動之也。是時周室衰微，刑重而虐，號令不從，以亂金氣。鼎者，宗廟之寶器也。宗廟將廢，寶鼎將遷，故震動也。是歲，晉三卿韓、魏、趙簒晉君而分其地，威烈王命以爲諸侯。天子不恤同姓，而爵其賊臣，天下不附矣。後三世，周致德祚於秦。[2]其後秦遂滅周，而取九鼎。九鼎之震，木沴金，失衆甚。

　　[1]【顏注】孟康曰：威烈，一王之謚也，六國時也。師古曰：即赧王之高祖也。【今注】周威烈王：戰國時周國君，名午。考王子。二十三年（前403）初承認晉大夫魏斯、趙籍、韓虔爲諸侯。在位二十四年。　九鼎：夏大禹以九州貢金所鑄的鼎，被夏、商、周三代奉爲象徵國家政權的傳國寶器。

[2]【顏注】晉灼曰：虢王奔秦，獻其邑，此爲致德祚也。

　　成帝元延元年正月，[1]長安章城門門牡自亡，[2]函谷關次門牡亦自亡。[3]京房《易傳》曰："飢而不損茲謂泰，厥災水，厥咎牡亡。"《妖辭》曰："關動牡飛，辟爲亡道臣爲非，厥咎亂臣謀簒。"[4]故谷永對曰："章城門通路寢之路，函谷關距山東之險，城門關守國之固，固將去焉，故牡飛也。"

　　[1]【今注】元延：漢成帝年號（前12—前9）。
　　[2]【顏注】晉灼曰：西出南頭第一門也。牡是出籥者。師古曰：牡所以下閉者也，亦以鐵爲之，非出籥也。【今注】門牡：鎖門的鍵，門閂。
　　[3]【顏注】韋昭曰：函谷關邊小門也。師古曰：非行人出入所由，蓋關司曹府所在之門也。【今注】函谷關：在今河南靈寶市境。戰國秦置。漢武帝元鼎三年（前114）徙關至今河南新安縣東，是爲新關，西去故關三百里。
　　[4]【顏注】李奇曰：《易妖變傳》辭。

漢書　卷二七中之下

五行志第七中之下

　　傳曰："視之不明，是謂不悊，厥咎舒，厥罰恒奧，[1]厥極疾。[2]時則有草妖，時則有羸蟲之孽，[3]時則有羊旤，時則有目痾，時則有赤眚赤祥。惟水沴火。""視之不明，是謂不悊"，悊，知也。《詩》云："爾德不明，以亡陪亡卿；不明爾德，以亡背亡仄。"[4]言上不明，暗昧蔽惑，則不能知善惡，親近習，長同類，[5]亡功者受賞，有罪者不殺，百官廢亂，失在舒緩，故其咎舒也。[6]盛夏日長，暑以養物，政弛緩，故其罰常奧也。奧則冬溫，春夏不和，傷病民人，故極疾也。誅不行則霜不殺草，緃臣下則殺不以時，[7]故有草妖。凡妖，貌則以服，言則以詩，聽則以聲。視則以色者，[8]五色物之大分也，在於眚祥，故聖人以爲草妖，失秉之明者也。[9]溫奧生蟲，故有羸蟲之孽，謂螟螣之類[10]當死不死，未當生而生，或多於故而爲災也。劉歆以爲屬思心不容。[11]於《易》，剛而包柔爲離，[12]離爲火爲目。羊上角下蹏，剛而包柔，羊大目而不精明，視氣毀故有羊旤。一曰，暑歲羊多疫死，及爲怪，亦是也。及人，則多病目者，故有目痾。火

色赤，故有赤眚赤祥。凡視傷者病火氣，火氣傷則水
沴之。其極疾者，順之，其福曰壽。[13]劉歆視傳曰有
羽蟲之孽，雞旤。説以爲於天文南方喙爲鳥星，[14]故
爲羽蟲；旤亦從羽，故爲雞；雞於《易》自在巽。説
非是。庶徵之恒奥，劉向以爲《春秋》亡冰也。小奥
不書，無冰然後書，[15]舉其大者也。京房《易傳》曰：
"禄不遂行兹謂欺，厥咎奥，雨雪四至而温。臣安禄樂
逸兹謂亂，奥而生蟲。知罪不誅兹謂舒，其奥，夏則
暑殺人，冬則物華實。重過不誅，兹謂亡徵，其咎當
寒而奥六日也。"

[1]【顔注】師古曰："奥"讀曰"燠"。燠（殿本無此字），
暖也，音於六反。其下並同。【今注】奥（yù）：通"燠"。熱。

[2]【顔注】韋昭曰：以疾爲罰。

[3]【顔注】師古曰：螽、螟之類無鱗甲毛羽，故謂之蠃蟲
也。音郎果反。【今注】蠃（luǒ）蟲：王先謙《漢書補注》以爲
顔注誤。下文明言"謂螟螣之類"，螽與蝗同爲介蟲。

[4]【顔注】師古曰：《大雅·蕩》之詩也。言不別善惡，有
逆背傾仄者，有堪爲卿大夫者，皆不知之也。仄，古"側"字。
【今注】陪：指輔佐三公之臣。大德本誤作"倍"。　仄：通
"側"。傾側之臣。

[5]【顔注】師古曰：習，狎也。近狎者則親愛之，同類者
則長益也。

[6]【今注】案，王先謙《漢書補注》引葉德輝指出，《隋
書·五行志》引劉向《五行傳》曰："視不明，用近習，賢者不進，
不肖不退，百職廢壞，庶事不從，其過在政教舒緩。"與此《志》
文異而義同。

[7]【顏注】師古曰："繇"讀與"由"同（殿本無"讀與由同"四字）。言誅罰由於臣下。

[8]【今注】案，王先謙《漢書補注》以爲《晉書·五行志》引此，"視"下"則"作"不"，"傳說謂服妖與貌、詩妖與言、鼓妖與聲皆相應。視當與色應，此草妖非色"，是。

[9]【顏注】師古曰：謂失所執之權也。音彼命反（音彼命反，蔡琪本作"秉彼命反"，殿本無末四字）。【今注】秉：通"柄"。

[10]【顏注】師古曰：螟食苗心，螣食苗葉之蟲也。螟，音冥。螣，音徒得反。

[11]【今注】案，容，殿本作"瘩"。

[12]【顏注】師古曰：兩陽居外，一陰在內，故云剛包柔。

[13]【顏注】李奇曰：於六極之中爲疾者，逆火氣，致疾病也。能順火氣，則既更爲福。

[14]【今注】喙：殿本《漢書考證》云："'喙'，監本訛'啄'。陳浩云：'案，《天文志》"柳爲鳥喙"，從宋本改正。'"王先謙《漢書補注》以爲當爲"啄"，又作"味"，即柳宿。

[15]【今注】案，王念孫《讀書雜志·漢書第五》以爲"無"，當依上下文作"亡"。此後人依《春秋》改之。凡《漢書》"無"字皆作"亡"。

桓公十五年"春，亡冰"。劉向以爲周春，今冬也。先是連兵鄰國，三戰而再敗也，[1]內失百姓，外失諸侯，不敢行誅罰，鄭伯突篡兄而立，公與相親，[2]長養同類，不明善惡之罰也。[3]董仲舒以爲象夫人不正，陰失節也。[4]成公元年"二月，無冰"。董仲舒以爲方有宣公之喪，君臣無悲哀之心，而炕陽，作丘甲。[5]劉向以爲時公幼弱，政舒緩也。

[1]【顏注】師古曰：三戰者，謂十年齊侯、衞侯、鄭伯來戰于郎，十二年與鄭師伐宋戰于宋，十三年會紀侯、鄭伯及齊侯、宋公、衞侯、燕人戰也。再敗者，謂郎之戰，《穀梁傳》曰“以吾敗也”，又宋之戰，《穀梁》亦曰“内諱敗（蔡琪本、大德本、殿本無‘内’字），舉其可道者也”。據《左氏傳》《公羊》《穀梁》，亦曰無冰，並在十四年，今此云“十五年”，未詳其意。

[2]【顏注】師古曰：突，鄭莊公子，即厲公也。兄，謂大子忽（大，蔡琪本、大德本、殿本作“太”），即昭公也。莊公既卒，突因宋莊公之寵而得立，遂使昭公奔衞，故云“篡兄”也。公與相親者，謂十五年突爲祭仲所逐奔蔡，遂居櫟，而昭公入，公再與諸侯伐鄭，謀納厲公。【今注】鄭伯突：春秋時鄭厲公，名突。鄭莊公次子，母爲宋大夫雍氏女，雍氏有寵於宋莊公。鄭莊公死，昭公立，以宋莊公支持，脅迫祭仲奪位，逐其兄昭公。在位四年，因厭惡祭仲專政，使祭仲婿雍糾殺之，事泄出奔，居邊邑櫟。鄭子儀十四年，使鄭大夫傅瑕殺子儀，得復位。前後在位共十一年。

[3]【顏注】師古曰：言桓篡立，與突志同，故曰“長養同類”。【今注】長養：本指撫育培養。這裏指助長。

[4]【顏注】師古曰：夫人姜氏通于齊侯，故云“不正”。

[5]【顏注】師古曰：時宣公薨始踰年，故云“有喪”也。丘甲，解在《刑法志》。【今注】丘甲：春秋時魯國徵發軍事用品的制度。《春秋》成公元年：“三月，作丘甲。”古時農工分職，制甲爲工民之事，魯違常制，使“丘民”作甲，稱丘甲。本書《刑法志》顏師古注：“丘，十六井也，止出戎馬一匹，牛三頭。四丘爲甸。甸，六十四井也，乃出戎馬四匹，兵車一乘，牛十二頭，甲士三人，卒七十二人耳。今乃使丘出甸賦，違常制也。一說，別令

人爲丘作甲也。士農工商四類異業，甲者非凡人所能爲，而令作之，譏不正也。"沈欽韓《漢書疏證》案，顏前說襲杜預，後說本《穀梁》，皆非也。顧炎武《左傳補正》卷二云："周制四丘爲甸，旁加一里爲成，共出長轂一乘，步卒七十二人，甲士三人，則丘得十八人，不及一甲。今作丘甲，令丘出二十五人，一甸之中共出百人矣。解云，丘出甸賦，驟增三倍，恐未必然。"然作"丘甲"之實義，衆說紛紜，皆推測之辭，並無確證。或如范文瀾《中國通史》所言，視爲軍賦改革，且與魯宣公十五年"初稅畝"聯繫，當較爲合理〔參見范文瀾《中國通史》（第 1 册），人民出版社 2014 年版，第 139 頁〕。

襄公二十八年"春，無冰"。劉向以爲先是公作三軍，有侵陵用武之意，[1]於是鄰國不和，伐其三鄙，[2]被兵十有餘年，因之以饑饉，百姓怨望，臣下心離，公懼而弛緩，不敢行誅罰，[3]楚有夷狄行，公有從楚心，不明善惡之應。[4]董仲舒指略同。一曰，水旱之災，寒暑之變，天下皆同，故曰"無冰"，天下異也。桓公殺兄弑君，外成宋亂，與鄭易邑，背畔周室。[5]成公時，楚橫行中國，[6]王札子殺召伯、毛伯，[7]晉敗天子之師于貿戎，[8]天子皆不能討。襄公時，天下諸侯之大夫皆執國權，[9]君不能制。漸將日甚，善惡不明，誅罰不行。周失之舒，秦失之急，故周衰亡寒歲，秦滅亡奥年。

[1]【顏注】師古曰：作三軍者，季氏欲專其權，非公本意。此說非也。侵陵用武者，謂入鄆取邿也。邿，音詩。【今注】三軍：春秋時期，周王設六軍，諸侯大國設三軍。案，魯制當設

二軍。

　　[2]【顏注】師古曰：謂十三年三月（三月，蔡琪本、大德本、殿本作“二月”，本注下同），十四年夏，莒人伐我東鄙。十五年夏，齊侯伐我北鄙。秋，邾人伐我南鄙。十六年三月，齊侯伐我北鄙。

　　[3]【顏注】師古曰：弛，放也，音式爾反。

　　[4]【顏注】師古曰：有從楚心，謂二十八年公朝于楚。

　　[5]【顏注】師古曰：隱攝公位，又桓之兄，故云“殺兄弒君”也。成宋亂者，謂宋華父督弒其君殤公及其大夫孔父，以郜大鼎賂公，公會齊侯、鄭伯于稷而平其亂也。與鄭易邑，謂以大山之田易許田也（大，蔡琪本、大德本、殿本作“太”）。許田者，魯朝宿之邑也，而以與鄭，明魯之不朝於王，故云“背畔周室”。

　　[6]【顏注】師古曰：謂成二年楚師侵衛，遂侵我，師于蜀。六年七月，楚公子嬰齊帥師伐鄭。九年，嬰齊帥師伐莒。十五年，楚子伐鄭。十六年，楚子與晉侯、鄭伯戰于鄢陵。十八年，楚子伐宋。

　　[7]【顏注】師古曰：王札子，即王子捷也。召伯、毛伯，皆周大夫也。今《春秋經》王札子殺召伯、毛伯事在宣十五年，而此言“成公時”，未達其說。“召”讀曰“邵”。

　　[8]【顏注】師古曰：貿戎，戎別種也。《公羊傳》成元年：“王師敗績于貿戎。孰敗之？蓋晉敗之。”貿，音莫侯反。【今注】貿戎：這裏指貿戎之地。

　　[9]【顏注】師古曰：謂襄十六年會于溴梁，諸侯之大夫盟皆類此。

　　武帝元狩六年冬，亡冰。先是，比年遣大將軍衛青、霍去病攻祁連，絕大幕，[1]窮追單于，斬首十餘萬級，還，大行慶賞。乃閔海內勤勞，是歲遣博士褚大等六人持節巡行天下，[2]存賜鰥寡，[3]假與乏困，舉遺逸獨行君子詣行在所。[4]郡國有以爲便宜者，上丞相、御史以聞。天下咸喜。昭帝始元二年冬，亡冰。是時上年九歲，大將軍霍光秉政，始行寬緩，欲以說下。[5]

[1]【顔注】師古曰：比，頻也（殿本無“比頻也”三字）。祁連，山名也。幕，沙磧也。直度曰絶，祁，音上夷反（殿本無“祁音上夷反”五字）。【今注】衞青霍去病：二人傳見本書卷五五。 祁連：匈奴稱“天”爲“祁連”，即祁連山。山分南北，北即今新疆境內的天山，南指今甘肅、青海之間的祁連山。 大幕：大漠。

[2]【顔注】師古曰：行，音下更反（殿本無注）。【今注】博士：五經博士，漢武帝始置。參與議政、制禮、顧問應對等，掌策試官吏，在太學中教授五經之學，各置弟子員。初秩比四百石，後升比六百石。 褚大：西漢東海蘭陵人。從胡毋生學《公羊春秋》，爲博士，官至梁相。武帝時，曾遣大循行天下，存問鰥寡廢疾，舉薦遺逸獨行君子，並奏治奸猾爲害、田野荒廢不耕及爲政尚苛者。 持節：使者持節代表皇帝出使、指揮軍隊或處理政務。節，漢代使者所持的信物，以竹爲杆，柄長八尺，上綴飾旄牛尾。

[3]【今注】存：恤問。

[4]【今注】獨行：這裏指隱逸獨居。 行在所：指天子所在的地方。本書卷六《武紀》：“諭三老孝弟以爲民師，舉獨行之君子，徵詣行在所。”顔師古注：“天子或在京師，或出巡狩，不可豫定，故言行在所耳，不得亦謂京師爲行在也。”

[5]【顔注】師古曰：“說”讀曰“悅”（殿本無此注）。

僖公三十三年“十二月，隕霜不殺草”。劉歆以爲草妖也。劉向以爲今十月，周十二月。於《易》，五爲天位、君位，[1]九月陰氣至，五通於天位，其卦爲《剝》，[2]剝落萬物，始大殺矣，明陰從陽命，臣受君令而後殺也。今十月隕霜而不能殺草，此君誅不行，舒緩之應也。是時公子遂顓權，三桓始世官，[3]天戒若曰，自此之後，將皆爲亂矣。文公不寤，其後遂殺子赤，三家逐昭公。[4]董仲舒指略同。京房《易傳》曰："臣有緩茲謂不順，厥異霜不殺也。"

[1]【今注】案，蔡琪本、大德本、殿本"君位"前有"爲"字。

[2]【顏注】師古曰：《坤》下《艮》上。

[3]【顏注】師古曰：公子遂，莊公之子，即東門襄仲也，時爲卿，專執國政也（蔡琪本、殿本後有"師古曰謂父子相繼爲卿也"十一字）。【今注】公子遂：一稱仲遂。春秋時魯國大夫，名遂，字仲。魯莊公之子，卒後謚襄，稱襄仲。居東門，以東門爲氏，僖公、文公時爲卿，掌國政。文公妃哀姜生子惡及視。次妃敬嬴有寵，生子俀。俀私事襄仲。文公卒，殺太子惡及公子視，立庶子俀，爲宣公。曾與宣公謀除"三桓"，未果。宣公死，歸父奔齊，卒於垂。

[4]【顏注】師古曰：並已解於上。

《書序》曰："伊陟相大戊，亳有祥桑穀共生。"[1]《傳》曰："俱生乎朝，七日而大拱。[2]伊陟戒以修德，而木枯。"劉向以爲殷道既衰，高宗承敝而起，盡涼陰之哀，天下應之，[3]既獲顯榮，怠於政事，國將危亡，故桑穀之異見。桑猶喪也，[4]穀猶生也，[5]殺生之秉失而在下，[6]近草妖也。一曰，野木生朝而暴長，小人將暴在大臣之位，危亡國家，象朝將虛之應也。[7]

[1]【顏注】師古曰：《商書·咸乂》之序也。其書亡。伊陟，伊尹子也。大戊（大，蔡琪本、大德本作"太"），大甲孫也（大，蔡琪本、大德本、殿本作"太"）。亳，殷所都也。桑、穀二木，合而共生。穀，音穀。【今注】案，大，大德本、蔡琪本、殿本作"太"。亳：在今河南曹縣東南。

[2]【顏注】師古曰：兩手合爲拱，音久勇反（殿本無末四字）。

[3]【顏注】師古曰：涼，信也。陰，默也。言居哀信默，三年不言也。"涼"讀曰"諒"。一說，涼陰，謂居喪之廬也。謂三年處於廬中不言。涼，音力羊反。據今《尚書》及諸傳記，大戊卒（大，蔡琪本、大德本、殿本作"太"），子仲丁立，卒，弟何亶甲立，卒，子祖乙立，卒，子盤庚立，卒，小乙之子武丁立，是爲高宗。桑穀自大戊時生（大，大德本、蔡琪本、殿本作"太"），涼陰乃高宗之事。而此云桑穀即高宗時出，其說與《尚書大傳》不同，未詳其義也。或者伏生差謬。【今注】高宗：商代國君武丁。盤庚弟小乙之子。長於民間，知稼穡之艱難，思復興殷商，未得輔佐，三年不言，政事決於冢宰。後得傅說，舉以爲相，國大治。用兵西北，克鬼方。殷復興。在位五十九年。廟號高宗。

案，錢大昕《廿二史考異·漢書二》以爲此自劉向差謬，非伏生誤。本書《郊祀志》亦以桑穀爲太戊事。王鳴盛《十七史商榷》卷一三劉向說，爲武丁時事。此向之誤，班固存異說。

[4]【今注】桑猶喪：王先謙《漢書補注》引葉德輝據《公羊傳》文公二年"虞主用桑"，何休注："桑猶喪也。"《儀禮·士喪禮》"鬠笄用桑"，鄭玄注："桑之爲言喪也。"以爲皆取同聲爲訓。

[5]【今注】穀猶生：王先謙《漢書補注》引葉德輝指出《毛

詩·大車》“穀則異室”，《毛傳》：“穀，生也。”《毛詩·小宛》“自何能穀”，鄭玄箋同。《國語·晉語》“是焚穀也”，韋昭注：“穀，所仰以生也。”皆以生訓穀。

　　[6]【顔注】師古曰：秉，音彼命反（殿本無此注）。

　　[7]【顔注】師古曰：“虚”讀曰“墟”。

　　《書序》又曰：“高宗祭成湯，有蜚雊登鼎耳而雊。”[1]祖己曰：“惟先假王，正厥事。”[2]劉向以爲雊雊鳴者雄也，以赤色爲主。於《易》，離爲雉，雉，南方，近赤祥也。劉歆以爲羽蟲之孽。《易》有《鼎卦》，[3]鼎，宗廟之器，主器奉宗廟者長子也。野鳥自外來，入爲宗廟器主，是繼嗣將易也。一曰，鼎三足，三公象，而以耳行。[4]野鳥居鼎耳，小人將居公位，敗宗廟之祀。野木生朝，野鳥入廟，敗亡之異也。武丁恐駭，謀於忠賢，修德而正事，内舉傅説，授以國政，[5]外伐鬼方，以安諸夏，[6]故能攘木鳥之妖，致百年之壽，[7]所謂“六沴，[8]若是共御，五福迺降，用章于下”者也。[9]一曰，金沴木曰木不曲直。

　　[1]【顔注】師古曰：《商書·高宗肜日》之序也。“蜚”，古“飛”字。雊，音工豆反。【今注】雊（gòu）：雉鳴。

　　[2]【顔注】師古曰：祖己，殷賢臣。假，大也。言先代大道之王，能正其事，而災異銷也。【今注】假：殿本《漢書考證》以爲即古文“格”，釋爲至。

　　[3]【顔注】師古曰：《巽》下《离》上也（离，蔡琪本、殿本作“離”）。

　　[4]【顔注】師古曰：鼎非舉耳不得行，故云“以耳行”。

2680

　　[5]【顏注】師古曰：武丁夢得賢相，乃以所夢之像使求之，得於傅巖，立以爲相，作《説命》三篇。"説"讀曰"悦"。

　　[6]【顏注】師古曰：鬼方，絶遠之地；一曰，國名。夏，大也。中國大於戎狄，故曰諸夏。【今注】鬼方：上古種族名。爲殷周西北境强敵（參見王國維《觀堂集林》卷一三《鬼方昆夷獵狁考》，河北教育出版社2003年版，第296—307頁）。

　　[7]【顏注】師古曰：攘，却也，音人羊反（殿本無此注）。

　　[8]【今注】案，蔡琪本、大德本、殿本"六沴"後有"作見"二字。

　　[9]【顏注】師古曰："共"讀曰"恭"。"御"讀曰"禦"。言恭己以禦災也。一説，御，治也，恭治其事也。【今注】案，王念孫《讀書雜志·漢書第五》以爲下文云"改行循正，共御厥罰"，又云"人君能循政，共御厥罰"，則禦災之説是。

　　僖公三十三年"十二月，李梅實"。[1]劉向以爲周十二月，今十月也，李梅當剥落，今反華實，近草妖也。先華而後實，不書華，舉重者也。陰成陽事，象臣顓君作威福。一曰，冬當殺，反生，象驕臣當誅，不行其罰也。故冬華者，[2]象臣邪謀有端而不成，至於實，則成矣。是時僖公死，公子遂顓權，文公不寤，後有子赤之變。一曰，君舒緩甚，奥氣不臧，則華實復生。董仲舒以爲李梅實，臣下彊也。記曰："不當華而華，易大夫；不當實而實，易相室。"[3]冬，水王，木相，故象大臣。劉歆以爲庶徵皆以蟲爲孽，思心羸蟲孽也。李梅實，屬草妖。

　　[1]【今注】實：結果實。

[2]【今注】案，蔡琪本、大德本、殿本"故冬華者"作"故冬華華者"。王念孫《讀書雜志·漢書第五》以爲景祐本是。朱一新《漢書管見》以爲蔡琪本等是。當以"故冬華"爲句，上文"冬當殺，反生"，釋"冬華"之義。"華者"二字屬下爲句，"臣邪謀有端而不成"，正釋"華"字之義。

[3]【顏注】應劭曰：冬，水王，木相，故象大臣。冬實者，變置丞相與宮室也。但華，則變大夫也。師古曰：相室猶言相國，謂宰相也。合韻故言相室。相室者，王相室（王相，蔡琪本、殿本作"相王"，大德本作"相王室"）。

惠帝五年十月，桃李華，棗實。昭帝時，上林苑中大柳樹斷仆地，[1]一朝起立，生枝葉，有蟲食其葉，成文字，曰"公孫病已立"。昌邑王國社有枯樹復生枝葉。[2]眭孟以爲木陰類，下民象，當有故廢之家公孫氏從民間受命爲天子者。昭帝富於春秋，霍光秉政，以孟妖言，誅之。後昭帝崩，無子，徵昌邑王賀嗣位，狂亂失道，光廢之，更立衞大子之孫，[3]是爲宣帝。宣帝本名病已。[4]京房《易傳》曰："枯楊生稊，[5]枯木復生，人君亡子。"元帝初元四年，皇后曾祖父濟南東平陵王伯墓門梓柱卒生枝葉，上出屋。[6]劉向以爲王氏貴盛將代漢家之象也。後王莽篡位，自説之曰："初元四年，莽生之歲也，當漢九世火德之厄，而有此祥興於高祖考之門。門爲開通，梓猶子，[7]言王氏當有賢子開通祖統，起於柱石大臣之位，受命而王之符也。"建昭五年，兗州刺史浩賞禁民私所自立社。[8]山陽橐茅鄉社有大槐樹，[9]吏伐斷之，其夜樹復立其故處。成帝永始元年二月，河南街郵橋樹生支如人頭，[10]眉目須皆具，亡髮耳。哀帝建平三年十月，汝南西平遂陽鄉柱仆地，生支如人形，[11]身青黃色，面白，頭有顧髮，稍長大，凡長六寸一分。京房《易傳》曰："王德衰，下人將起，則有木生爲人狀。"

[1]【今注】上林苑：在今陝西西安市鄠邑區及周至縣界，渭水以南、終南山以北。秦惠文王時即開始興建。至秦始皇時，先後在上林苑中修建了朝宮和阿房宮前殿等。西漢初荒廢，許民入墾荒。漢武帝收回，復加拓展，周圍擴至二百餘里。

[2]【今注】案，蔡琪本、大德本、殿本"昌邑王"前有"又"字。

[3]【今注】案，蔡琪本、大德本、殿本"衛大子"前有"昭帝兄"三字。

[4]【今注】案，殿本無"宣"字。

[5]【顏注】師古曰：《大過》九二爻辭也。稊，楊秀之始生者，音徒奚反。【今注】稊（tí）：楊柳新長出的嫩芽。

[6]【顏注】孟康曰：王伯，莽之祖也。師古曰：莽高祖父也。故下云"高祖考"。"卒"讀曰"猝"。猝，暴也。【今注】濟南：郡名。治東平陵縣（今山東濟南市章丘區西北）。

[7]【今注】案，蔡琪本、殿本"子"後有"也"字。

[8]【顏注】張晏曰：民間三月九月又社（又，殿本作"立"），號曰私社。臣瓚曰：舊制二十五家爲一社，而民或十家五家共爲田社，是私社。師古曰：瓚説是。【今注】兗州：漢武帝置十三刺史部之一。約當今山東西南部及河南東部地區。民私所自立社：王先謙《漢書補注》引葉德輝指出《禮記·祭法》載太社、皇社、國社、侯社、置社，皆王、侯、大夫自立及爲百姓立者，爲官社。民私立者謂之私社。

[9]【顔注】師古曰：橐，縣名也，屬山陽郡。茅鄉，橐縣之鄉也。橐，音拓。【今注】橐：縣名。治所在今山東微山縣西北。居延漢簡有"田卒昌邑國砤成里公士公丘異""田卒昌邑國砤靈里公士朱廣年二十四"，疑"砤"即"橐"字之簡寫，從石存其聲，從邑存其義。

[10]【顔注】師古曰：郵，謂行書之舍。樗樹似椿（椿，蔡琪本、大德本、殿本作"杝"，本注下同）。樗，音丑余反。椿，音丑倫反。

[11]【顔注】師古曰：仆，頓也，音"赴"（殿本無此注）。【今注】西平：縣名。治所在今河南西平縣西。

　　哀帝建平三年，零陵有樹僵地，[1]圍大六尺，[2]長十丈七尺。民斷其本，長九尺餘，枯。[3]三月，樹卒自立故處。[4]京房《易傳》曰："棄正作淫，厥妖木斷自屬。[5]天辟惡之。"[6]元帝永光二年八月，天雨草，而葉相樛結，大如彈丸。[7]平帝元始三年正月，天雨草，狀如永光時。京房《易傳》曰："君吝於祿，信衰賢去，厥妖天雨草。"

[1]【顔注】師古曰：僵，偃也，音疆（殿本無末二字）。【今注】零陵：郡名。治零陵縣（今廣西全州縣西南）。

[2]【今注】案，大，蔡琪本、大德本、殿本作"丈"。

[3]【今注】案，蔡琪本、大德本、殿本"枯"前有"皆"字。

[4]【顔注】師古曰："卒"讀曰"猝"。

[5]【顔注】師古曰：屬，連續也。音之欲反（殿本無末四字）。【今注】案，蔡琪本、大德本、殿本後有"妃后有顓木仆反

立斷枯復生”十二字，並有顏注“師古曰顓謂專寵”七字。

[6]【顏注】如淳曰：天辟，謂天子也。師古曰：辟，音壁（殿本無“師古曰辟音壁”六字）。【今注】案，王先謙《漢書補注》引蘇輿，認爲《左傳》昭公七年《傳》云：“魯、衞惡之”，杜預注：“受其凶惡。”此云“天辟惡之”，語意一例。又《天文志》“入又復出，人君惡之”，義同。

[7]【顏注】師古曰：摎，繞也。摎（摎，大德本、殿本作“樛”，蔡琪本無此字），音居虯反。【今注】案，王念孫《讀書雜志·漢書第五》以爲“葉”本作“莎”，即《爾雅》所謂“薃侯莎”者也。“天雨草而莎”者，“而”讀曰“如”，謂天雨草其狀如莎。下文又云“天雨草，狀如永光時”，不得泛言雨草。相摎結者，謂其草皆互相摎結，不專指葉言之。荀悅《漢紀·孝元紀》云元帝永光二年“天雨草如莎，相摎結如彈丸”，《孝平紀》云平帝元始三年“天雨草，狀如莎，相摎結如彈丸”，皆本此《志》。可證。

昭公二十五年“夏，有鸜鵒來巢”。劉歆以爲羽蟲之孽，其色黑，又黑祥也，視不明聽不聰之罰也。劉向以爲有蜚有蜮不言來者，氣所生，所謂眚也；[1]鸜鵒言來者，氣所致，所謂祥也。鸜鵒，夷狄穴藏之禽，來至中國，不穴而巢，陰居陽位，[2]象季氏將逐昭公，去宮室而居外野也。鸜鵒白羽，旱之祥也；穴居而好水，黑色，爲主急之應也。天戒若曰，既失衆，不可急暴；急暴，陰將持節陽以逐爾，去宮室而居外野矣。昭不寤，而舉兵圍季氏，爲季氏所敗，出犇于齊，遂死于外野。董仲舒指略同。

[1]【顏注】師古曰：此蜚，謂負蠜也，其爲蟲臭。蜮，短

弧，即今所謂水弩也。隱元年有蜚，莊十八年有蜮。蜚，音翡。蜮，音域。"蜚"亦作"蟹"，其音同耳。

[2]【顏注】師古曰：今之鸜鵒，中國皆有，依《周官》而言，但不踰濟水耳。《左氏》以爲魯所常無，異而書之（蔡琪本、大德本、殿本"異"前有"故"字）。而此云"夷狄禽"，未喻其意。又此鳥本亦巢居，不皆穴處也。書"巢"者，著其居止字乳，不即去也。

景帝三年十一月，有白頸烏與黑烏群鬭楚國呂縣，[1]白頸不勝，墯泗水中，[2]死者數千。劉向以爲近白黑祥也。時楚王戊暴逆無道，[3]刑辱申公，[4]與吳王謀反。烏群鬭者，師戰之象也。白頸者小，明小者敗也。墯於水者，將死水地。王戊不寤，遂舉兵應吳，與漢大戰，兵敗而走，至於丹徒，[5]爲越人所斬，墯死於水效也。[6]京房《易傳》曰："逆親親，厥妖白黑烏鬭於國。"昭帝元鳳元年，有烏與鵲鬭燕王宮中池上，烏墯池死，近黑祥也。時燕王旦謀爲亂，遂不改寤，伏辜而死。楚、燕皆骨肉藩臣，以驕怨而謀逆，俱有烏鵲鬭死之祥，行同而占合，此天人之明表也。燕一烏鵲鬭於宮中而黑者死，楚以萬數鬭於野外而白者死，象燕陰謀未發，獨王自殺於宮，故一烏水色者死，楚炕陽舉兵，軍師大敗於野，故衆烏金色者死，天道精微之效也。京房《易傳》曰："專征劫殺，厥妖烏鵲鬭。"昭帝時有鶤鵝，或曰禿鶖，[7]集昌邑王殿下，王使人射殺之。劉向以爲水鳥色青，青祥也。時王馳騁無度，慢侮大臣，不敬至尊，有服妖之象，[8]故青祥見

也。野鳥入處，宮室將空。王不寤，卒以亡。^[9]京房
《易傳》曰："辟退有德，厥咎狂，厥妖水鳥集于
國中。"^[10]

[1]【今注】呂縣：治所在今江蘇徐州市銅山區。

[2]【今注】泗水：在山東境內，經彭城東，向南入淮河。因
四源並發，故名泗水。

[3]【顏注】師古曰：戊，楚元王之孫也。

[4]【今注】申公：傳見本書卷八八。

[5]【今注】丹徒：縣名。治所在今江蘇鎮江市丹徒區東。
《漢書考正》劉奉世以爲死於丹徒者，是吳王濞。劉向説誤。

[6]【今注】案，蔡琪本、大德本、殿本"水"後有
"之"字。

[7]【顏注】師古曰：鵜鶘即汙澤也（汙，蔡琪本作
"沐"），一名淘河，腹下胡大如數升囊，好群入澤中，抒水食
魚，因名禿鶖，亦水鳥也。鵜，音大奚反。鶘，音胡。鶖，音秋。

[8]【顏注】師古曰：謂多治反注冠，又以冠奴也。

[9]【今注】案，楊樹達《漢書窺管》引《論衡·遭虎》："昌
邑王時，夷鴣鳥集宮殿下，王射殺之。以問郎中令龔遂。龔遂對
曰：夷鴣，野鳥，入宮，亡之應也。"本書卷六三《昌邑王傳》
云："輒以問郎中令遂，遂爲言其故；語在《五行志》。"據此野鳥
句疑是龔遂答詞，而此不寫明，或有奪文，或班固失之檢校。

[10]【顏注】師古曰：辟，君也。

成帝河平元年二月庚子，泰山山桑谷有戴焚其
巢。^[1]男子孫通等聞山中群鳥戴鵲聲，往視，見巢燋，
盡墮地中，^[2]有三戴彀燒死。^[3]樹大四圍，巢去地五丈

五尺。大守平以聞。[4]戴色黑，近黑祥，貪虐之類也。《易》曰：“鳥焚其巢，旅人先笑後號咷。”[5]泰山，岱宗，五嶽之長，王者易姓告代之處也。天戒若曰，勿近貪虐之人，聽其賊謀，將生焚巢自害其子絕世易姓之禍。其後趙蜚燕得幸，立爲皇后，弟爲昭儀，姊妹專寵，聞後宮許美人、曹偉能生皇子也，[6]昭儀大怒，令上奪取而殺之，皆并殺其母。成帝崩，昭儀自殺，事乃發覺，趙后坐誅。此焚巢殺子後號咷之應也。一曰，王莽貪虐而任社稷之重，卒成易姓之禍云。京房《易傳》曰：“人君暴虐，鳥焚其舍。”鴻嘉二年三月，博士行大射禮，[7]有飛雉集于庭，歷階登堂而雊。後雉又集大常、宗正、丞相、御史大夫、大司馬車騎將軍之府，[8]又集未央宮承明殿屋上。[9]時大司馬車騎將軍王音、待詔寵等上言：“天地之氣，以類相應，[10]譴告人君，甚微而著。雉者聽察，先聞雷聲，故《月令》以紀氣。[11]經載高宗雊雉之異，[12]以明轉禍爲福之驗。今雉以博士行禮之日大衆聚會，飛集於庭，歷階登堂，萬衆睢睢，[13]驚怪連日。徑歷三公之府，大常、宗正典宗廟骨肉之官，然後入宮。其宿留告曉人，具備深切，[14]雖人道相戒，何以過是！”後帝使中常侍晁閎詔音曰：[15]“聞捕得雉，毛羽頗摧折，類拘執者，得無人爲之？”[16]音復對曰：“陛下安得亡國之語？不知誰主爲佞諂之計，[17]誣亂聖德如此者！左右阿諛甚衆，不待臣音復諂而足。[18]公卿以下，保位自守，莫有正言。如令陛下覺寤，懼大禍且至身，深責臣下，繩以聖法，臣音當先誅，[19]豈有以自解哉！今即位十五年，繼嗣不立，日日駕車而出，失行流聞，[20]海內傳之，甚於京師。外有微行之害，內有疾病之憂，皇天數見災異，[21]欲人變更，終已不改。天尚不能感動陛下，臣子何望？獨有極言待死，命在朝暮而已。如有不然，老母安得處所，尚何皇大后之有！高祖天下當以誰屬乎！[22]宜謀於賢知，克己復禮，以求天意，繼嗣可立，災變尚可銷也。"成帝綏和二年三月，天水平襄有燕生爵，哺食至大，俱飛去。[23]京房《易傳》曰："賊臣在國，厥咎燕生爵，諸侯銷。"一曰，生非其類，子不嗣世。

[1]【顏注】師古曰：䳒，鴟也，音緣。【今注】䳒（yuān）：同"鳶"。鷹科，頭頂及喉部白色，嘴帶藍色，體上部褐紫色，兩翼黑褐色，腹部淡赤，尾尖分叉，四趾都有鉤爪，捕食蛇、鼠、蜥蜴、魚等。陳直《漢書新證》指出，《左傳》昭十五年《傳》云："以鼓子䳒鞮歸。"陸德明《經典釋文》云："䳒本又作鳶。"本書卷六七《梅福傳》云："夫䳒鵲遭害，則仁鳥增逝。"又《隸釋》卷三《張公神碑》云："䳒鵲勁兮乳徘徊。"皆爲鳶字異文。

[2]【顏注】師古曰："爇"，古"然"字。【今注】案，殿本"地"作"池"。楊樹達《漢書補注》指出，顏師古於"中"字下置注。惠棟校云"中字連下讀"，説是。中謂巢中。殿本以地中無義，改地爲池，此因誤讀而妄改字。

[3]【顏注】師古曰：鳥子新生而哺者曰𪃀，音口豆反，又音工豆反。【今注】𪃀：音kòu。

[4]【今注】案，大，蔡琪本、大德本、殿本作"太"。本段底本"大"，參校本多作"太"，不復出校。

［5］【顏注】師古曰：《旅卦》上九爻辭也。咷，音逃。【今注】號咷：同“號啕”。大聲哭。

［6］【顏注】師古曰：曹偉能，宮人姓名也。偉能一名宮，見《外戚傳》。

［7］【今注】大射禮：射禮有大射、賓射、燕射、鄉射四種。將祭擇士爲大射；諸侯來朝或諸侯相朝而射爲賓射；宴飲之射爲燕射；卿大夫舉士後所行之射爲鄉射。

［8］【今注】大常：即太常。漢承秦置。掌宗廟禮儀。秩中二千石。　宗正：秦置，一説西周至戰國皆置。管理皇族、外戚事務。例由宗室擔任，秦、漢時列位九卿，秩中二千石。

［9］【今注】承明殿：未央宮十四個宮殿之一，用作朝臣休息處。

［10］【顏注】師古曰：以經術待詔，其人名寵，不記姓也。流浴書本“寵”上輒加“孫”字，非也。

［11］【顏注】師古曰：謂季冬之月云“雉雊鷄乳”也。【今注】月令：今本《禮記》中《月令》。

［12］【顏注】師古曰：已解於上。

［13］【顏注】師古曰：睢睢，仰目視貌也。音呼惟反。【今注】睢：音suī。

［14］【顏注】師古曰：宿，音先就反。留，音力救反。

［15］【今注】中常侍：加官。初稱常侍，元帝以後稱中常侍。凡列侯、將軍、卿大夫、將、都尉、尚書以至郎中，加此得出入禁中，常侍皇帝左右。武帝以後參與朝議，成爲中朝官。無定員。

［16］【顏注】師古曰：言人放此雉，故欲爲變異者。

［17］【顏注】師古曰：譌，古“訛”也（古訛也，蔡琪本作“古譌字”，殿本作“古譌字也”）。

［18］【顏注】師古曰：足，益也，音子喻反。

［19］【今注】案，蔡琪本、大德本、殿本“誅”前有

"受"字。

[20]【顏注】師古曰：言帝行多驕失（失，蔡琪本、大德本、殿本作"泆"），醜惡流布，聞於遠方也。【今注】案，失，蔡琪本、大德本、殿本作"泆"。

[21]【顏注】師古曰：見，顯示。

[22]【顏注】如淳曰：老母，音之老母也，當隨己受罪誅也。又謂己言深切，觸悟人主，積恚而死，必行之誅，不能復顧大后也。師古曰：如說非也。言摠屬於成帝耳（蔡琪本、大德本、殿本作"言"前有"此"字）。不然者，謂不如所諫而自修改也。老母，帝之母，即大后也。言帝不自修改，國家危亡，大后不知處所，高祖天下無所付屬也。屬，音之欲反。【今注】案，王念孫《讀書雜志·漢書第五》以爲顏說非。"終已不改"見上文。此言如有不然者，不然，謂非常之變。言漢家如有非常之變，則太后不知處所，高祖天下無所付屬。

[23]【顏注】師古曰：哺，音蒲固反。"食"讀曰"飤"。謂與母俱去。

史記魯定公時，季桓子穿井，得土缶，中得蟲若羊，[1]近羊禍也。羊者，地上之物，幽於土中，象定公不用孔子而聽季氏，暗昧不明之應也。一曰，羊去野外而拘土缶者，象魯君失其所而拘於季氏，季氏亦將拘於家臣也。是歲季氏家臣陽虎囚季桓子。[2]後三年，陽虎劫公伐孟氏，兵敗，竊寶玉、大弓而出亡。[3]《左氏傳》魯襄公時，宋有生女子赤而毛，棄之隄下，宋平公母共姬之御者見而收之，[4]因名曰棄。長而美好，納之平公，生子曰佐。後宋臣伊戾讒大子痤而殺之。[5]先是，大夫華元出奔晉，[6]華弱奔魯，[7]華臣奔陳，[8]華合比奔衛。[9]劉向以爲時則火灾赤眚之明應也。京房《易傳》曰："尊卑不別，厥妖女生赤毛。"

　　[1]【顏注】師古曰：缶，盎也，即今之盆。

　　[2]【今注】陽虎：一作"陽貨"。春秋末魯國人。季氏家臣。事季平子。平子卒，虎遂專權。曾囚季桓子，迫使結盟。魯定公八年（前502），謀除"三桓"，並欲盡殺三桓嫡子，更立其所善庶子。被擊敗，出奔陽關。次年，三桓攻陽關，奔齊，後又奔晉，依附趙盾，爲趙簡子謀臣。

　　[3]【顏注】師古曰：寶玉，謂夏后氏之璜；大弓，謂封父之繁弱；皆魯始封之分器，所受於周也。定八年，陽虎作亂不克，竊之而入讙陽關以叛。

　　[4]【顏注】師古曰：平公，宋共公之子也，名成。"共"讀曰"恭"。

　　[5]【顏注】師古曰：事在襄二十六年。痤，音才戈反。【今注】案，大，蔡琪本、大德本、殿本作"太"。

　　[6]【顏注】師古曰：華元奔在成十五年（華元奔，殿本作"事在"）。【今注】華元：春秋時宋國大夫。華督曾孫。歷事宋文、共、平公三君。任宋國右師，掌握國政。文公四年（前607），楚使鄭攻宋，元爲右師率軍抵禦被俘，後逃歸宋。十六年，楚師圍宋，五月不解，城中無食，元夜入楚師與楚議和。共公十年（前579），元以私交使晉、楚兩大國在宋締弭兵之約。共公卒，卿大夫内訌，元攻殺司馬蕩澤，立共公少子成，是爲平公。

　　[7]【顏注】師古曰：事在襄六年。

　　[8]【顏注】師古曰：事在襄十七年。

　　[9]【顏注】師古曰：事在昭六年。據今《春秋》，合比奔在殺大子痤後（大，蔡琪本、大德本、殿本作"太"），而《志》摠言"先是"，未詳其意。

　　惠帝二年，天雨血於宜陽，[1]一頃所，劉向以爲赤眚也。時又冬雷，桃李華，常奧之罰也。是時政舒緩，諸呂用事，讒口妄行，殺三皇子，建立非嗣，[2]及不當立之王，[3]退王陵、趙堯、周昌。[4]呂大后崩，[5]大臣共誅滅諸呂，僵尸流血。京房《易傳》曰："歸獄不解，兹謂追非，厥咎天雨血；兹謂不親，民有怨心，不出三年，無其宗人。"又曰："佞人禄，功臣僇，天雨血。"[6]哀帝建平四年四月，山陽湖陵雨血，[7]廣三尺，長五尺，大者如錢，小者如麻子。後二年，帝崩，王莽擅朝，誅貴戚丁、傅，[8]大臣董賢等皆放徙遠方，與諸呂同象。誅死者少，雨血亦少。

　　[1]【今注】宜陽：縣名。治所在今河南宜陽縣西。

　　[2]【顏注】師古曰：三皇子（三，蔡琪本誤作"立"），謂趙隱王如意、趙幽王友、趙恭王恢，皆高帝子也。建立後宮美人子爲嗣（蔡琪本、大德本、殿本"建立"後有"非嗣謂立"四字）。

　　[3]【顏注】孟康曰：呂氏三王也。

　　[4]【顏注】師古曰：惠帝六年，王陵爲右丞相。惠帝崩，呂后欲廢陵，遷爲大傅（大，蔡琪本、大德本、殿本作"太"），實奪之相權。高祖以趙堯爲御史大夫，高后元年怨堯前定趙王如意之策，乃抵堯罪。周昌爲趙相，趙王見鴆殺，昌謝病不朝見，三歲而薨。【今注】王陵：傳見本書卷四〇。　趙堯：西漢初先後擔任符璽御史、御史大夫。　周昌：傳見本書卷四二。

　　[5]【今注】案，大，蔡琪本、大德本、殿本作"太"。

　　[6]【顏注】師古曰：僇，古"戮"字。

　　[7]【今注】湖陵：縣名。治所在今山東魚臺縣東南。

[8]【今注】丁傳：丁指哀帝母丁太后一族。哀帝即位，丁氏外戚封侯者二人，二千石以上凡七人，其中帝舅丁明爲陽安侯，先後以大司馬衞將軍、大司馬驃騎將軍輔政。傅指哀帝祖母傅太皇太后一族，其外家傅氏、鄭氏封侯者六人，九卿侍中諸曹十餘人。

傳曰："聽之不聰，是謂不謀，厥咎急，厥罰恒寒，厥極貧。時則有鼓妖，時則有魚孽，時則有豕禍，時則有耳痾，時則有黑眚黑祥。惟火沴水。""聽之不聰，是謂不謀"，言上偏聽不聰，下情隔塞，則不能謀慮利害，失在嚴急，故其咎急也。盛冬日短，寒以殺物，政促迫，故其罰常寒也。寒則不生百穀，上下俱貧，故其極貧也。君嚴猛而閉下，臣戰栗而塞耳，則妄聞之氣發於音聲，故有鼓妖。寒氣動，故有魚孽。雨以黿爲孽，[1]黿能陸處，非極陰也；魚去水而死，極陰之孽也。於《易》，坎爲豕，豕大耳而不聰察，聽氣毀，故有豕禍也。一曰，寒歲豕多死，及爲怪，亦是也。及人，則多病耳者，故有耳痾。小色黑，[2]故有黑眚黑祥。凡聽傷者病水氣，水氣病則火沴之。其極貧者，順之，其福曰富。劉歆聽傳曰有介蟲孽也，庶徵之恒寒。劉向以爲《春秋》無其應，周之末世舒緩微弱，政在臣下，奧煗而已，故籍秦以爲驗。[3]秦始皇帝即位尚幼，委政大后，[4]大后淫於吕不韋及嫪毐，[5]封毐爲長信侯，以大原郡爲毐國，[6]宮室苑囿自恣，政事斷焉。故天冬雷，以見陽不禁閉，以涉危害，舒奧迫近之變也。始皇既冠，毐懼誅作亂，始皇誅之，斬首數百級，大臣二十人，皆車裂以徇，[7]夷滅其宗，遷四千餘家於房陵。[8]是歲四月，寒，民有凍死者。數年之閒，緩急如此，寒奥輒應，此其效也。劉歆以爲大雨雪，及未當雨雪而雨雪，及大雨雹，隕霜殺叔草，[9]皆常寒之罰也。劉向以爲常雨屬貌不恭。京房《易傳》曰："有德遭險，兹謂逆命，厥異寒。誅過深，當奥而寒，盡六日，亦爲雹。害正不誅，兹謂養賊，寒七十二日，殺蜚禽。[10]道人始去兹謂傷，[11]其寒物無霜而死，涌水出。出戰不量敵，[12]兹謂辱命，其寒雖雨物不茂。聞善不予，厥咎聾。"

[1]【顔注】服虔曰：多雨則黿多出。

[2]【今注】案，小，蔡琪本、大德本、殿本作"水"，是。

[3]【顔注】師古曰：籍，假借（殿本"借"後有"也"字）。

[4]【今注】案，大，蔡琪本、大德本作"太"。本段底本"大"字，參校本多作"太"，不復出校。

[5]【顔注】師古曰：嫪，或音居虬反。嫪，姓也。毐，名也。許慎說以爲"嫪毐，士之無行者"。嫪，音郎到反。毐，音烏改反。與今《史記》《漢書》本文不同，且摎樂之姓，又非嫪也，故當依本字以讀。【今注】呂不韋：傳見《史記》卷八五。 嫪毐：戰國末秦國宦官。初爲呂不韋門人，因寵於太后，黨羽龐雜，權勢極大。秦王政八年（前239），封爲長信侯，以山陽和河西、太原兩郡作爲封地。次年，秦王政親理政務，其起兵叛亂，被捕處死，夷滅三族。

[6]【今注】大原郡：即太原郡。治晉陽（今山西太原市西南）。

[7]【今注】徇：行示。

[8]【今注】房陵：縣名。治所在今湖北房縣。

[9]【今注】案，叔，蔡琪本、大德本、殿本作"菽"。

[10]【顏注】師古曰："蜚"讀曰"飛"。

[11]【顏注】服虔曰：有道之人去。

[12]【今注】案，蔡琪本、大德本、殿本無"出"字。

桓公八年"十月，雨雪"。[1]周十月，今八月也，未可以雪，劉向以爲時夫人有淫齊之行，而桓有妬媚之心，[2]夫人將殺，其象見也。[3]桓不覺寤，後與夫人俱如齊而殺死。凡雨，陰也，雪又雨之陰也，出非其時，迫近象也。董仲舒以爲象夫人專恣，陰氣盛也。釐公十年"冬，大雨雪"。劉向以爲先是釐公立妾爲夫人，陰居陽位，陰氣盛也。《公羊經》曰"大雨雹"。董仲舒以爲公脅於齊桓公，立妾爲夫人，不敢進群妾，[4]故專壹之象見諸雹，皆爲有所漸脅也，[5]行專壹之政云。昭公四年"正月，大雨雪"。劉向以爲昭取於吳而爲同姓，謂之吳孟子。[6]君行於上，臣非於下。又三家已彊，皆賤公行，慢侮之心生。[7]董仲舒以爲季孫宿任政，陰氣盛也。[8]

[1]【今注】案，錢大昕《三史拾遺》卷三指出，劉知幾《史通》卷一九譏此，以爲"科條不整，尋繹難知"。是劉知幾所見本誤"雪"爲"雹"，因據誤文妄生駁難。不知《漢書》叙恒寒以雪爲首，而霜次之，雹又次之。釐公十年"冬，大雨雪"，此《左氏》《穀梁》經文，故引劉向説，次引《公羊》經作"大雨雹"，兼采董仲舒説。以經有異文，特附出之。其餘書"大雨雹"者，別見於後。南、北監本俱作"大雨雪"，與《左》《穀》經文正合。

　[2]【顏注】師古曰：媚，謂夫妬婦也。音莫報反（殿本無末四字）。

　[3]【顏注】師古曰：謂欲殺桓公。

　[4]【顏注】師古曰：已解於上。

　[5]【顏注】孟康曰：謂陰氣漸脅。

　[6]【顏注】師古曰：魯與吳俱姬也。《周禮》同姓不為婚，故諱不稱"吳姬"，而云"孟子"也。"取"讀曰"娶"。

　[7]【顏注】師古曰："侮"，古"侮"字。

　[8]【顏注】師古曰：季孫宿，季武子也。

　　文帝四年六月，大雨雪。後三歲，淮南王長謀反，發覺，遷，道死。[1]京房《易傳》曰："夏雨雪，戒臣為亂。"景帝中六年三月，雨雪。其六月，匈奴入上郡取苑馬，吏卒戰死者二千餘人。明年，條侯周亞夫下獄死。武帝元狩元年十二月，大雨雪，民多凍死。是歲淮南、衡山王謀反，發覺，皆自殺。使者行郡國，治黨與，[2]坐死者數萬人。元鼎二年三月，雪，[3]平地厚五尺。是歲御史大夫張湯有罪自殺，[4]丞相嚴青翟坐與三長史謀陷湯，[5]青翟自殺，三長史皆棄市。元鼎三年三月水冰，四月雨雪，關東十餘郡人相食。是歲，民不占緡錢有告者，以半畀之。[6]

　　[1]【顏注】師古曰：遷於蜀，未至而死於雍，故曰"道死"。

　　[2]【顏注】師古曰：行，音下更反（殿本無此注）。

　　[3]【今注】案，王念孫《讀書雜志·漢書第五》以為上下皆言"雨雪"，則此亦當有"雨"字。

　　[4]【今注】張湯：傳見本書卷五九。

　　[5]【顏注】師古曰：謂朱買臣爲丞相長史，王朝及邊通皆守丞相長史也。【今注】嚴青翟：即莊青翟。莊不識孫。文帝後二年（前162），嗣爵爲武强侯。武帝建元四年（前137），爲御史大夫。元狩五年（前118），爲丞相。元鼎二年（前115），朱買臣等丞相三長史謀陷御史大夫張湯，致湯自殺。武帝聞知，盡殺三長史，牽連青翟下獄自殺。　　長史：丞相長史。漢置，掌丞相府諸曹事務。爲丞相府諸吏之長，員二人，秩千石。

　　[6]【顏注】師古曰：言政急刻也。占，音之贍反。【今注】緡錢：指以千文結扎成串的銅錢，漢代作爲計算稅課的單位。

　　元帝建昭二年十一月，齊楚地大雪，深五尺。是歲魏郡太守京房爲石顯所告，[1]坐與妻父淮陽王舅張博、博弟光勸視淮陽王以不義，[2]博要斬，光、房棄市，御史大夫鄭弘坐免爲庶人。[3]成帝即位，顯伏辜，淮陽王上書冤博，辭語增加，[4]家屬徙者復得還。建昭四年三月，[5]雨雪，燕多死。谷永對曰：“皇后桑蠶以治祭服，共事天地宗廟，[6]正以是日疾風自西北，大寒雨雪，壞敗其功，以章不鄉。[7]宜齊戒辟寢，以深自責，[8]請皇后就宮，鬲閉門户，毋得擅上。[9]且令衆妾人人更進，以時博施。皇天説喜，[10]庶幾可以得賢明之嗣。即不行臣言，灾異俞甚，[11]天變成形，臣雖欲復捐身關策，不及事已。”[12]其後許后坐祝詛廢。陽朔四年四月，雨雪，燕雀死。後二年，[13]許皇后自殺。

　　[1]【今注】魏郡：治鄴縣（今河北臨漳縣西南）。

　　[2]【顏注】師古曰：“視”讀曰“示”。

[3]【今注】鄭弘：傳見本書卷六六。

[4]【顏注】師古曰：言博本爲石顯所冤，增加其語故陷罪。

[5]【今注】案，王念孫《讀書雜志·漢書第五》以爲“建昭四年”，當爲“成帝建始四年”，作“建昭”者，涉上文“元帝建昭二年”而誤，又脱“成帝”二字。據下文云“其後許后坐祝詛廢”，則爲成帝時事明矣。且下文“陽朔四年”上無“成帝”二字，即蒙此文而省。“三月”本作“四月”。後人以下文谷永對云“皇后桑蠶以治祭服……正以是日疾風自西北，大寒雨雪”，故改“四月”爲“三月”。是不知漢時行親蠶禮亦有用四月者。《續漢書·禮儀志》“三月，皇后帥公卿諸侯夫人蠶”，劉昭注云：“案，谷永對稱‘四月壬子，皇后蠶桑之日’也，則漢桑亦用四月。”據此，則《志》文本作“四月”。本書卷一〇《成紀》云成帝建始四年“夏四月雨雪”，尤爲明證。

[6]【顏注】師古曰：“共”讀曰“恭”。

[7]【顏注】師古曰：言不當天心。“鄉”讀曰“嚮”。

[8]【顏注】師古曰：“齊”讀曰“齋”。“辟”讀曰“避”。

[9]【顏注】師古曰：“鬲”與“隔”同。擅上，謂輒至御所也。上，音時掌反。一曰，擅，專也。上，謂天子也，讀如本字。勿令皇后專固天子。

[10]【顏注】師古曰：更，音工衡反。“説”讀曰“悦”。

[11]【今注】案，俞，殿本作“愈”。

[12]【顏注】師古曰：言雖欲棄捐其身（棄捐，殿本作“捐棄”），不懷顧慮，極陳計策，關説天子，亦無所及。【今注】關策：陳説計策。

[13]【今注】案，二，蔡琪本、大德本、殿本作“十六”。周壽昌《漢書注校補》曰：據本書卷一〇《成紀》：“鴻嘉三年，皇后許氏廢。”及卷九七下《外戚傳下》“廢后九年，上憐許氏”云云。是后死在成帝元延三年（前10），距此十二年，距帝崩亦止十五

年，不得云"十六年"。

定公元年"十月，隕霜殺菽"。[1]劉向以爲周十月，今八月也，消卦爲《觀》，[2]陰氣未至君位而殺，誅罰不由君出，在臣下之象也。是時季氏逐昭公，公死于外，定公得立，故天見灾以視公也。[3]釐公二年"十月，隕霜不殺草"，爲嗣君微，失秉事之象也。[4]其後卒在臣下，則灾爲之生矣。異故言草，灾故言菽，重殺穀。[5]一曰菽，草之難殺者也，言殺菽，知草皆死也；言不殺草，知菽亦不死也。董仲舒以爲菽，草之彊者，天戒若曰，加誅於彊臣。言菽，以微見季氏之罰也。

[1]【顏注】師古曰：菽，大豆。

[2]【顏注】師古曰：《坤》下《巽》上也。【今注】案，消，大德本作"銷"，殿本作"於"。周壽昌《漢書注校補》以爲作"消"者是。《觀》爲八月辟卦。京房上封事有曰"辛酉以來，少陰倍力而乘消息"，注："孟康云：'房以消息卦爲辟。辟，君也。'"消卦曰太陰，《姤》《遯》《否》《觀》《剝》《坤》。息卦曰太陽，《復》《臨》《泰》《大壯》《夬》《乾》。此八月，消卦爲《觀》，息卦爲《大壯》。

[3]【顏注】師古曰："視"讀曰"示"。

[4]【顏注】師古曰：謂襄仲專權，殺嫡立庶，公室弱（蔡琪本、大德本、殿本"弱"前有"遂"字）。秉，音彼命反（殿本無末五字）。

[5]【顏注】師古曰：以其事爲重，不比於殺草也。

武帝元光四年四月，隕霜殺草木。先是二年，遣五將軍三十萬眾伏馬邑下，[1]欲襲單于，單于覺之而去。自是始征伐四夷，師出三十餘年，天下戶口減半。京房《易傳》曰："興兵妄誅，茲謂亡法，厥災霜，夏殺五穀，冬殺麥。誅不原情，茲謂不仁，其霜，夏先大雷風，冬先雨，迺隕霜，有芒角。賢聖遭害，其霜附木不下地。佞人依刑，茲謂私賊，其霜在草根土隙閒。不教而誅茲謂虐，其霜反在草下。"元帝永光元年三月，隕霜殺桑；九月二日，隕霜殺稼，天下大飢。是時中書令石顯用事專權，與《春秋》定公時隕霜同應。成帝即位，顯坐作威福誅。

[1]【顏注】師古曰：謂御史大夫韓安國爲護軍將軍，衛尉李廣爲驍騎將軍，大僕公孫賀爲輕車將軍（大，大德本、殿本作"太"），大行王恢爲將屯將軍，大中大夫李息爲材官將軍（大，蔡琪本、大德本、殿本作"太"）。【今注】馬邑：縣名。治所在今山西朔州市。

釐公二十九年"秋，大雨雹"。劉向以爲盛陽雨水，溫煖而湯熱，陰氣脅之不相入，則轉而爲雹；盛陰雨雪，凝滯而冰寒，陽氣薄之不相入，則散而爲霰。[1]故沸湯之在閉器，而湛於寒泉，則爲冰，[2]及雪之銷，亦冰解而散，此其驗也。故雹者陰脅陽也，[3]《春秋》不書霰者，猶月食也。釐公末年信用公子遂，遂專權自恣，將至於殺君，故陰脅陽之象見。釐公不寤，遂終專權，後二年殺子赤，立宣公。[4]《左氏傳》

曰："聖人在上無雹，雖有不爲灾。"說曰：凡物不爲灾不書，書大，言爲灾也。凡雹，皆冬之愆陽，夏之伏陰也。[5]昭公三年，"大雨雹"。是時季氏專權，脅君之象見。昭公不寤，後季氏卒逐昭公。

[1]【顏注】師古曰：霰，雨雪雜下，音先見反。

[2]【顏注】孟康曰：投湯器中，以沈寒泉而成也。師古曰："湛"讀曰"沈"。

[3]【今注】案，"故雹者陰脅陽也"大德本後有"霰者陽脅陰也"六字，蔡琪本、殿本後有"霰者陽薄陰也"六字。

[4]【顏注】師古曰：公子遂，東門襄仲也。赤，文公大子（大，蔡琪本、大德本、殿本作"太"），即惡也。【今注】後二年：《漢書考正》劉敞以爲自魯僖公末年至文公卒凡二十三年，"二年"誤。

[5]【顏注】師古曰：愆，過也。過陽，冬溫也。伏陰，夏寒也。

元封三年十二月，雷雨雹，大如馬頭。宣帝地節四年五月，山陽、濟陰雨雹如雞子，[1]深二尺五寸，殺二十人，蜚鳥皆死。[2]其十月，[3]大司馬霍禹宗族謀反，誅，霍皇后廢。[4]成帝河平二年四月，楚國雨雹，大如斧，蜚鳥死。

[1]【今注】濟陰：郡名。治定陶縣（今山東菏澤市定陶區西北）。

[2]【顏注】師古曰："蜚"讀曰"飛"（殿本無此注）。

[3]【今注】案，王念孫《讀書雜志·漢書第五》以爲"十

月”當爲“七月”。本書卷八《宣紀》、《百官公卿表》及荀悅《漢
紀》、《資治通鑑》載誅霍禹事皆在七月。其“霍皇后廢”上原有
“八月”二字，後人以“八月”不當在“十月”後，故删，而不知
“十月”爲“七月”之訛。《宣紀》及《漢紀》《資治通鑑》載廢
霍后事皆在八月。

〔4〕【今注】霍皇后：事見本書卷九七上《外戚傳上》。

《左傳》曰釐公三十二年十二月己卯，晉文公卒，
庚辰，將殯于曲沃，出絳，[1]柩有聲如牛。[2]劉向以爲
近鼓妖也。喪，凶事；聲如牛，怒象也。將有急怒之
謀，以生兵革之禍。是時，秦穆公遣兵襲鄭而不假道，
還，晉大夫先軫謂襄公曰，秦師過不假塗，請擊之。[3]
遂要崤陀，[4]以敗秦師，匹馬觭輪無反者，[5]操之急
矣。[6]晉不惟舊，而聽虐謀，結怨彊國，四被秦寇，禍
流數世，凶惡之效也。[7]

〔1〕【今注】絳：春秋晉邑。治所在今山西翼城縣東南。

〔2〕【今注】柩：棺材。

〔3〕【顔注】師古曰：先軫即原軫。【今注】先軫：春秋時晉
國人。采邑在原。初爲下軍佐，後升爲中軍元帥。晉楚城濮之戰，
大破楚軍，佐晉文公稱霸。晉襄公元年（前627），襲敗秦於崤，
俘秦三帥孟明視、西乞術、白乙丙。後與狄戰，去胄入敵陣，
戰死。

〔4〕【顔注】師古曰：即今之二崤山也。【今注】崤：崤山。
又稱嶔崟山。以古崤縣得名。在今河南西部，洛寧縣西北。

〔5〕【顔注】服虔曰：觭，音奇偶之奇。師古曰：觭，隻也。
言盡虜獲之。觭，音居宜反。【今注】觭（jī）：同“奇”。

[6]【顏注】師古曰：操，持也。謂執持所虜獲也。操，音千高反（殿本無末五字）。【今注】操之急：楊樹達《漢書窺管》以爲謂襲鄭之事過於冒險。下文晉不惟舊云云，即申明其説。《春秋經》莊公三十年："齊人伐山戎。"《公羊傳》云："此齊侯也，其稱人，何？貶。曷爲貶？子司馬子曰：蓋以操之爲已蹙矣。"文義相同。顏注誤。

[7]【顏注】師古曰：舊者，謂晉襄之父文公本爲秦所納而得國，是舊恩也。虐謀，先軫之計也。四被秦寇，謂魯文二年秦孟明視帥師伐晉，三年秦伯伐晉濟河焚舟取王官及郊，十年秦伯伐晉取北徵，十二年秦伯伐晉取羈馬。禍流，謂自襄公至厲公，凡五君與秦搆難也（搆，蔡琪本作"構"）。

　　哀帝建平二年四月乙亥朔，[1]御史大夫朱博爲丞相，[2]少府趙玄爲御史大夫，[3]臨延登受策，有大聲如鍾鳴，[4]殿中郎吏陛者皆聞焉。[5]上以問黃門侍郎楊雄、李尋，[6]尋對曰："《洪範》所謂鼓妖者也。師法以爲人君不聰，爲衆所惑，空名得進，則有聲無形，不知所從生。其傳曰歲月日之中，則正卿受之。[7]今以四月日加辰巳有異，是爲中焉。正卿謂執政大臣也。宜退丞相、御史，以應天變。然雖不退，不出期年，其人自蒙其咎。"[8]楊雄亦以爲鼓妖，聽失之象也。朱博爲人彊毅多權謀，宜將不宜相，恐有凶惡嘔疾之怒。[9]八月，博、玄坐爲姦謀，博自殺，玄減死論。京房《易傳》曰："令不修本，下不安，金毋故自動，若有音。"

　　[1]【今注】乙亥：錢大昭《漢書辨疑》指出本書《百官公卿

表》作“乙未”。

[2]【今注】朱博：傳見本書卷八三。

[3]【今注】少府：秦、西漢置。掌山海池澤之稅、帝室財政。列位九卿，秩中二千石。

[4]【顏注】師古曰：延入而登殿也。《漢舊儀》云，丞相、御史大夫初拜，皇帝延登親詔也。【今注】案，王念孫《讀書雜志·漢書第五》以爲“臨延登受策”本作“臨拜，延登受策”，今本脫去“拜”字，則文義不完整。《資治通鑑》無“拜”字，則所見《漢書》本已然。《世說新語·言語》注引此正作“臨拜，延登受策”。本書卷八三《朱博傳》亦云博、玄“並拜於前殿，延登受策，有音如鍾聲”。

[5]【顏注】師古曰：陛，皆謂執兵列於陛側。

[6]【今注】黃門侍郎：秦和西漢郎官給事於黃闥門之內者，稱黃門郎或黃門侍郎。侍從皇帝、顧問應對，出則陪乘。多以重臣、外戚子弟、公主婿爲之。　楊雄：傳見本書卷八七。案，楊，蔡琪本作“揚”。本段下同。　李尋：傳見本書卷七五。

[7]【今注】案，沈欽韓《漢書疏證》引《洪範傳》：“凡六沴之作，歲之朝，月之朝，日之朝，則后王受之；歲之中，月之中，日之中，則正卿受之；歲之夕，月之夕，日之夕，則庶民受之。”注：“自正月盡四月，爲歲之朝；自五月盡八月，爲歲之中；自九月盡十二月，爲歲之夕。上旬，爲月之朝；中旬，爲月之中；下旬，爲月之夕。平旦至食時，爲日之朝；禺中至日昳，爲日之中；晡時至黃昏，爲日之夕。”指出此爲四月乙亥朔，實歲、月、日之朝。李尋所對，未敢正言哀帝之過。

[8]【顏注】師古曰：期年，十二月也。蒙猶被也。期，音基（殿本無末三字）。

[9]【顏注】師古曰：亟，急也，音居力反。

史記秦二世元年，天無雲而雷。劉向以爲雷當託於雲，猶君託於臣，陰陽之合也。二世不恤天下，萬民有怨畔之心。是歲陳勝起，[1]天下畔，趙高作亂，秦遂以亡。一曰《易》，震爲雷，爲貌不恭也。[2]史記秦始皇八年，河魚大上。劉向以爲近魚孽也。是歲，始皇弟長安君將兵擊趙，反，死屯留，軍吏皆斬，遷其民於臨洮。[3]明年有嫪毐之誅。[4]魚陰類，民之象，逆流而上者，民將不從君令爲逆行也。其在天文，魚星中河而處，車騎滿野。至于二世，暴虐愈甚，終用急亡。京房《傳》曰：[5]“衆逆同志，厥妖河魚逆流上。”

[1]【今注】陳勝：傳見本書卷三一。

[2]【今注】案，王先謙《漢書補注》以爲此條誤倒，應在上文“《左傳》”段後，“哀帝”段前。

[3]【顏注】師古曰：本使長安君擊趙，至屯留而謀反作亂，故賜長安君死，斬其軍吏，遷其黔首也。屯留，上黨縣也。臨洮，即今之洮州也。屯，音純。洮，音上高反（上，蔡琪本、大德本、殿本作“土”，是）。【今注】屯留：縣名。治所在今山西屯留縣南。 臨洮：縣名。治所在今甘肅岷縣。

[4]【今注】案，毐，殿本作“毐”，是。

[5]【今注】案，蔡琪本、大德本、殿本“傳”前有“易”字。

武帝元鼎五年秋，蛙與蝦蟇群鬭。[1]是歲，四將軍衆十萬征南越，[2]開九郡。[3]成帝鴻嘉四年秋，雨魚于信都，[4]長五寸以下。成帝永始元年春，北海出大魚，[5]長六丈，高一丈，四枚。哀帝建平三年，東萊平度出大魚，[6]長八丈，高丈一尺，七枚，皆死。京房《易傳》曰：“海數見巨魚，邪人進，賢人疎。”[7]

[1]【顏注】師古曰：蛙，音胡蝸反（蝸，蔡琪本誤作“嬌”）。蝦，音遐。蟇，音麻。【今注】蝦蟇：蛤蟆。

[2]【顏注】師古曰：謂伏波將軍路博德出桂楊下皇水（楊，蔡琪本、大德本、殿本作“陽”；皇，殿本作“湟”），樓船將軍楊僕出豫章下湞水（舩，大德本、殿本作“船”，本段下同），歸義越侯嚴爲戈舩將軍出零陵下離水（離，殿本作“灕”），田甲爲下瀨將軍下蒼梧。【今注】南越：即南越國，亦稱南粵國，是秦漢時位於嶺南的一個方國。從開國君主趙佗至亡國君主趙建德，共歷五任國王，享國九十三年。傳見本書卷九五。

[3]【顏注】師古曰：謂得越地以爲南海、蒼梧、鬱林、合浦、交趾、九真、日南、珠崖、儋耳郡也。

[4]【今注】信都：縣名。治所在今河北衡水市冀州區。王鳴盛《十七史商榷》卷一三指出，荀悅《漢紀》作“新都”。新都，見本書卷九九《王莽傳》，謂新野之都鄉。《地理志》本無此縣，荀悅《漢紀》誤。

[5]【今注】北海：郡名。治營陵（今山東昌樂縣東南）。

[6]【顏注】師古曰：平度，東萊之縣。【今注】平度：縣名。治所在今山東平度市西北。

[7]【顏注】師古曰：數，音所角反。

桓公五年“秋，螽”。[1]劉歆以爲貪虐取民則螽，介蟲之孽也，與魚同占。劉向以爲介蟲之孽屬言不從。

是歲，公獲二國之聘，取鼎易邑，[2]興役起城。[3]諸螽略皆從董仲舒說云。嚴公二十九年"有蜚"。劉歆以爲負蠜也，性不食穀，食穀爲災，介蟲之孽。[4]劉向以爲蜚色青，近青眚也，非中國所有。南越盛暑，男女同川澤，淫風所生，爲蟲臭惡。[5]是時嚴公取齊淫女爲夫人，既入，淫於兩叔，故蜚至。天戒若曰，今誅絕之尚及，不將生臭惡，聞於四方。嚴不寤，其後夫人與兩叔作亂，二嗣以殺，[6]卒皆被辜。[7]董仲舒指略同釐公十五年"八月，螽"。劉向以爲先是釐有鹹之會，後城緣陵，[8]是歲復以兵車爲牡丘會，使公孫敖帥師，及諸大夫救徐，[9]兵比三年在外。[10]

[1]【顏注】師古曰：螽即阜螽，即今之蝗蟲也。螽，音"終"。蝗，音之庸反。

[2]【顏注】師古曰：二國，宋、鄭也。宋以郜鼎賂公，鄭以泰山之田易許田也。

[3]【顏注】師古曰：謂五年夏城祝丘也。

[4]【顏注】師古曰：蜚，音扶味反。蠜，音"煩"。【今注】負蠜（fán）：蜚蠊。節肢動物門昆蟲綱直翅目。頭小下垂，身體扁平，赤褐色，觸角甚長，有翅，行速，俗謂"蟑螂"。

[5]【顏注】師古曰：蜚者，中國所有，非南越之蟲，未詳向所說。【今注】非中國所有：王先謙《漢書補注》引葉德輝據《公羊傳》莊公二十九年《傳》"秋有蜚"，何休注："蜚者，臭惡之蟲也，象夫人有臭惡之行。言'有'者，南越盛暑所生，非中國之所有。"據此，則何注亦用班固。春秋南越未入版圖，故云"非中國"。顏說誤。

[6]【顏注】師古曰：二嗣，謂子般及閔公也。

[7]【顏注】師古曰：謂二叔、哀姜皆不得其死也。已解於上。

[8]【顏注】師古曰：僖十三年，公會齊侯、宋公、陳侯、衞侯、鄭伯、許男、曹伯于鹹。鹹，衞地。十四年而與諸侯城緣陵。緣陵，杞邑也。【今注】鹹：春秋衞邑。治所在今河南濮陽市東南。　緣陵：即營陵。春秋杞國都。在今山東昌樂縣東南。

[9]【顏注】師古曰：十五年公會齊侯、宋公、陳侯、衞侯、鄭伯、許男、曹伯，盟于牡丘，遂次于匡。公孫敖帥師，及諸侯之大夫救徐。公孫敖，孟穆伯也。諸侯之大夫，即所與會諸侯也。時楚伐徐，故救之。【今注】牡丘：春秋齊地。在今山東茌平縣東。　案，蔡琪本、大德本、殿本“諸”下有“侯”字。

[10]【顏注】師古曰：比，頻也。

文公三年“秋，雨螽于宋”。劉向以爲先是宋殺大夫而無罪，[1]有暴虐賦斂之應。[2]《穀梁傳》曰上下皆合，言甚。[3]董仲舒以爲宋三世內取，[4]大夫專恣，殺生不中，[5]故螽先死而至。劉歆以爲螽爲穀災，卒遇賊陰，墜而死也。八年“十月，螽”。時公伐邾取須朐，城郚。[6]宣公六年“八月，螟”。[7]劉向以爲先是時宣伐莒向，[8]後比再如齊，謀伐萊。[9]十三年“秋，螽”。公孫歸父會齊伐莒。[10]十五年“秋，螽”。宣亡熟歲，數有軍旅。

[1]【顏注】師古曰：謂僖二十五年經書“宋殺其大夫”，不書名，以其無罪。

[2]【顏注】師古曰：謂宋昭公也。

[3]【顏注】師古曰：上下皆合，螽之多。

[4]【顏注】師古曰：三世，謂襄公、成公、昭公也。內取於國之大夫也。事見《公羊傳》。“取”讀曰“娶”。【今注】三世內取：王先謙《漢書補注》引葉德輝補證引《公羊傳》僖公二十五年《傳》“宋殺其大夫。何以不名？宋三世無大夫，三世內娶也”，何休注：“三世，謂慈父、王臣、處臼也。內娶大夫女也。言無大夫者，禮不臣妻之父母，國內皆臣，無娶道，故絕大夫名，正其義也。外小惡正之者，宋以內娶，故公族以弱，妃黨益彊。”

[5]【顏注】師古曰：中，音竹仲反。【今注】中：楊樹達《漢書窺管》：“中，當也。”

[6]【顏注】師古曰：須朐，邾邑；鄑，魯邑也。事並在文七年。朐，音鉅俱反。鄑，音吾。【今注】須朐：即須句，春秋時邾邑。在今山東東平縣西北。　鄑：春秋時魯邑。在今山東泗水縣東南。

[7]【今注】案，蜟，蔡琪本、大德本、殿本作“螽”。

[8]【顏注】師古曰：事在四年。向，莒邑也。向，音餉。【今注】案，王先謙《漢書補注》引蘇輿以爲“向”上當有“取”字。《公羊傳》何休注“先是宣公伐莒取向，公比如齊所致”，即本於此。

[9]【顏注】師古曰：比，頻也（殿本無“比頻也”三字）。謂四年秋及五年春公如齊，七年公會齊侯伐萊是也。

[10]【顏注】師古曰：事在十一年。歸父，東門襄仲子也，字子家。“父”讀曰“甫”。【今注】案，王先謙《漢書補注》引蘇輿以爲，“公孫”上當有“先是”二字。下云“宣亡熟歲，數有軍旅”，即承此言之。

　　襄公七年“八月，螽”。劉向以爲先是襄興師救陳，[1]滕子、郯子、小邾子皆來朝。[2]夏，城費。[3]哀公十二年“十二月，螽”。是時哀用田賦。[4]劉向以爲春用田賦，冬而螽。[5]十三年"九月，螽；十二月，螽"。比三螽，虐取於民之效也。[6]劉歆以爲周十二月，夏十月也，火星既伏，蟄蟲皆畢，天之見變，因物類之宜，不得以螽，是歲再失閏矣。周九月，夏七月，故傳曰"火猶西流，司曆過也"。宣公十五年"冬，蝝生"。[7]劉歆以爲蝝，蟓蟲之有翼者，[8]食穀爲災，黑眚也。董仲舒、劉向以爲蝝，螟始生也，一曰螟始生。[9]是時民患上力役，解於公田。[10]宣是時初稅畝。[11]稅畝，就民田畝擇美者稅其什一，亂先王制而爲貪利，故應是而蝝生，屬蠃蟲之孽。

[1]【顏注】師古曰：謂五年楚伐陳，公會晉侯、宋公、衛侯、鄭伯、齊大子光救陳也（大，蔡琪本、大德本、殿本作"太"）。

[2]【顏注】師古曰：六年滕子來朝，七年郳子、小邾子來朝。

[3]【顏注】師古曰：亦七年之夏。費，魯邑也。音祕。【今注】費：春秋時魯邑。治所在今山東費縣西北。

[4]【顏注】師古曰：言重斂也。解在《刑法志》。【今注】用田賦：春秋時期魯哀公十二年（前483），魯卿季康子推行的按田地多少徵收軍賦制度。本書《刑法志》顏師古注："田賦者，別計田畝及家財各爲一賦。言不依古制，役煩斂重也。"

[5]【今注】案，螽，蔡琪本、大德本、殿本作"螽"。本段下同。

[6]【顏注】師古曰：比，頻也（殿本無此注）。

[7]【顏注】師古曰：《爾雅》曰"蝝，蝮蜪"，說者以爲螽蝗之類。蝮，音蒲北反，又音服。蜪，音徒高反。

[8]【顏注】孟康曰：螕蠹，音蚍蜉。【今注】螕（pí）蠹（fú）：蚍蜉，一種螞蟻。沈欽韓《漢書疏證》據《説苑・説叢篇》："蠹蝝仆柱梁，蚊蝱走牛羊。"以爲劉向以螕蠹爲飛蟻。引《爾雅翼》補證云："蠹，飛螳，蓋柱中白蟻之所化。白螳狀如蟻卵，凡斬木不以時，木未及燥而作柱，或柱礎去地不高，則是物生其中，以泥爲房，屈曲而上，往往變化生羽，遇天晏温，群隊而出，飛亦不能高，尋則脱翼，藉藉在地而死矣。魯宣公十五年'冬，蝝生'，劉歆謂即是物。又董仲舒説蝗子也。説者亦多以蝝爲螽螟之類，失之愈遠。"

[9]【今注】案，王先謙《漢書補注》引葉德輝以爲下"螟"爲"蝗"之誤。既云"一曰"，則知非螟。案《爾雅・釋蟲》："蝝，蝮陶。"《左傳》孔疏引李巡注云："蝗子也。"郭注亦云："蝗子，未有翅者。"則是蝗始生無疑。

[10]【顏注】師古曰："解"讀曰"懈"。

[11]【今注】税畝：按田畝徵税。

景帝中三年秋，蝗。先是匈奴寇邊，中尉不害將軍騎材官士屯代高柳。[1]武帝元光五年秋，蝗；[2]六年秋，[3]螟。[4]先是，五將軍衆三十萬伏馬邑，欲襲單于也。[5]是歲，四將軍征匈奴。[6]元鼎五年秋，蝗。是歲，四將軍征南越[7]及西南夷，[8]開十餘郡。[9]元封六年秋，蝗。先是，兩將軍征朝鮮，[10]開三郡。[11]太初元年夏，[12]蝗從東方蜚至敦煌；[13]三年秋，復蝗。元年貳師將軍征大宛，[14]天下奉其役連年。征和三年秋，蝗；四年夏，蝗。先是一年，三將軍衆十餘萬征匈奴。[15]征和三年，[16]貳師七萬人没不還。平帝元始二年秋，蝗，徧天下。是時王莽秉政。

[1]【顏注】師古曰：魏不害。【今注】不害：沈欽韓《漢書疏證》指出本書卷五《景紀》、卷九四《匈奴傳》、卷一九《百官公卿表》俱無可考。顏師古以爲是魏不害，誤以武帝征和二年（前91）所封當塗侯魏不害爲景帝時人。　代：郡名。治代縣（今河北蔚縣東北）。　高柳：縣名。治所在今山西陽高縣。代郡西部都尉治所。

[2]【今注】案，蝗，蔡琪本、大德本、殿本作“螟”。

[3]【今注】案，秋，蔡琪本、大德本、殿本作“夏”。

[4]【今注】案，螟，蔡琪本、大德本、殿本作“蝗”。

[5]【顏注】師古曰：已解於上。

[6]【顏注】師古曰：謂車騎將軍衛青出上谷，票騎將軍公孫敖出代（蔡琪本、大德本無“票”字，是），輕車將軍公孫賀出雲中，驍騎將軍李廣出鴈門也。

[7]【顏注】師古曰：已解於上。

[8]【顏注】師古曰：越馳義侯遺將巴蜀罪人發夜郎兵征西南夷，平之。【今注】西南夷：西漢時期分布於今甘肅南部，四川西部、南部，雲南，貴州一帶少數民族的總稱。漢武帝時，漢軍殺且蘭、邛、筰諸部族君長，置牂柯等三郡，又以冉駹地爲汶山郡，白馬氏地爲武都郡。後又迫降滇王，以其地置益州郡。

[9]【顏注】師古曰：定越地爲九郡，定西南夷爲武都、牂柯、越嶲、沈黎、汶山郡，凡十四郡。

[10]【顏注】師古曰：二年，樓舩將軍楊僕（舩，蔡琪本、大德本、殿本作“船”）、左將軍荀彘將應募罪人擊之。

[11]【顏注】師古曰：《武紀》云以其地爲樂浪、臨屯、玄兔、真番郡，是四郡也，而此云三，蓋傳寫《志》者誤。

[12]【今注】案，大，蔡琪本、大德本、殿本作“太”。

[13]【顏注】師古曰：“蜚”讀曰“飛”（殿本無此注）。

[14]【今注】貳師將軍：漢代一種雜號將軍。武帝命李廣利

取大宛國貳師城（現吉爾吉斯斯坦的奧什城）良馬，故任李廣利爲貳師將軍。李廣利，傳見本書卷六一。　大宛：西域古國名。在今烏兹别克斯坦費爾干納盆地。都城在貴山城（今烏兹别克斯坦塔什干市東南卡散賽）（參見孫危《大宛考古學文化初探》，《考古與文物》2004 年第 4 期）。

[15]【顏注】師古曰：謂三年貳師將軍廣利七萬人出五原（蔡琪本、大德本、殿本"廣利"後有"將"字），御史大夫商丘成二萬人出西河，重合侯馬通四萬騎出酒泉。

[16]【今注】案，王先謙《漢書補注》引蘇輿以爲遣三將軍亦在武帝征和三年。此承上"四年"言之。"征和三年"四字當衍。

《左氏傳》曰嚴公八年齊襄公田于貝丘，[1]見豕。從者曰："公子彭生也。"公怒曰："射之！"豕人立而嗁，公懼，墜車，傷足喪屨。劉向以爲近豕禍也。先是，齊襄淫於妹魯桓公夫人，使公子彭生殺桓公，又殺彭生以謝魯。公孫無知有寵於先君，襄公紲之，[2]無知帥怨恨之徒攻襄於田所，[3]襄匿其户閒，足見於户下，遂殺之。傷足喪屨，卒死於足，虐急之效也。

[1]【顏注】師古曰：貝丘，齊地。【今注】貝丘：又作"淇丘""沛丘"。春秋時齊地。在今山東博興縣南。

[2]【顏注】師古曰：無知，僖公弟，夷仲年之子也，於襄公從父昆弟。先君即僖公。【今注】紲：同"黜"。

[3]【顏注】師古曰：怨恨之徒，謂連稱、管至父久戍葵丘也。

昭帝元鳳元年，燕王宫永巷中豕出圂，壞都竈，[1]

銜其鬴六七枚置殿前。[2]劉向以爲近豕禍也。時燕王旦與長公主、左將軍謀爲大逆,[3]誅殺諫者,暴急無道。竈者,生養之本,豕而敗竈,陳鬴於庭,鬴竈將不用,宮室將廢辱也。燕王不改,卒伏其辜。京房《易傳》曰:"衆心不安君政,厥妖豕入居室。"

　　[1]【顏注】師古曰:圂者,養豕之牢也。都竈,烝炊之大竈也。圂,音胡頓反。【今注】永巷:諸侯王官署。長官爲永巷長,掌宮中婢使。

　　[2]【顏注】師古曰(師古,蔡琪本、大德本、殿本作"晉灼"):鬴,古文"釜"字。

　　[3]【今注】長公主:漢武帝之女,漢昭帝異母姐。昭帝朝封爲長公主。因其封地在鄂邑,又稱鄂邑公主。因嫁蓋侯爲妻,或其生母姓蓋,又稱蓋主或鄂蓋主。

　　史記魯襄公二十三年,穀、洛水鬬,[1]將毀王宮。劉向以爲近火沴水也。周靈王將壅之,[2]有司諫曰:"不可。長民者不崇藪,不墮山,不防川,不竇澤。[3]今吾執政毋乃有所辟,[4]而滑夫二川之神,[5]使至于争明,[6]以防王宮室,王而飾之,毋乃不可乎![7]懼及子孫,王室愈卑。"王卒壅之。以傳推之,以四瀆比諸侯,穀、洛其次,卿大夫之象也,[8]爲卿大夫將分争以危亂王室也。是時世卿專權,儋括將有篡殺之謀,[9]如靈王覺寤,匡其失政,[10]懼以承戒,則災禍除矣。不聽諫謀,簡慢大異,[11]任其私心,塞埠壅下,[12]以逆水執而害鬼神。[13]後數年有黑如日者五。是歲蚤霜,靈王崩。景王立二年，儋括欲殺王，而立王弟佞夫。佞夫不知，景王并誅佞夫。[14]及景王死，五大夫爭權，或立子猛，或立子朝，王室大亂。[15]京房《易傳》曰："天子弱，諸侯力政，[16]厥異水鬭。"

[1]【今注】穀：水名。今河南澠池縣南澠水及其下游澗水。東流至洛陽市西注入洛河。

[2]【今注】擁：朱一新《漢書管見》以爲"擁"當作"雍"，即"壅"也。

[3]【顏注】師古曰：長萌（萌，殿本作"民"，本注下同），爲萌之長也。崇，聚也。藪，謂澤之無水者。墮，毀也。防，止也。竇，穴也。墮，音火規反。

[4]【顏注】服虔曰：音邪辟之辟。【今注】辟：朱一新《漢書管見》指出今本《國語》"辟"作"避"，韋昭注："避，違也。"以爲"避"是誤文。《文選》潘岳《西征賦》注引亦作"辟"。《藝文類聚·水部》引作"僻"。

[5]【顏注】師古曰：滑，亂也，音骨。

[6]【顏注】臣瓚曰：明，水道也。師古曰：明，謂神靈。

[7]【顏注】師古曰：言爲欲防固王宮，使水不得毀，故過飾二川。【今注】防：王先謙《漢書補注》引王先慎以爲顏説非。"防"當作"妨"。許慎《説文解字》："妨，害也。""以妨王宮室"連上爲句，謂二川之神因爭明以害王之宮室，而王又飾其宮室。

[8]【顏注】師古曰：穀、洛皆大水，故爲四瀆之次。【今注】四瀆：江、淮、河、濟諸水的總稱。江、淮、河、濟古時皆獨流入海。

[9]【顏注】師古曰：儋括，儋季之子，簡王之孫也。篡殺之謀，謂除喪服，將見靈王，過庭而歎曰："鳴呼，必有此夫！"

[10]【顏注】師古曰：匡，正也。

[11]【顔注】師古曰：諫謀，謂單公子愆旗聞儋括之言，恐必爲害，請殺之，王不聽也。簡嫚大異，謂不憂穀、洛。【今注】案，嫚，蔡琪本、殿本作"嫚"。

[12]【顔注】師古曰：埤，卑也，音"婢"。

[13]【今注】案，埶，殿本作"勢"，通。

[14]【顔注】師古曰：事在襄三十年（三，大德本、殿本作"二"）。

[15]【顔注】師古曰：五大夫，謂劉子、單子、尹氏、召伯、毛伯也。已解於上。

[16]【顔注】師古曰：政亦征也，言專以武力相征討。一說，諸侯之政，當以德禮，今王室微弱，文教不行，遂乃以力爲政，相攻伐也。【今注】力政：王念孫《讀書雜志·漢書第五》以爲"政"讀爲"征"，謂以力相征伐也。

　　史記曰，秦武王三年渭水赤者三日，[1]昭王三十四年渭水又赤三日。劉向以爲近火沴水也。秦連相坐之法，棄灰於道者黥，[2]罔密而刑虐，加以武伐橫出，殘賊鄰國，至於變亂五行，氣色謬亂。天戒若曰，勿爲刻急，將致敗亡。[3]昔三代居三河，河洛出圖書，[4]秦居渭陽，而渭水數赤，[5]瑞異應德之效也。京房《易傳》曰："君湎于酒，淫于色，[6]賢人潛，國家危，厥異流水赤也。"

[1]【今注】渭水：黄河最大支流。在陝西省中部。

[2]【顔注】孟康曰：商鞅爲政，以棄灰於道必坋人，坋人必鬪，故設黥刑以絕其原也。臣瓚曰：棄灰或有火，火則燔廬舍，故刑之也。師古曰：孟說是也。坋，音蒲頓反。【今注】黥：墨

刑。刺字於被刑者的面額上，染以黑色，作爲處罰的標志。

　　[3]【今注】案，蔡琪本、殿本“將致敗亡”後有“秦遂不改至始皇滅六國二世而亡”十四字。

　　[4]【顏注】師古曰：謂夏都安邑，即河東也；殷都朝歌，即河內也；周都洛陽，即河南也。

　　[5]【顏注】師古曰：數，音山角反（殿本無此注）。

　　[6]【顏注】師古曰：湎，流也，音莫踐反（殿本此注位於“君湎于酒”後）。

漢書　卷二七下之上

五行志第七下之上

　　傳曰："思之不容，是謂不聖，厥咎霿，[1]厥罰恒風，厥極凶短折。時則有脂夜之妖，時則有華孽，時則有牛禍，時則有心腹之痾，時則有黃眚黃祥，時則有金木水火沴土。""思心之不容，[2]是謂不聖。"思心者，心思慮也；容，寬也。孔子曰："居上不寬，吾何以觀之哉！"[3]言上不寬大包容臣下，則不能居聖位。貌言視聽，以心爲主，四者皆失，區霿無識，[4]故其咎霿也。雨旱寒奧，亦以風爲本，[5]四氣皆亂，故其罰常風也。常風傷物，故其極凶短折也。傷人曰凶，禽獸曰短，中木曰折。[6]一曰，凶，夭也；兄喪弟曰短，父喪子曰折。[7]在人腹中，肥而包裹心者脂也，[8]心區霿則冥晦，故有脂夜之妖。[9]一曰，有脂物而夜爲妖，若脂水夜汙人衣，淫之象也。一曰，夜妖者，雲風並起而杳冥，故與常風同象也。溫而風則生螟螣，[10]有裸蟲之孽。[11]劉向以爲，於《易》，巽爲風爲木，卦在三月四月，繼陽而治，主木之華實。風氣盛，至秋冬木復華，故有華孽。[12]一曰，地氣盛則秋冬復華。一曰，華者色也，土爲內事，爲女孽也。於《易》，坤爲土爲牛，牛大而心不能思慮，思心氣毀，故有牛禍。一曰，牛多死及爲怪，亦是也。及人，則多病心腹者，故有心腹之痾。土色黄，故有黄眚黄祥。凡思心傷者病土氣，土氣病則金木水火沴之，故曰"時則有金木水火沴土"。不言"惟"而獨曰"時則有"者，非一衝氣所沴，明其異大也。其極曰凶短折，順之，其福曰考終命。[13]劉歆思心傳曰時則有臝虫之孽，謂螟螣之屬也。庶徵之常風，劉向以爲《春秋》無其應。

[1]【顏注】師古曰：霿，音莫豆反。

[2]【今注】案，容，蔡琪本、大德本誤作"睿"。

[3]【顏注】師古曰：《論語》載孔子之言。【今注】案，《論語·八佾》作："子曰：'居上不寬，爲禮不敬，臨喪不哀，吾何以觀之哉！'"

[4]【顏注】師古曰：區，音口豆反。霿，音莫豆反。其下並同（殿本無"霿音莫豆反其下並同"九字）。【今注】區霿：錢大昭《漢書辨疑》以爲即傴霿。案，蔡琪本、大德本"區"前有"則"字。

[5]【顏注】師古曰：奧，音於六反。

[6]【顏注】師古曰：中，古"草"字。

[7]【今注】案，王先謙《漢書補注》引《尚書大傳》鄭玄注補證："殖氣失，則於人爲凶短折，未齔曰凶，未冠曰短，未昏曰折。"

[8]【今注】案，裏，殿本作"裹"。

[9]【顏注】師古曰：脂妖及夜妖。【今注】夜之妖：沈欽韓《漢書疏證》引《尚書大傳》注："'夜'讀曰'液'。"謂以脂液污人。後"一曰，夜妖者"，纔讀作"夜"。脂液之妖，如孔甲龍漦

之類。《晉書・五行志》以晝瞑，及《隋書・五行志》以鬼哭當之。皆非。

[10]【顏注】師古曰：螣，音徒得反。

[11]【顏注】師古曰："裸"亦"蠃"字也，從衣果聲。

[12]【今注】華孽：王先謙《漢書補注》引葉德輝補證引《隋書・五行志》引《五行傳》云："華者，猶榮華容色之象也。以色亂國，故謂華孽。"

[13]【顏注】師古曰：壽考而終其命。

釐公十六年"正月，六鷁退蜚，過宋都"。[1]《左氏傳》曰"風也"。劉歆以爲風發於它所，至宋而高，鷁高蜚而逢之，則退。經以見者爲文，故記退蜚；傳以實應著，言風，常風之罰也。象宋襄公區霿自用，[2]不容臣下，逆司馬子魚之諫，而與彊楚爭盟，[3]後六年爲楚所執，[4]應六鷁之數云。京房《易傳》曰："潛龍勿用，[5]衆逆同志，至德迺潛，厥異風。其風也，行不解物，不長，[6]雨小而傷。政悖德隱兹謂亂，厥風先風不雨，大風暴起，發屋折木。守義不進兹謂耄，[7]厥風與雲俱起，折五穀莖。臣易上政，兹謂不順，厥風大焱發屋。[8]賦斂不理兹謂禍，厥風絕經紀，[9]止即溫，溫即蟲。侯專封兹謂不統，厥風疾，而樹不搖，穀不成。辟不思道利，兹謂無澤，[10]厥風不搖木，旱無雲，傷禾。公常於利兹謂亂，[11]厥風微而溫，生蟲蝗，害五穀。棄正作淫兹謂惑，厥風溫，螟蟲起，害有益人之物。侯不朝兹謂叛，厥風無恒，地變赤而殺人。"

[1]【顏注】師古曰：鶂，音五狄反。【今注】鶂：同"鷁"。一種似鷺的水鳥。 蜚：同"飛"。

[2]【今注】宋襄公：春秋時宋國國君，名兹父。桓公子。以庶兄目夷爲相。齊桓公死後，與楚爭霸。宋襄公九年（前642），聯衛、曹、邾等國伐齊，敗齊師，立齊孝公而返。十二年，與齊、楚盟於鹿上，爭作盟主。同年秋，宋、楚又會諸侯於盂，爲楚執，因諸侯請求，獲釋。十三年伐鄭，楚救鄭，宋、楚戰於泓水。目夷主張乘楚兵渡河中襲擊，不從，等楚師渡河列陣後再戰，大敗。傷股，次年死。在位十四年。

[3]【顏注】師古曰：子魚，公子目夷也，桓公之子，而爲司馬。爭盟，謂爲鹿上之盟，以求諸侯於楚。子魚諫曰："小國爭盟，禍也。"公不聽之。【今注】司馬子魚：春秋時宋國人，字子魚。宋桓公子，襄公兹父庶兄。桓公有疾，兹父請立子魚，辭不肯。襄公即位，任爲相。

[4]【顏注】師古曰：僖二十一年，楚執宋公以伐宋，距六鶂退飛凡六年。

[5]【顏注】師古曰：《乾》初九爻辭。

[6]【顏注】師古曰：不解物，謂物逢之而不解散也。不長，所起者近也。

[7]【今注】霿：王先謙《漢書補注》以爲《晉書·五行志》《宋書·五行志》作"眊"，是。

[8]【顏注】師古曰：焱，疾風也，音必遙反。

[9]【顏注】如淳曰：有所破壞，絕匹帛之屬也。晉灼曰：南北爲經，東西爲緯，絲因風暴，亂不端理也。【今注】案，紀，殿本作"緯"，王先謙《漢書補注》據注文，以爲殿本是。

[10]【顏注】師古曰："道"讀曰"導"。不思導示於下而安利之。

[11]【顏注】師古曰：公，上爵也。常於利，謂心常求

2722

利也。

　　文帝二年六月，淮南王都壽春大風毀民室，[1]殺人。劉向以爲是歲南越反，攻邊，[2]淮南王長破之，後年入朝，殺漢故丞相辟陽侯，[3]上赦之，歸聚姦人謀逆亂，自稱東帝，見異不寤，後遷于蜀，道死廱。[4]文帝五年，吳暴風雨，壞城官府民室。時吳王濞謀爲逆亂，天戒數見，終不改寤，後卒誅滅。五年十月，楚王都彭城大風從東南來，毀市門，殺人。是月王戊初嗣立，後坐淫削國，與吳王謀反，刑僇諫者。[5]吳在楚東南，天戒若曰，勿與吳爲惡，將敗市朝。王戊不寤，卒隨吳亡。昭帝元鳳元年，燕王都薊大風雨，[6]拔宮中樹七圍以上十六枚，[7]壞城樓。燕王旦不寤，謀反發覺，卒伏其辜。

　　[1]【今注】壽春：縣名。治所在今安徽壽縣。
　　[2]【今注】案，蔡琪本、大德本、殿本"攻"後有"淮南"二字。
　　[3]【今注】辟陽侯：審食其。沛縣（今江蘇沛縣）人。初爲劉邦舍人，曾與吕后一同被項羽俘獲，爲吕后寵信。漢高祖時封辟陽侯，高后時爲左丞相。漢文帝即位，罷相，後爲淮南王劉長所殺。
　　[4]【今注】廱：雍縣。治所在今陝西鳳翔縣南。陳直《漢書新證》以爲《漢書》"雍"字多作"廱"，與漢銅器寫法相同。班固著書時，從材料來源直書，並無定例。如同在《五行志》一卷之中，趙飛燕或作"蜚燕"是也。又本文亦可作一句讀，蜀道謂蜀中嚴道之省文。

　　[5]【顏注】師古曰：謂楚相張尚、太傅趙夷吾也。僇，古
“戮”字。下皆類此（殿本無末四字）。

　　[6]【顏注】師古曰：薊，縣名，燕國之所都。

　　[7]【今注】枚：周壽昌《漢書注校補》曰：“枚，幹也。……
枝曰條。幹曰枚。”

　　釐公十五年“九月己卯晦，[1]震夷伯之廟”。[2]劉
向以爲晦，暝也；震，雷也。夷伯，世大夫，正晝雷，
其廟獨冥。[3]天戒若曰，勿使大夫世官，將專事暝晦。
明年，公子季友卒，果世官，[4]政在季氏。至成公十六
年“六月甲午晦”，正晝皆暝，陰爲陽，臣制君也。
成公不寤，其冬季氏殺公子偃。[5]季氏萌於釐公，[6]大
於成公，此其應也。董仲舒以爲夷伯，季氏之孚也，[7]
陪臣不當有廟。震者雷也，晦暝，雷擊其廟，明當絕
去僭差之類也。向又以爲此皆所謂夜妖者也。劉歆以
爲《春秋》及朔言朔，及晦言晦，人道所不及，則天
震之。展氏有隱慝，故天加誅於其祖夷伯之廟以譴告
之也。成公十六年“六月甲午晦，晉侯及楚子、鄭伯
戰于鄢陵”。皆月晦云。

　　[1]【今注】晦：沈欽韓《漢書疏證》指出，《公羊》《穀梁》
二傳並以爲晦冥。《左傳》以爲晦日，孔穎達《春秋左傳正義》
云：“杜以《長厤》推，己卯晦，九月三十日。《春秋》值朔書朔，
值晦書晦，無義例也。”是董仲舒以夷伯爲陪臣，劉向以當夜妖，
皆非。

　　[2]【顏注】師古曰：夷伯，司空無駭之後，本魯公族也，
號展氏。

[3]【顏注】師古曰：冥，暗也。

[4]【顏注】師古曰：謂季友之孫行父仍執政專國，自此以後常爲卿。

[5]【顏注】師古曰：爲季文子所殺也。已解於上。

[6]【顏注】師古曰：萌，喻草木始生也。言其始有威權。

[7]【顏注】師古曰：孚，信也。所信任之臣也。

　　隱公五年“秋，螟”。董仲舒、劉向以爲時公觀漁于棠，貪利之應也。[1]劉歆以爲又逆臧釐伯之諫，[2]貪利區霿，以生嬴蟲之孽也。八年“九月，螟”。時鄭伯以邴將易許田，[3]有貪利心。京房《易傳》曰：“臣安禄兹謂貪，厥災蟲，蟲食根。德無常兹謂煩，蟲食葉。不絀無德，蟲食本。與東作爭，兹謂不時，[4]蟲食節。蔽惡生孽，蟲食心。”[5]嚴公六年“秋，螟”。董仲舒、劉向以爲先是衛侯朔出奔齊，齊侯會諸侯納朔，[6]許諸侯賂。[7]齊人歸衛寶，魯受之，[8]貪利應也。

[1]【顏注】師古曰：棠，魯地也。陳漁者之事而觀之也。【今注】棠：春秋時魯邑。治所在今山東魚臺縣西北。

[2]【顏注】師古曰：臧僖伯，公子彄也，孝公之子，諫觀漁。

[3]【顏注】師古曰：鄭祀泰山之邑也（鄭，蔡琪本、殿本作“邴”），音彼命反。已解於上。【今注】邴：春秋鄭邑。治所在今山東費縣東。

[4]【顏注】師古曰：奪農時也。

[5]【顏注】師古曰：蔽，謂惡人蔽君之明爲災孽也。

[6]【顏注】師古曰：朔，謂惠公也。桓十六年，以左公子

泄、右公子職立公子黔牟，故惠公奔齊。至莊五年，會齊人、宋人、蔡人伐衞而納惠公也。【今注】衞侯朔：春秋時衞國國君，惠公，名朔。衞宣公子。惠公四年（前696），左右公子怨惠公讒殺太子伋，叛亂，立伋弟黔牟爲君。惠公奔齊。黔牟立八年，齊襄公率諸侯攻衞，殺左右公子，惠公復立，黔牟奔周。二十五年，惠公怨周容黔牟，與燕攻周，周惠王奔溫。衞、燕立周惠王弟頹爲王。前後在位二十三年。

　　[7]【顔注】師古曰：諸國各有略。

　　[8]【顔注】師古曰：以伐衞所獲之寶来歸魯。

　　文帝後六年秋，螟。是歲匈奴大入上郡、雲中，燧火通長安，[1]遣三將軍屯邊，三將軍屯京師。[2]

　　[1]【今注】燧：同“烽”。

　　[2]【顔注】師古曰：並已解於上。

　　宣公三年，“郊牛之口傷，改卜牛，牛死”。劉向以爲近牛禍也。是時宣公與公子遂謀共殺子赤而立，[1]又以喪娶，[2]區霿昏亂。亂成於口，幸有季文子得免於禍，天猶惡之，生則不饗其祀，[3]死則災燔其廟。[4]董仲舒指略同。

　　[1]【顔注】師古曰：已解於上也（殿本無“也”字）。

　　[2]【顔注】師古曰：宣元年正月，公子遂如齊逆女。二月（二，蔡琪本、大德本、殿本作“三”），遂以夫人婦姜至自齊，時成公喪制未除（成，殿本作“文”）。

　　[3]【顔注】師古曰：謂郊牛傷死，是天不欲饗其祀。

[4]【顏注】師古曰：成三年，新宮災。新宮者，宣之廟也，以其新成，故謂之新宮。

秦孝文王五年，[1]斿朐衍，有獻五足牛。[2]劉向以爲近牛禍也。先是文惠王初都咸陽，[3]廣大宮室，南臨渭，北臨涇，[4]思心失，逆土氣。足者止也，戒秦建止奢泰，將致危亡。[5]秦遂不改，至於離宮三百，復起阿房，[6]未成而亡。一曰，牛以力爲人用，足所以行也。其後秦大用民力轉輸，起負海至北邊，[7]天下叛之。京房《易傳》曰：“興繇役，奪民時，厥妖牛生五足。”

[1]【今注】秦孝文王：事迹見《史記》卷五《秦本紀》。

[2]【顏注】師古曰：朐衍，地名，在北地。朐，音許于反。【今注】案，《漢書考證》齊召南以爲“斿”當作“遊”。且秦孝文王即位祇一年遂卒，“五年”亦誤。　朐衍：在今寧夏鹽池縣一帶。

[3]【今注】文惠王：錢大昕《廿二史考異·漢書二》據《史記·秦本紀》以爲惠文王十三年始都咸陽，即惠王也。作“文惠”，誤。秦惠王事迹見《史記·秦本紀》。　咸陽：秦都城。故城遺址在今陝西咸陽市渭城區窑店鎮一帶。

[4]【今注】涇：涇水。渭河支流。在今陝西中部。

[5]【顏注】如淳曰：建立基止。泰，奢泰。（奢泰，殿本作“奢也”）

[6]【今注】阿房：阿房宮。築於秦始皇三十五年（前212），未完成而始皇死，二世繼續修建。現尚存前殿殿基夯土臺址，在今陝西西安市西阿房村。

[7]【顏注】師古曰：負海，猶言背海也。

景帝中六年，梁孝王田北山，[1]有獻牛，足上出背上。劉向以爲近牛禍。先是孝王驕奢，起菀方三百里，[2]宮館閣道相連三十餘里。納於邪臣羊勝之計，[3]欲求爲漢嗣，刺殺議臣爰盎，[4]事發，負斧歸死。既退歸國，猶有恨心，内則思慮霿亂，外則土功過制，故牛旤作。足而出於背，下奸上之象也。[5]猶不能自解，發疾暴死，又凶短之極也。

[1]【今注】梁孝王：劉武。傳見本書卷四七。
[2]【今注】菀：通“苑”。
[3]【今注】羊勝：齊人，梁孝王門客，助梁孝王刺殺爰盎等漢朝大臣。後被梁孝王令自殺。
[4]【今注】爰盎：傳見本書卷四九。
[5]【顏注】師古曰：奸，犯也，音干。

《左氏傳》昭公二十一年春，周景王將鑄無射鍾，[1]泠州鳩曰：[2]“王其以心疾死乎！夫天子省風以作樂，[3]小者不窕，大者不摦。[4]摦則不容，心是以感，感實生疾。今鍾摦矣，王心弗戡，[5]其能久乎？”劉向以爲是時景王好聽淫聲，適庶不明，[6]思心霿亂，明年以心疾崩，近心腹之痾，凶短之極者也。昭二十五年春，魯叔孫昭子聘于宋，元公與燕，飲酒樂，語相泣也。[7]樂祈佐，[8]告人曰：“今茲君與叔孫其皆死乎！吾聞之，哀樂而樂哀，皆喪心也。[9]心之精爽，是謂魂魄；魂魄去之，何以能久？”冬十月，叔孫昭子死；十一月，宋元公卒。

[1]【顏注】師古曰：鍾聲中無斁之律也。斁，音弋石反。【今注】無斁（yì）：無射。十二律之一，爲六陽律的第六律。

[2]【顏注】應劭曰：泠，官也。州鳩，名也。師古曰：樂官曰泠，後遂以爲氏。泠，音零，其字從水。

[3]【顏注】應劭曰：風，土地風俗也。省中和之風以作樂，然後可移惡風易惡俗也。臣瓚曰：省風俗之流遁，作樂以救其敝也。師古曰：應説是也。省，觀也。

[4]【顏注】師古曰：宛，輕小也。㩾，橫大也。宛，音它堯反。㩾，音胡化反。【今注】㩾（huà）：寬。

[5]【顏注】孟康曰：古“堪”字。

[6]【顏注】師古曰：“適”讀曰“嫡”。謂太子壽卒，王立子猛爲嗣，後又欲立子朝也。

[7]【顏注】師古曰：昭子，叔孫婼也。元公，宋平公子也。相泣，相對而俱泣也。

[8]【顏注】師古曰：樂祈，宋司城子梁也。佐，佐酒。

[9]【顏注】師古曰：哀樂，可樂而反哀也。樂哀，可哀而反樂也。喪，失之也。

　　昭帝元鳳元年九月，燕有黃鼠銜其尾舞王宮端門中，[1]往視之，[2]鼠舞如故。王使夫人以酒脯祠，[3]鼠舞不休，夜死。黃祥也。時燕刺王旦謀反將敗，死亡象也。其月，發覺伏辜。京房《易傳》曰：“誅不原情，厥妖鼠舞門。”

[1]【今注】案，《漢書考證》齊召南指出，此事已見於本書《五行志》中上卷内，引京房《易傳》亦同。一事重見，班固未及刊除。

[2]【今注】案，王先謙《漢書補注》以爲《貌傳》下“往”上有“王”字，此處脱。

[3]【今注】夫人：王念孫《讀書雜志·漢書第五》以爲“夫人”二字有誤。夫人在宮中，不當使至端門祠鼠。上文記此事云“王使吏以酒脯祠鼠”，“吏”字是。陳直《漢書新證》上文作“王使吏以酒脯祠”，與本文異。是根據材料之來源不同，似不必如王念孫説，夫人二字有誤字。

　　成帝建始元年四月辛丑夜，西北有如火光。壬寅晨，大風從西北起，雲氣赤黄，四塞天下，終日夜下著地者黄土塵也。是歳，帝元舅大司馬大將軍王鳳始用事；又封鳳母弟崇爲安成侯，食邑萬户；庶弟譚等五人賜爵關内侯，食邑三千户。[1]復益封鳳五千户，悉封譚等爲列侯，是爲五侯。哀帝即位，封外屬丁氏、傅氏、周氏、鄭氏凡六人爲列侯。[2]楊宣對曰：“五侯封日，天氣赤黄，丁、傅復然。[3]此殆爵土過制，傷亂土氣之祥也。”京房《易傳》曰：“經稱‘觀其生’，[4]言大臣之義，當觀賢人，知其性行，[5]推而貢之，否則爲聞善不與，兹謂不知，[6]厥異黄，厥咎聾，厥災不嗣。黄者，日上黄光不散如火然，有黄濁氣四塞天下。蔽賢絶道，故災異至絶世也。經曰‘良馬逐’。[7]逐，進也，言大臣得賢者謀，當顯進其人，否則爲下相攘善，[8]兹謂盜明，厥咎亦不嗣，至於身僇家絶。”[9]

[1]【顔注】師古曰：譚、商、音、根、逢時，凡五人。【今注】關内侯：秦漢沿置。二十等爵的第十九級。但有侯號，居京

師。無封土而依封户多少受徵收租稅之權。

[2]【顏注】師古曰：《外戚傳》傅大后弟子喜封高武侯，晏封孔鄉侯，商封汝昌侯，同母弟子鄭業爲陽信侯，丁太后兄明封陽安侯，子滿封平周侯。傅氏、鄭氏侯者四人，丁氏侯者二人。今此言六人爲列侯，其數是也。傅氏、丁氏、鄭氏則有之，而不見周氏所出。志傳不同，未詳其意。【今注】案，周壽昌《漢書注校補》指出，顏師古注引傅氏封三人，鄭氏封一人，丁氏封二人，已是六人。當時外戚並無周氏，或因丁明子滿封平周侯，而誤衍"周氏"兩字。

[3]【顏注】服虔曰：楊宣，諫大夫也。

[4]【顏注】師古曰：《易·觀卦》上九爻辭。

[5]【今注】性：同"生"。

[6]【顏注】師古曰：徒知之而已，不能進助也。

[7]【顏注】師古曰：此《易·大畜》九三爻辭。

[8]【顏注】師古曰：攘，卻也。言不進達之也。一曰，攘，因也。因而竊取曰攘。音人羊反。

[9]【顏注】師古曰：僇，古"戮"字。

史記周幽王二年，[1]周三川皆震。[2]劉向以爲金木水火沴土者也。伯陽甫曰：[3]"周將亡矣！天地之氣不過其序；若過其序，民亂之也。陽伏而不能出，陰迫而不能升，[4]於是有地震。今三川實震，是陽失其所而填陰也。[5]陽失而在陰，原必塞；[6]原塞，國必亡。夫水，土演而民用也；[7]土無所演，而民乏財用，不亡何待？昔伊雒竭而夏亡，河竭而商亡，今周恝如二代之季，其原又塞，塞必竭；川竭，山必崩。夫國必依山川，山崩川竭，亡之徵也。若國亡，不過十年，數之紀也。"是歲三川竭，岐山崩。[8]劉向以爲陽失在陰者，謂火氣來煎枯水，故川竭也。山川連體，下竭上崩，事埶然也。時幽王暴虐，妄誅伐，不聽諫，迷於襃姒，廢其正后，[9]廢后之父申侯與犬戎共攻殺幽王。一曰，其在天文，水爲辰星，辰星爲蠻夷。月食辰星，國以女亡。幽王之敗，女亂其內，夷攻其外。京房《易傳》曰："君臣相背，厥異名水絕。"[10]

[1]【今注】周幽王：名宮湦（shēng），周宣王子。任善諛好利之臣虢石父爲卿，行苛政。納襃姒而寵，生子伯服。廢太子宜臼及申后，立伯服。時鎬京地震，三川竭，岐山崩，又命攻六濟之戎而敗。申后之父申侯與犬戎攻王，犬戎破鎬京，殺幽王，擄襃姒。西周滅亡。

[2]【顏注】應劭曰：震，地震三川竭也。師古曰：三川，涇、渭、洛也。洛即漆沮也。川自震耳，故將壅塞，非地震也。

[3]【顏注】服虔曰：周太史。

[4]【顏注】應劭曰：迫，陰迫陽，使不能升也。

[5]【顏注】應劭曰：失其所，失其道也。填陰，爲陰所填不得升也。師古曰：填，音竹刃反。

[6]【顏注】師古曰：原，謂水泉之本也。

[7]【顏注】應劭曰：演，引也，所以引出土氣者也。師古曰：演，音衍。【今注】演：朱一新《漢書管見》引《國語》韋昭注："水土氣通爲演。演猶潤也。演則生物，民得用之。"

[8]【今注】岐山：在今陝西西部。包括東崛山、西崛山、崛山梁及岐山，其主體部分在岐山、麟游二縣交界處。爲六盤山餘脈東支千山南向突出部分。

[9]【顏注】師古曰：襃姒，襃人所獻之女也。正后，申后

也。蓋《白華》之詩所爲作也。

　　[10]【顏注】師古曰：有名之水。

　　文公九年"九月癸酉，地震"。劉向以爲先是時，齊桓、晉文、魯釐二伯賢君新没，[1]周襄王失道，[2]楚穆王殺父，[3]諸侯皆不肖，權傾於下，天戒若曰，臣下彊盛者將動爲害。後宋、魯、晉、莒、鄭、陳、齊皆殺君。[4]諸震，略皆從董仲舒説也。京房《易傳》曰："臣事雖正，專必震，其震，於水則波，於木則摇，於屋則瓦落。大經在辟而易臣，兹謂陰動，[5]厥震摇政宫。大經摇政，兹謂不陰，厥震摇山，山出涌水。嗣子無德專禄，[6]兹謂不順，厥震動丘陵，涌水出。"襄公十六年"五月甲子，地震"。劉向以爲先是雞澤之會，諸侯盟，大夫又盟。[7]是歲三月，諸侯爲溴梁之會，[8]而大夫獨相與盟，[9]五月地震矣。其後崔氏專齊，欒盈亂晉，良霄傾鄭，閽殺吳子，燕逐其君，楚滅陳、蔡。[10]

　　[1]【顏注】師古曰：齊桓、晉文，二伯也。魯僖，賢君也。"伯"讀曰"霸"。

　　[2]【顏注】師古曰：謂避叔帶之難而出奔，失爲君之道。【今注】周襄王：春秋時周國君，名鄭，惠王子。襄王三年（前649），弟叔帶與戎、翟作亂攻王城。發覺，叔帶奔齊。齊桓公使管仲平亂。王以狄女爲后，十六年黜狄后，狄人入周，王奔鄭。叔帶入爲王。次年晉文公率諸侯誅叔帶，復位。在位三十二年。

　　[3]【顏注】師古曰：穆王，商臣也，殺其父成王也。【今

注】楚穆王：春秋時楚國國君，熊氏，名商臣。成王子。爲太子時，懼被廢，逼父自殺而立。以其傅潘崇爲太師，掌國政。滅江、六、蓼等小國。九年與陳、鄭、蔡等國謀攻宋，後會獵於孟諸澤，迫宋聽命。在位十二年。

[4]【顏注】師古曰：文十六年宋人殺其君杵臼，十八年襄仲殺惡，宣二年晉趙盾殺其君夷皋，文十八年莒弒其君庶其，宣四年鄭公子歸生弒其君夷，十年陳夏徵舒殺其君平國，文十八年齊人殺其君商人。

[5]【顏注】服虔曰：經，常也。辟，音“刑辟”之“辟”。蘇林曰：大經，五行之常經也。在辟，衆陰犯殺其上也。師古曰：“辟”讀曰“僻”，謂常法僻壞而易臣也。

[6]【今注】專禄：王念孫《讀書雜志·漢書第五》以爲《太平御覽·咎徵部七》引此“專禄”上有“臣”字是。言嗣子無德而臣專禄則地震，故上文云“臣事雖正，專必震”也。臣專禄，故曰“兹謂不順”。

[7]【顏注】師古曰：雞澤，衛地也。襄三年，公會單子、晉侯、宋公、衛侯、鄭伯、莒子、邾子、齊世子光，己未，同盟于雞澤。陳侯使袁僑如會，戊寅，叔孫豹及諸侯大夫及陳袁僑盟也。【今注】雞澤：又名雞丘。治所在今河北邯鄲市永年區東南。

[8]【今注】案，渼，蔡琪本、大德本、殿本作“溴”，是。

[9]【顏注】師古曰：經書諸大夫盟，謂晉、宋、衛、鄭、曹、莒、邾、薛、杞、小邾之大夫。

[10]【顏注】師古曰：崔氏，齊卿崔杼也。欒盈，晉大夫欒桓子之子懷子也，二十一年奔楚，二十三年復入于晉而作亂。良霄，鄭大夫伯有也。三十年，子晳以駟氏之甲伐而焚之，伯有奔雍梁，遂奔許，晨自墓門之竇入，介于襄庫，以伐舊北門。駟帶率國人伐之，伯有死于羊肆。閽，守門者也。吳子，餘祭也。吳人伐越，獲俘焉，以爲閽，使守舟。二十九年，餘祭觀舟，閽以

刀殺之。燕，北燕國也。昭三年冬，燕大夫殺公之外嬖，公懼奔齊。昭八年，楚師滅陳。十一年，楚滅蔡也。

昭公十九年"五月己卯，地震"。劉向以爲是時季氏將有逐君之變。其後宋三臣、曹會皆以地叛，[1]蔡、莒逐其君，吳敗中國殺二君。[2]二十三年"八月乙未，地震"。劉向以爲是時周景王崩，劉、單立王子猛，尹氏立子朝。[3]其後季氏逐昭公，黑肱叛邾，[4]吳殺其君僚，[5]宋五大夫、晉二大夫皆以地叛。[6]哀公三年"四月甲午，地震"。劉向以爲是時諸侯皆信邪臣，莫能用仲尼，盜殺蔡侯，齊陳乞弑君。[7]

[1]【顔注】師古曰：二十年，宋華亥、向寧、華定出奔陳，二十一年自陳入于宋南里以叛。曹會，大夫公孫會也，二十年自鄸出奔宋。《穀梁傳》曰"自鄸者，專鄸也"。鄸，會之邑也。鄸，音莫風反。

[2]【顔注】師古曰：昭二十一年，蔡人信費無極之言，出蔡侯朱，朱出奔楚。二十三年，莒子庚輿虐而好劍，國人患之。秋七月，烏存帥國人以逐之，庚輿出奔魯。戊辰，吳敗楚、頓、胡、沈、蔡、陳、許之師于雞父。胡子髠、沈子逞滅，是也。

[3]【顔注】師古曰：已解於上。

[4]【顔注】師古曰：黑肱，邾大夫也。三十一年，經書"邾黑肱以濫來奔"。濫，邾邑。

[5]【顔注】師古曰：二十七年，吳公子光使專設諸抽劍刺王是也。【今注】僚：春秋時吳國國君，名僚，一名州於。吳王餘眛之子。餘眛卒，按吳王壽夢遺命，兄終弟及，當立弟季札。季札逃去，乃立子僚。吳公子光不服，乘吳伐楚，使專諸於宴享時藏劍

於魚以進，刺殺之。在位十三年。

[6]【顏注】師古曰：定十年，宋公之弟辰暨仲佗、石彄出奔陳。十一年春，辰及仲佗、石彄、公子地自陳入于蕭以叛。秋，宋樂大心自曹入于蕭。十三年，晉荀寅、士吉射入朝歌以叛。

[7]【顏注】師古曰：哀四年，經書"盜殺蔡侯申"。《左氏傳》曰："蔡昭侯將如吳，諸大夫恐其又遷也，公孫翩逐而射之，入于人家而卒（人家，蔡琪本、大德本、殿本作"家人"）。"陳乞，齊大夫陳僖子也。六年，乞殺其君荼。荼，景公之子安孺子也。荼，音大胡反（殿本無"荼音大胡反"五字）。

惠帝二年正月，地震隴西，厭四百餘家。[1]武帝征和二年八月癸亥，地震，厭殺人。宣帝本始四年四月壬寅，地震河南以東四十九郡，北海、琅邪壞祖宗廟城郭，[2]殺六千餘人。元帝永光三年冬，地震。綏和二年九月丙辰，地震，[3]自京師至北邊郡國三十餘壞城郭，凡殺四百一十五人。

[1]【顏注】師古曰：厭，音一甲反。次下亦同。【今注】厭：通"壓"。

[2]【今注】琅邪：郡名。治東武縣（今山東諸城市）。

[3]【今注】案，王念孫《讀書雜志·漢書第五》以為"綏和"上脫"成帝"二字。

釐公十四年"秋八月辛卯，沙麓崩"。[1]《穀梁傳》曰："林屬於山曰麓，[2]沙其名也。"劉向以為臣下背叛散落，不事上之象也。先是，齊桓行伯道，會諸侯，[3]事周室。管仲既死，桓德日衰，天戒若曰，伯道將廢，諸侯散落，政逮大夫，陪臣執命，臣下不事上矣。桓公不寤，天子蔽晦。[4]及齊桓死，天下散而從楚。王札子殺二大夫，[5]晉敗天子之師，[6]莫能征討，從是陵遲。[7]《公羊》以爲沙麓，河上邑也。董仲舒説略同。一曰，河，大川象；齊，大國；桓德衰，伯道將移於晉文，故河爲徙也。《左氏》以爲沙麓，晉地；[8]沙，山名也；地震而麓崩，不書震，舉重者也。伯陽甫所謂"國必依山川，山崩川竭，亡之徵也；不過十年，數之紀也"。至二十四年，晉懷公殺於高梁。[9]京房《易傳》曰："小人剥廬，[10]厥妖山崩，兹謂陰乘陽，弱勝彊。"

[1]【今注】沙麓：春秋晉地。在今河北大名縣東。

[2]【顏注】師古曰：屬，聯也，音之欲反。

[3]【顏注】師古曰："伯"讀曰"霸"。其下亦同（殿本無此注）。

[4]【顏注】師古曰：被，掩蔽而暗也。

[5]【顏注】師古曰：二大夫，召伯、毛伯也。

[6]【顏注】師古曰：謂敗之於貿戎也。已解於上也。

[7]【今注】陵遲：陵夷。衰頹，衰落。由盛到衰。

[8]【今注】左氏：朱一新《漢書管見》指出，此謂治《左氏》者之説，非《左氏》本文。

[9]【顏注】師古曰：懷公，謂子圉，惠公之子也。文公入國而使殺之。高梁，晉地。【今注】晉懷公：春秋時晉國國君，名圉。惠公子。爲質於秦，聞惠公病，逃歸。即位後，秦穆公怨，以兵護送公子重耳入晉立爲晉君。重耳使人殺之。在位僅五月。　高梁：春秋晉邑。治所在今山西臨汾市東北。

[10]【顏注】師古曰：《剝卦》上九爻之辭。

　　成公五年“夏，梁山崩”。[1]《穀梁傳》曰壅河三日不流，[2]晉君帥群臣而哭之，迺流。[3]劉向以爲山陽，君也，水陰，民也，天戒若曰，君道崩壞，下亂，百姓將失其所矣。哭然後流，喪亡象也。梁山在晉地，自晉始而及天下也。後晉暴殺三卿，厲公以弑。[4]溴梁之會，天下大夫皆執國政，[5]其後孫、甯出衛獻，[6]三家逐魯昭，單、尹亂王室。[7]董仲舒説略同。劉歆以爲梁山，晉望也；崩，弛崩也。[8]古者三代命祀，祭不越望，[9]吉凶禍福，不是過也。國主山川，山崩川竭，亡之徵也，美惡周必復。[10]是歲歲在鶉火，至十七年復在鶉火，欒書、中行偃殺厲公而立悼公。[11]

　　[1]【今注】梁山：呂梁山。在今山西呂梁市離石區東北。

　　[2]【顏注】師古曰：“壅”讀曰“雍”。

　　[3]【顏注】師古曰：從伯宗用輦者之言。

　　[4]【顏注】師古曰：三卿，謂郤錡、郤錡、郤至也。厲公殺之，而欒書、中行偃又弑厲公。事在成十七年。

　　[5]【顏注】師古曰：已解於上。

　　[6]【顏注】師古曰：孫，孫林父；甯，甯殖；皆衛大夫也。衛獻公，定公之子也，名衎。獻公戒二子食，日旰不召，而射鴻於囿，二子怒，因作亂。公如鄄，遂出奔齊。孫氏追之，敗公徒于柯澤。事在襄十四年。

　　[7]【顏注】師古曰：並解於上。

　　[8]【顏注】師古曰：言漸解散也。弛，音式爾反。

　　[9]【今注】望：祭國中山川。

[10]【顔注】師古曰：復，音扶目反。

[11]【今注】欒書：欒武子。春秋時晉國大夫。欒枝孫。初爲晉下軍之佐。晉景公十一年（前589）鞌之戰，大敗齊師，公勞之。後代郤克將中軍，爲政。厲公六年（前575），鄢陵之戰，大敗楚師。厲公失政，乃與中行偃使人殺厲公而立悼公。

高后二年正月，武都山崩，[1]殺七百六十人，地震至八月迺止。文帝元年四月，齊楚地山二十九所同日俱大發水，潰出，[2]劉向以爲近水沴土也。天戒若曰，勿盛齊、楚之君，今失制度，將爲亂。後十六年，帝庶兄齊悼惠王之孫文王則薨，無子，帝分齊地，立悼惠王庶子六人皆爲王。[3]賈誼、鼂錯諫，[4]以爲違古制，恐爲亂。至景帝三年，齊楚七國起兵百餘萬，漢皆破之。春秋四國同日災，[5]漢七國同日衆山潰，咸被其害，不畏天威之明效也。成帝河平三年二月丙戌，犍爲柏江山崩，[6]捐江山崩，[7]皆壅江水，[8]江水逆流壞城，殺十三人，地震積二十一日，百二十四動。元延三年正月丙寅，蜀郡岷山崩，[9]壅江，江水逆流，三日迺通。劉向以爲周時岐山崩，三川竭，而幽王亡。岐山者，周所興也。漢家本起於蜀漢，今所起之地山崩川竭，星孛又及攝提、大角，從參至辰，[10]殆必亡矣。其後三世亡嗣，王莽篡位。

[1]【今注】武都山：在今四川成都市舊城西北隅。

[2]【今注】案，王念孫《讀書雜志・漢書第五》以爲“此因地震，故山崩而水潰出也。且上下文皆紀山崩之事”，故當依荀悅

《漢紀·孝文紀》作"齊楚地震，山崩二十九所，同日俱大發水，潰出"。

[3]【顏注】師古曰：謂齊孝王將閭、濟北王志、菑川王賢、膠東王雄渠、膠西王卬、濟南王辟光。

[4]【今注】鼂錯：傳見本書卷四九。

[5]【顏注】師古曰：宋、衛、陳、鄭。

[6]【今注】犍爲：郡名。漢武帝建元六年（前135）置，郡治屢遷，先後移治鼈縣（今貴州遵義市西）、廣南（今四川筠連縣）、僰道（今四川宜賓市西南）、武陽（今四川眉山市彭山區東）。

[7]【今注】捐江：沈欽韓《漢書疏證》以爲及上柏江今皆無其名，不可考。

[8]【顏注】師古曰："廱"讀曰"雍"。次下亦同。

[9]【今注】蜀郡：治成都縣（今四川成都市）。　岷山：亦作"崏山"。又名汶山、瀆山、汶阜山、汶焦山。在今四川西北部，綿延川、甘兩省邊境。

[10]【顏注】如淳曰：孛星尾長及攝提、大角，始發於參至辰也。【今注】攝提：星名。屬亢宿，共六星。位於大角星兩側，左三星曰左攝提，右三星曰右攝提。　大角：星名。北天的橙色亮星，屬亢宿，在攝提間。即牧夫座第一星。

傳曰："皇之不極，是謂不建，厥咎眊，[1]厥罰恒陰，厥極弱。時則有射妖，時則有龍蛇之孽，時則有馬禍，時則有下人伐上之痾，[2]時則有日月亂行，星辰逆行。""皇之不極，是謂不建"，皇，君也。極，中；建，立也。人君貌言視聽思心五事皆失，不得其中，則不能立萬事，失在眊悖，故其咎眊也。[3]王者自下承天理物。雲起於山，而彌於天；[4]天氣亂，故其罰常陰也。一曰，上失中，則下彊盛而蔽君明也。《易》曰"亢龍有悔，貴而亡位，高而亡民，賢人在下位而亡輔"，[5]如此，則君有南面之尊，而亡一人之助，故其極弱也。盛陽動進輕疾。[6]禮，春而大射，以順陽氣。[7]上微弱則下奮動，故有射妖。《易》曰"雲從龍"，[8]又曰"龍蛇之蟄，以存身也"。[9]陰氣動，故有龍蛇之孽。於《易》，《乾》爲君爲馬，馬任用而彊力，君氣毀，故有馬禍。一曰，馬多死及爲怪，亦是也。君亂且弱，人之所叛，天之所去，不有明王之誅，則有篡弒之禍，故有下人伐上之痾。凡君道傷者病天氣，不言五行沴天，而曰"日月亂行，星辰逆行"者，爲若下不敢沴天，猶《春秋》曰"王師敗績于貿戎"，不言敗之者，以自敗爲文，尊尊之意也。劉歆皇極傳曰有下體生上之痾。説以爲下人伐上，天誅已成，不得復爲痾云。皇極之常陰，劉向以爲《春秋》亡其應。一曰，久陰不雨是也。劉歆以爲自屬常陰。

[1]【顏注】服虔曰：眊，音老耄。【今注】眊：王先謙《漢書補注》引《續漢書·五行志》劉昭注云："《大傳》作'瞀'，鄭注：'瞀與思心之咎同耳，故傳曰眊。眊，亂也。君臣不立，則上下亂矣。'"

[2]【今注】伐：王先謙《漢書補注》引《續漢書·五行志》劉昭注引鄭玄注："夏侯勝説'伐'宜爲'代'，書亦或作'代'。陰陽之神曰精氣，情性之神曰魂魄，君行不由常，佚張無度，則是魂魄傷也，王極氣先之病也。天於不中之人，恒者其毒，增以爲

病，將以開賢代之也。”指出本書卷七五《夏侯勝傳》作“伐上”。鄭玄説未詳所出。《續漢書·五行志》亦作“伐”。

[3]【顏注】師古曰：眊，不明也。悖，惑也，音布内反。

[4]【顏注】師古曰：彌，滿也。

[5]【顏注】師古曰：《乾》上九文言也。

[6]【顏注】服虔曰：陽行輕且疾也。

[7]【顏注】韋昭曰：將祭，與群臣射，謂之大射。

[8]【顏注】師古曰：《乾》九五文言。

[9]【顏注】師古曰：《下繫》辭也。

昭帝元平元年四月崩，[1]亡嗣，立昌邑王賀。賀即位，天陰，晝夜不見日月。賀欲出，光禄大夫夏侯勝當車，[2]諫曰：“天久陰而不雨，臣下有謀上者，陛下欲何之？”賀怒，縛勝以屬吏，[3]吏白大將軍霍光。光時與車騎將軍張安世謀欲廢賀。[4]光讓安世，[5]以爲泄語，安世實不泄，召問勝。勝上《洪範五行傳》曰：“‘皇之不極，厥罰常陰，時則有下人伐上。’不敢察察言，[6]故云‘臣下有謀’。”光、安世讀之，大驚，以此益重經術士。後數日卒共廢賀。此常陰之明效也。京房《易傳》曰：“有蜺、蒙、霧。霧，上下合也。蒙如塵雲。蜺，日旁氣也。其占曰：后妃有專，蜺再重，赤而專，至衝旱。[7]妻不壹順，黑蜺四背，又白蜺雙出日中。妻以貴高夫，兹謂擅陽，蜺四方，日光不陽，解而温。[8]内取兹謂禽，[9]蜺如禽，在日旁。以尊降妃，兹謂薄嗣，蜺直而塞，六辰迺除，夜星見而赤。[10]女不變始，兹謂乘夫，[11]蜺白在日側，黑蜺果之。氣正直。[12]妻不順正，茲謂擅陽，蜺中窺貫而外專。夫妻不嚴茲謂媟，[13]蜺與日會。婦人擅國茲謂頃，[14]蜺白貫日中，赤蜺四背。[15]適不苔茲謂不次，[16]蜺直在左，蜺交在右。取於不專，茲謂危嗣，蜺抱日兩未及。君淫外茲謂亡，蜺氣左日交於外。取不達茲謂不知，蜺白奪明而大温，温而雨。[17]尊卑不別茲謂媟，蜺三出三已，三辰除，[18]除則日出且雨。臣私禄及親，茲謂罔辟，[19]厥異蒙，其蒙先大温，已蒙起，日不見。行善不請於上，茲謂作福，蒙一日五起五解。辟不下謀，臣辟異道，茲謂不見，上蒙下霧，風三變而俱解。立嗣子疑，茲謂動欲，蒙赤，日不明。德不序茲謂不聰，蒙，日不明，温而民病。德不試，空言禄，[20]茲謂主窳臣夭，[21]蒙起而白。君樂逸人茲謂放，蒙，日青，黑雲夾日，左右前後行過日。公不任職，茲謂怙禄，蒙三日，又大風五日，蒙不解。利邪以食，茲謂閉上，蒙大起，白雲如山行蔽日。公懼不言道，[22]茲謂閉下，蒙大起，日不見，若雨不雨，至十二日解，而有大雲蔽日。禄生於下，茲謂誣君，蒙微而小雨，已乃大雨。下相攘善，茲謂盜明，蒙黃濁。下陳功，求於上，茲謂不知，蒙，微而赤，風鳴條，解復蒙。下專刑茲謂分威，蒙而日不得明，大臣厭小臣茲謂蔽，蒙微，日不明，若解不解，大風發，赤雲起而蔽日。眾不惡惡茲謂閉，蒙，尊卦用事，[23]三日而起，日不見。漏言亡喜，茲謂下厝用，[24]蒙微，日無光，有雨雲，雨不降。廢忠惑佞茲謂亡，蒙，天先清而暴，蒙微而日不明。有逸民茲謂不明，蒙濁，奪日光。公不任職，茲謂不絀，蒙白，三辰止，則日青，青而寒，寒必雨。忠臣進善君不試，茲謂遏，[25]蒙，先小雨，雨已蒙起，微而日不明。惑衆在位，茲謂覆國，蒙微而日不明，一溫一寒，風揚塵。知佞厚之茲謂庫，[26]蒙甚而溫。君臣故弼茲謂悖，[27]厥災風雨霧，風拔木，亂五穀，已而大霧。庶正蔽惡，茲謂生孽災，厥異霧。”此皆陰雲之類云。

[1]【今注】元平：漢昭帝年號（前74）。

[2]【今注】光禄大夫：漢武帝時改中大夫置，掌論議，屬光禄勳。秩比二千石。

[3]【顏注】師古曰：屬，委也，音之欲反（殿本無此注）。

[4]【今注】張安世：傳見本書卷五九。

[5]【今注】讓：責。

[6]【顏注】臣瓚曰：不敢察察明言之。

[7]【顏注】孟康曰：專，員也。若五月再重，赤而員，至十一月旱也。

[8]【顏注】服虔曰：蒙氣解而溫。

[9]【顏注】服虔曰：人君内淫於骨肉也。臣瓚曰：人君取於國中也（殿本無“臣瓚曰人君取於國中也”十字）。師古曰：取，如《禮記》“聚麀”之聚。瓚說非（殿本無“瓚說非”三字）。【今注】内取：沈欽韓《漢書疏證》以爲當從瓚說。《公羊傳》：宋“三世内娶”。《禮記·坊記》“諸侯不下漁色”，鄭玄注：“内取國中爲下漁色。”

[10]【顏注】韋昭曰：六辰，謂從卯至申。

[11]【顏注】孟康曰：始貴高於夫，終行此不變也。

[12]【顏注】師古曰：果，謂干之也。【今注】果：楊樹達《漢書窺管》："果當讀爲裹。《説文》八篇上《衣部》云：裹，纏也。顏訓非。"

[13]【顏注】韋昭曰：媟，言媟慢也。師古曰：音先列反。

[14]【顏注】師古曰："頃"讀曰"傾"。

[15]【顏注】服虔曰：蜺背日。

[16]【顏注】服虔曰：言適妻不見荅也。臣瓚曰：夫不接妻爲不荅。師古曰："適"讀曰"嫡"。荅，報也。言妻有承順之心，不見報荅也。一曰，荅，對也，言不以恩意接對之。【今注】案，謂，殿本作"爲"。

[17]【顏注】師古曰："取"讀曰"聚"。

[18]【顏注】韋昭曰：若從寅至辰也。蜺旦見西，晏則雨。

[19]【顏注】韋昭曰：辟，君也。師古曰：辟，音壁。其下並同（其，大德本誤作"若"；殿本無"師古曰辟音壁其下並同"十字）。

[20]【顏注】師古曰：試，用也。

[21]【顏注】孟康曰：謂君惰窳，用人不以次第，爲夭也。師古曰：窳，音庾。

[22]【今注】懼：王先謙《漢書補注》疑"拒"聲近而訛。拒下使不言道，所謂閉下也。作"懼"則無義。

[23]【顏注】孟康曰：尊卦，《乾》《坤》也。臣瓚曰：京房謂之方伯卦，震、兑、坎、离也（离，蔡琪本、殿本作"離"）。師古曰：孟説是也。

[24]【顏注】師古曰：厝，音千各反。

[25]【顏注】師古曰：試，用也。

[26]【今注】庳：楊樹達《漢書窺管》："庳當作痹，形近之誤。蓋知佞而不能遠，近於麻痹不仁也。"

[27]【顏注】師古曰：弻猶相庚也。悖，惑也。

嚴公十八年“秋，有蜮”。[1]劉向以爲蜮生南越。越地多婦人，男女同川，淫女爲主，亂氣所生，故聖人名之曰蜮。蜮猶惑也，在水旁，能射人，射人有處，甚者至死。[2]南方謂之短弧，[3]近射妖，死亡之象也。時嚴將取齊之淫女，故蜮至。天戒若曰，勿取齊女，將生淫惑篡弑之禍。嚴不寤，遂取之。入後淫於二叔，二叔以死，兩子見弑，夫人亦誅。[4]劉歆以爲蜮，盛暑所生，非自越來也。[5]京房《易傳》曰：“忠臣進善君不試，厥咎國生蜮。”[6]

[1]【今注】蜮（yù）：傳説中一種在水裏暗中害人的怪物。

[2]【顔注】師古曰：以氣射人也。

[3]【顔注】師古曰：即射工也，亦呼水弩。【今注】案，沈欽韓《漢書疏證》引陸璣《毛詩草木鳥獸蟲魚疏》：“一名射影，人在岸上，影在水中，投人影，則殺之。南人將入水，先以瓦石投水中，令水濁，然後入。或曰，含沙射人皮肌，其瘡如疥是也。”王先謙《漢書補注》引葉德輝補證引《毛詩·何人斯》孔穎達疏引《洪範傳》曰：“蜮如鼈，三足，生于南越，南越婦人多淫，故其地多蜮，淫女惑亂之氣所生也。”

[4]【顔注】師古曰：並解於上。

[5]【今注】案，沈欽韓《漢書疏證》據《竹書紀年》：“晉獻公二年，王子頹亂，王居於鄭。鄭人入王府，多取玉。玉化爲蜮，射人。”及《太平御覽》卷九五〇：“《抱朴子》曰：‘射工蟲，冬天蟄於谷間，大雪時索之，此蟲所在，其雪不積留，氣起如灼蒸，當掘之，不過入地一尺則得也。陰乾末，帶之，夏天自辟射工也。”以爲徵諸書傳，中國本有蜮，劉歆言亦有理。

[6]【顔注】師古曰：試，用也（殿本無此注）。

史記魯哀公時，有隼集于陳廷而死，[1] 楛矢貫之，[2] 石砮，[3] 長尺有咫。[4] 陳閔公使使問仲尼，[5] 仲尼曰："隼之來遠矣！昔武王克商，通道百蠻，使各以方物來貢，肅慎貢楛矢，[6] 石砮長尺有咫。先王分異姓以遠方職，使毋忘服，[7] 故分陳以肅慎矢。" 試求之故府，果得之。[8] 劉向以爲隼近黑祥，貪暴類也；矢貫之，近射妖也；死於廷，國亡表也。象陳昬亂，不服事周，[9] 而行貪暴，將致遠夷之禍，爲所滅也。是時中國齊晉、南夷吳楚爲彊，[10] 陳交晉不親，附楚不固，數被二國之禍。後楚有白公之亂，[11] 陳乘而侵之，[12] 卒爲楚所滅。[13]

[1]【顏注】師古曰：隼，鷙鳥，即今之鶻也。說者以爲鵰，失之矣。廷，朝廷也。"鶻"字音胡骨反。

[2]【顏注】應劭曰：楛，木名。師古曰：音怙，其木堪爲箭笴，今豳以北皆用之，土俗呼其木爲楛子也。【今注】楛矢：以楛莖爲箭杆的箭。

[3]【顏注】應劭曰：砮，鏃也，音奴，又乃互反。

[4]【顏注】張晏曰：八寸曰咫。

[5]【顏注】師古曰：閔公名周，懷公之子。【今注】陳閔公：春秋時陳國國君，名周，一作"越"。懷公之子。在位時吳楚屢伐之。楚惠王以兵北伐，殺之，滅陳。在位二十四年。錢大昭《漢書辨疑》以爲《國語·魯語》作"陳惠公"，韋昭注曰："惠公，陳哀公之孫，悼太子之子也。"

[6]【顏注】臣瓚曰：肅慎，東北夷。

[7]【顏注】師古曰：服，事也。

[8]【顏注】師古曰：得昔所分之矢於府藏中。

［9］【顏注】師古曰：眊，音莫報反。

［10］【顏注】師古曰：中國則齊、晉爲彊，南夷則吳、楚爲彊。

［11］【顏注】師古曰：白公，楚平王大子建之子勝也（大，蔡琪本、大德本、殿本作“太”）。建遇讒，奔鄭而死。勝在吳，子西召之，使處吳境，爲白公。吳人伐愼，白公敗之，請以戰備獻，因作亂，子西、子期皆死。事在哀十六年。

［12］【顏注】師古曰：白公之亂，陳人恃其聚而侵楚。事見哀十七年。

［13］【顏注】師古曰：陳閔公之二十年，獲麟之歲也。其二十四年，而爲楚所滅。

史記夏后氏之衰，有二龍止於夏廷，而言“余，襃之二君也”。[1]夏帝卜殺之，去之，止之，莫吉；卜請其漦而藏之，乃吉。[2]於是布幣策告之。[3]龍亡而漦在，乃匵去之。[4]其後夏亡，傳匵於殷周，三代莫發，至厲王末，發而觀之，漦流于廷，不可除也。厲王使婦人贏而譟之，[5]漦化爲玄黿，[6]入後宮。處妾遇之而孕，[7]生子，懼而棄之。宣王立，女童謠曰：“檿弧箕服，實亡周國。”[8]後有夫婦鬻是器者，宣王使執而僇之。[9]既去，見處妾所棄妖子，聞其夜號，哀而收之，遂亡奔襃。後襃人有罪，入妖子以贖，是爲襃姒，幽王見而愛之，生子伯服。王廢申后及太子宜咎，而立襃姒、伯服代之。廢后之父申侯與繒西畎戎共攻殺幽王。[10]《詩》曰：“赫赫宗周，襃姒威之。”[11]劉向以爲夏后季世，周之幽、厲，皆諆亂逆天，[12]故有龍黿之怪，近龍蛇孽也。漦，血也，一曰沫也。檿弧，桑弓也。萁服，蓋以萁草爲箭服，近射妖也。女童謠者，禍將生於女，國以兵寇亡也。[13]

[1]【顔注】師古曰：褒，古國名。

[2]【顔注】應劭曰：漦，沫也。鄭氏曰：漦，音牛齝之齝。師古曰：去，謂驅逐也。止，謂拘留也。去，音丘吕反。漦，音丑之反。【今注】漦（chí）：涎沫。

[3]【顔注】師古曰：奠幣爲禮，讀策辭而告之也。説者以爲策者糈米，蓋失之矣。

[4]【顔注】師古曰：匵，匱也。去，藏也。匵，音讀。去，音丘吕反。

[5]【顔注】應劭曰：群呼曰譟。師古曰：譟，音先到反。【今注】臝：同"裸"。

[6]【顔注】韋昭曰：玄，黑。黿，蜇蜴也，似蛇而有足。師古曰：黿似鼈而大，非蛇及蜇蜴。【今注】黿（yuán）：蠑螈。兩棲動物，形狀似蜥蜴。頭扁平，四肢細長，無蹼，尾側扁，卵生。生活於池沼、濕地中。朱一新《漢書管見》指出，《説文》"榮蚖，蜥蜴"，故韋昭訓爲蜥蜴。王先謙《漢書補注》引葉德輝補證引《玉燭寶典》載《爾雅》"蠑螈，黿，蜥蜴，蝘蜓，守宫"，舍人注"蠑螈名黿，一名蜥蜴，蜥蜴又名蝘蜓，蝘蜓又名守宫也"，以爲舍人所據本"蠑螈"下有"黿"字。蠑螈、黿、蜥蜴，皆是一物。

[7]【顔注】師古曰：處妾，宫中之童女。

[8]【顔注】服虔曰：檿，檿桑也（殿本無服虔注）。師古曰：女童謡，閭里之童女爲歌謡也。檿，山桑之有點文者也。木弓曰弧。服，盛箭者，即今之步叉也（叉，蔡琪本、殿本作"義"）。萁，草，似荻而細，織之爲服也。檿，音一簟反。萁，

音基。荻，音敵。【今注】檿（yǎn）：山桑。葉可飼蠶。木堅勁，古代多用以製弓和車轅。

[9]【顏注】師古曰：鬻，賣也，音弋六反。

[10]【顏注】師古曰：畎戎即犬戎，亦曰昆夷。

[11]【顏注】師古曰：《小雅·正月》之詩也。赫赫，盛貌也。宗周，鎬京也。威，滅也，音呼悅反。

[12]【顏注】師古曰：詩，惑也，音布內反（殿本無此注）。

[13]【顏注】師古曰：因婦人以致兵寇也。

《左氏傳》昭公十九年，龍鬬於鄭時門之外洧淵。[1]劉向以爲近龍孽也。鄭以小國攝乎晉楚之閒，[2]重以彊吳，[3]鄭當其衝，不能修德，將鬬三國，以自危亡。[4]是時子産任政，內惠於民，外善辭令，以交三國，鄭卒亡患，能以德消變之效也。京房《易傳》曰：“衆心不安，厥妖龍鬬。”

[1]【顏注】師古曰：時門，鄭城門也。洧泉，洧水之泉也。洧水出滎陽密縣東南，至潁川長平入潁也。【今注】洧淵：春秋時屬鄭，在今河南新鄭市東南。

[2]【顏注】師古曰：攝，收持之（之，蔡琪本、大德本、殿本作“也”）。

[3]【顏注】師古曰：重，音直用反（殿本無此注）。

[4]【顏注】師古曰：言若不修德，則三國伐之，必危亡。

惠帝二年正月癸酉旦，有兩龍見於蘭陵廷東里溫陵井中，[1]至乙亥夜去。劉向以爲龍貴象而困於庶人井中，象諸侯將有幽執之禍。其後呂太后幽殺三趙王，諸呂亦終誅滅。京房《易傳》曰："有德遭害，厥妖龍見井中。"又曰："行刑暴惡，黑龍從井出。"

[1]【顏注】師古曰：蘭陵縣之廷東里也。温陵，人姓名也。【今注】蘭陵：縣名。治所在今山東蘭陵縣西南。

《左氏傳》魯嚴公時有内蛇與外蛇鬭鄭南門中，内蛇死。劉向以爲近蛇孽也。先是鄭厲公劫相祭仲而逐兄昭公代立。[1]後厲公出奔，昭公復入。[2]死，弟子儀代立。[3]厲公自外劫大夫傅瑕，使傌子儀。[4]此外蛇殺内蛇之象也。蛇死六年，而厲公立。[5]嚴公聞之，問申繻曰："猶有妖乎？"[6]對曰："人之所忌，其氣炎以取之，[7]妖由人興也。人亡釁焉，[8]妖不自作。人棄常，故有妖。"[9]京房《易傳》曰："立嗣子疑，厥妖蛇居國門鬭。"《左氏傳》文公十六年夏，有蛇自泉宫出，[10]入于國，如先君之數。劉向以爲近蛇孽也。泉宫在囿中，公母姜氏嘗居之，蛇從之出，象宫將不居也。《詩》曰："維虺維蛇，女子之祥。"[11]又蛇入國，國將有女憂也。如先君之數者，公母將薨象也。秋，公母薨。公惡之，乃毀泉臺。夫妖孽應行而自見，非見而爲害也。文不改行循正，共御厥罰，[12]而作非禮，以重其過。[13]後二年薨，公子遂殺文之二子惡、視，而立宣公。[14]文公夫人大歸于齊。[15]武帝大始四年七月，趙有蛇從郭外入，與邑中蛇鬭孝文廟下，邑中蛇死。二年秋，[16]有衛太子事，事自趙人江充起。

[1]【顏注】師古曰：厲公母，宋雍氏之女也。祭仲，祭封人仲足也。桓十一年，宋人執祭仲，曰："不立突，將死。"仲乃與宋盟而立厲公。昭公奔衞。祭，音側介反。

[2]【顏注】師古曰：桓十五年，厲公與祭仲之壻雍糾謀殺祭仲，不克，五月，出奔蔡。六月，昭公復歸于鄭。九月，厲公殺檀伯而居櫟也。

[3]【顏注】師古曰：桓十七年，高渠彌弑昭公而立其弟子亹。十八年，齊人殺子亹，祭仲乃立亹之弟儀也。

[4]【顏注】師古曰：傅瑕，鄭大夫也。莊十四年，厲公自櫟侵鄭，獲傅瑕，與之盟。於是傅瑕殺子儀而納厲公也（大德本、殿本無"也"字）。

[5]【今注】案，王先謙《漢書補注》引葉德輝補證引《後漢書》卷五四《楊賜傳》李賢注引《洪範五行傳》曰："初，鄭厲公劫相祭仲而篡兄昭公，立爲鄭君。後雍糾之難，厲公出奔，鄭人立昭公。既立，內蛇與外蛇鬬鄭南門中。內蛇死。是時傅瑕仕於鄭，欲內厲公，故內蛇死者，昭公將敗，厲公將勝之象也。是時昭公宜布恩施惠，以撫百姓，舉賢崇德，以屬群臣，觀察左右，以省姦謀，則內變不得生，外謀無由起矣。昭公不覺，果殺於傅瑕，二子死而厲公入，此其效也。《詩》云：'惟虺惟蛇，女子之祥。'鄭昭公殆以女子敗矣。"

[6]【顏注】師古曰：申繻，魯大夫也。繻，音須。

[7]【顏注】師古曰：炎，音弋贍反。

[8]【今注】釁（xìn）：罪過。案，蔡琪本、殿本作"釁"，同。

[9]【顏注】師古曰：已解於上。

[10]【顏注】師古曰：泉宫，即泉臺。

[11]【顏注】師古曰：《小雅·斯干》之詩。

[12]【顏注】師古曰："共"讀曰"恭"。"御"讀曰"禦"，

又讀如本字。

[13]【顏注】師古曰：重，音直用反（用，大德本作"川"；殿本無此注）。

[14]【顏注】師古曰：惡即子赤也。視，其母弟。

[15]【顏注】師古曰：本齊女，故出而歸齊，所謂哀姜者也。

[16]【今注】案，蔡琪本、大德本、殿本"二年"前有"後"字。

《左氏傳》定公十年，宋公子地有白馬駟，[1]公嬖向魋欲之，[2]公取而朱其尾鬣[3]以予之。地怒，使其徒抶魋而奪之。[4]魋懼將走，公閉門而泣之，目盡腫。公弟辰謂地曰："子爲君禮，不過出竟，君必止子。"[5]地出奔陳，公弗止。辰爲之請，不聽。辰曰："是我迂吾兄也，[6]吾以國人出，君誰與處？"遂與其徒出奔陳。明年俱入于蕭以叛，大爲宋患，[7]近馬禍也。

[1]【顏注】師古曰：地，宋元公子也。四馬曰駟。

[2]【顏注】師古曰：公謂景公，即地之兄也。魋，宋司馬桓魋也。向，音式尚反。魋，音大回反。【今注】嬖：寵臣。　向魋：春秋時宋國司馬，有寵於宋景公。孔子離曹過宋，魋欲殺孔子，孔子微服離宋。魋後得罪景公，討之，先逃入曹國叛宋，曹人叛魋，又逃奔衛國。

[3]【顏注】師古曰：鬣，領上鬣也，音力涉反。

[4]【顏注】師古曰：抶，擊也，音丑失反。　【今注】抶（chì）：笞擊。

[5]【顏注】師古曰：辰亦元公子也。言若見君怒，懼而出

奔，是爲臣之禮也。“竟”讀曰“境”也（殿本無“也”字）。

　　[6]【顏注】應劭曰：迁，音若狂反。臣瓚曰：音九放反。師古曰：二說皆非也（殿本無應、瓚二注及“二說皆非也”五字）。迁，欺也，音求往反。【今注】迁：通“誣”。

　　[7]【顏注】師古曰：蕭，宋邑。【今注】蕭：春秋時宋邑。治所在今安徽蕭縣西北。

　　史記秦孝公二十一年有馬生人，[1]昭王二十年牡馬生子而死。劉向以爲皆馬禍也。孝公始用商君攻守之法，[2]東侵諸侯，至於昭王，用兵彌烈。[3]其象將以兵革抗極成功，而還自害也。牡馬非生類，妄生而死，猶秦恃力彊得天下，而還自滅之象也。一曰，諸畜生非其類，子孫必有非其姓者，至於始皇，果呂不韋子。京房《易傳》曰：“方伯分威，厥妖牡馬生子。亡天子，[4]諸侯相伐，厥妖馬生人。”

　　[1]【今注】秦孝公：戰國時期秦國國君。事迹見《史記》卷五《秦本紀》。
　　[2]【今注】商君：傳見《史記》卷六八。
　　[3]【顏注】師古曰：烈，猛也。
　　[4]【今注】亡天子：王念孫《讀書雜志·漢書第五》以爲《開元占經·馬占》引此“亡”上有“上”字是。“上無天子”，語出《公羊傳》。

　　文帝十二年，有馬生角於吳，角在耳前，上鄉。[1]右角長三寸，左角長二寸，皆大二寸。劉向以爲馬不當生角，猶吳不當舉兵鄉上也。是時，吳王濞封有四郡五十餘城，[2]內懷驕恣，變見於外，天戒早矣。王不寤，後卒舉兵，誅滅。京房《易傳》曰："臣易上，政不順，厥妖馬生角，茲謂賢士不足。"又曰："天子親伐，馬生角。"成帝綏和二年二月，大厩馬生角，[3]在左耳前，圍長各二寸。是時王莽爲大司馬，害上之萌自此始矣。[4]哀帝建平二年，定襄牡馬生駒，[5]三足，隨群飲食，大守以聞。[6]馬，國之武用，三足，不任用之象也。後侍中董賢年二十二爲大司馬，居上公之位，天下不宗。哀帝暴崩，成帝母王大后召弟子新都侯王莽入，收賢印綬，賢恐，自殺，莽因代之，并誅外家丁、傅。又廢哀帝傅皇后，令自殺，發掘帝祖母傅太后、母丁太后陵，更以庶人葬之。辜及至尊，大臣微弱之禍也。

[1]【顏注】師古曰："鄉"讀曰"嚮"。次下亦同。

[2]【顏注】師古曰：《高紀》云："六年春，以故東陽郡、鄣郡、吳郡五十三縣立劉賈爲荊王。十二年十月詔曰：'吳，古之建國，日者荊王兼有其地，今死無後，朕欲復立吳王。'長沙王臣等請立沛侯爲吳王。"而《荊燕吳傳》云："荊王劉賈爲黥布所殺，無後，上患會稽輕悍，無壯王填之，乃立濞爲吳王，王三郡五十三城。"是則濞之所封，賈本地也，止有三郡，《荊燕吳傳》與《紀》同矣。今此云"四郡"，未詳其說。若以賈本不得會稽，濞加一郡者，則不得言"五十三城"也。【今注】四郡：顧炎武《日知錄》卷二七以爲當作"三郡"。"三"爲古"四"字，與"三"易混，猶《左傳》陳、蔡、不羹三國爲四國也。錢大昕《廿二史考異·漢書二》以爲吳王濞本傳云"王三郡五十三城"，而本書卷四五《伍被傳》云"吳王王四郡之眾"，是楚漢之際，會稽嘗

析爲吳郡。此兼舉吳、會，故言四郡也。

　　［3］【今注】大厩：天子駕乘官署之一，屬太僕。本書《百官公卿表》："太僕，秦官，掌輿馬，有兩丞。屬官有大厩、未央、家馬三令，各五丞一尉。"王先謙《漢書補注》引《續漢書·百官志》本注曰："主乘輿及厩中諸馬。舊有六厩，皆六百石令，中興省約，但置一厩"。以爲，"大厩、未央、家馬及下路軨、騎馬、駿馬共爲六厩也。"

　　［4］【顏注】師古曰：萌，若草木之始生也。

　　［5］【今注】定襄：郡名。治成樂縣（今内蒙古和林格爾縣盛樂鎮土城子村古城）。

　　［6］【今注】案，大，蔡琪本、大德本、殿本作"太"。

　　文公十一年，"敗狄于鹹"。[1]《穀梁》《公羊傳》曰，長狄[2]兄弟三人，一者之魯，[3]一者之齊，[4]一者之晉。[5]皆殺之，身橫九晦；[6]斷其首而載之，眉見於軾。[7]何以書？記異也。劉向以爲是時周室衰微，三國爲大，可責者也。天戒若曰，不行禮義，大爲夷狄之行，將至危亡。其後三國皆有篡弑之禍，[8]近下人伐上之痾也。劉歆以爲人變，屬黃祥。一曰，屬嬴蟲之孽。一曰，天地之性人爲貴，凡人爲變，皆屬皇極下人伐上之痾云。京房《易傳》曰："君暴亂，疾有道，厥妖長狄入國。"又曰："豐其屋，下獨苦。[9]長狄生，世主虜。"史記秦始皇帝二十六年，有大人長五丈，足履六尺，皆夷狄服，凡十二人，見于臨洮。[10]天戒若曰，勿大爲夷狄之行，將受其禍。是歲始皇初并六國，反喜以爲瑞，銷天下兵器，作金人十二以象之。遂自賢聖，燔詩書，阬儒士；奢淫暴虐，務欲廣地；南戍五嶺，北築長城以備胡越，[11]壍山填谷，[12]西起臨洮，東至遼東，徑數千里。故大人見於臨洮，明禍亂之起。後十四年而秦亡，亡自戍卒陳勝發。

[1]【顏注】師古曰：鹹，魯地也。

[2]【顏注】師古曰：防風之後，漆姓也，國號鄤瞞。鄤，音所求反。瞞，音莫干反。

[3]【顏注】師古曰：僑如也。來伐魯，爲叔孫得臣所獲。

[4]【顏注】師古曰：榮如也。齊襄公二年伐齊，爲王子成父所獲。

[5]【顏注】師古曰：焚如也。宣十五年，晉滅潞國而獲之。

[6]【顏注】師古曰：晦，古“畮”字。

[7]【顏注】師古曰：軾，車前橫木。

[8]【顏注】師古曰：謂魯文公薨，襄仲弒惡及視而立宣公；齊連稱、管至父弒襄公而立無知；晉欒書、中行偃弒厲公而立悼公。【今注】案，陳景雲《兩漢訂誤》以爲，齊襄公之弒在魯莊公八年（前686），去文公時間較遠。此當謂邴歜、閻職弒懿公事。

[9]【顏注】師古曰：豐其屋，《易·豐卦》上六爻亂也（亂，蔡琪本、大德本、殿本作“辭”，是）。豐，大也。

[10]【顏注】師古曰：隴西之縣也。音吐高反（吐，殿本作“土”）。

[11]【顏注】師古曰：五嶺，解在《張耳陳餘傳》。【今注】五嶺：大庾嶺、越城嶺、騎田嶺、萌渚嶺、都龐嶺的總稱，位於今江西、湖南、廣東、廣西四省之間，是長江與珠江流域的分水嶺。

[12]【今注】壍（qiàn）：挖掘。

史記魏襄王十三年，[1]魏有女子化爲丈夫。京房

《易傳》曰：“女子化爲丈夫，兹謂陰昌，賤人爲王；丈夫化爲女子，兹謂陰勝，厥咎亡。”一曰，男化爲女，宮刑濫也；[2]女化爲男，婦政行也。哀帝建平中，豫章有男子化爲女子，[3]嫁爲人婦，生一子。長安陳鳳言此陽變爲陰，將亡繼嗣，自相生之象。一曰，嫁爲人婦生一子者，將復一世乃絶。哀帝建平四年四月，山陽方與女子田無嗇生子。[4]先未生二月，兒啼腹中，及生，不舉，葬之陌上，三日，人過聞啼聲，母掘收養。平帝元始元年二月，朔方廣牧女子趙春病死，[5]斂棺積六日，[6]出在棺外，自言見夫死父，[7]曰：“年二十七，不當死。”太守譚以聞。京房《易傳》曰：“‘幹父之蠱，有子，考亡咎’。[8]子三年不改父道，思慕不皇，亦重見先人之非，[9]不則爲私，厥妖人死復生。”一曰，至陰爲陽，下人爲上。

[1]【今注】魏襄王：戰國時魏國國君，名嗣。魏惠王子。屢敗於秦，割河西地予秦，後上郡地盡入於秦。楚又敗魏於襄陵。秦又取魏曲沃、平周。在位十六年。

[2]【顏注】如淳曰：宮刑之行大濫也（殿本無此注）。

[3]【今注】豫章：郡名。治南昌縣（今江西南昌市東）。

[4]【顏注】師古曰：方與者，山陽之縣也。女子姓田，名無嗇。方與，音房豫。【今注】方與：縣名。治所在今山東魚臺縣西。

[5]【顏注】師古曰：廣牧，朔方之縣也。姓趙，名春。【今注】朔方：郡名。漢武帝時置，治朔方縣（今内蒙古杭錦旗東北）。　廣牧：縣名。治所在今内蒙古烏拉特前旗西北。朔方郡東部都尉治所。

[6]【顏注】師古曰：斂，音力贍反。棺，音工喚反（殿本無此注）。

[7]【今注】案，王念孫《讀書雜志·漢書第五》以爲"見夫死父"當作"見死夫、死父"，荀悅《漢紀·孝平紀》作"見死夫與父"，是其證。王先謙《漢書補注》引葉德輝以爲《西漢會要》卷三〇引亦云"見夫死父"。按文義，猶言見夫故父。

[8]【顏注】韋昭曰：蠱事也。子能正父之事，是爲有子，故考不爲咎累。師古曰：《易·蠱卦》初六爻辭也。

[9]【顏注】師古曰：言父有不善之事，當速改之，若唯思慕而已，無所變易，是重顯先人之非也。一曰，三年之内，但思慕而已，不暇見父之非，故不改也。重，音直用反。【今注】重：周壽昌《漢書注校補》以爲"重"當訓難。《史記》卷一一七《司馬相如傳》司馬貞《索隱》："重猶難也。"顏注誤。

六月，長安女子有生兒，兩頭異頸面相鄉，[1]尻上有目長二寸所。[2]京房《易傳》曰："'暌孤，見豕負塗'，[3]厥妖人生兩頭。下相攘善，妖亦同。人若六畜首目在下，茲謂亡上，正將變更。凡妖之作，以譴失正，各象其類。二首，下不壹也；[4]足多，所任邪也；足少，下不勝任，或不任下也。凡下體生於上，不敬也；上體生於下，媟瀆也；[5]生非其類，淫亂也；人生而大，上速成也；生而能言，好虛也。群妖推此類，不改乃成凶也。"景帝二年九月，膠東下密人年七十餘，[6]生角，角有毛。時膠東、膠西、濟南、齊四王有舉兵反謀，謀由吳王濞起，連楚、趙，凡七國。下密，縣居四齊之中；[7]角，兵象，上鄉者也；[8]老人，吳王象也；年七十，七國象也。天戒若曰，人不當生角，猶諸侯不當舉兵以鄉京師也；禍從老人生，七國俱敗云。諸侯不寤，明年吳王先起，諸侯從之，七國俱滅。京房《易傳》曰："冢宰專政，厥妖人生角。"

[1]【顏注】師古曰："鄉"讀曰"嚮"。【今注】匈：同"胸"。

[2]【今注】尻：疑當作"尻"，臀部。

[3]【顏注】師古曰：《易·睽卦》上九爻辭也。睽孤，乖刺之意也。塗，泥也。睽，音苦攜反。

[4]【今注】案，王念孫《讀書雜志·漢書第五》以爲"下不壹"當作"上不壹"。人首在上，故上不專壹，則人生二首，上文所謂"各象其類"。"足多"當爲"手多"，承上文"四臂共匈"而言。今作"足"者，涉下文"足"字而誤。《漢紀》作"手多，下僭濫也"。《開元占經·人占篇》引此志作"手多，所任邪也"，是其證。

[5]【今注】媟（xiè）瀆：褻狎，輕慢。

[6]【今注】膠東：諸侯王國名。治即墨（今山東平度市東南）。 下密：縣名。治所在今山東昌邑市東南。

[7]【顏注】師古曰：四齊，即上所云"膠東、膠西、濟南、齊"也。本皆齊地，故謂之四齊。

[8]【顏注】師古曰："鄉"讀曰"嚮"。次下亦同（殿本無此注）。

成帝建始三年十月丁未，[1]京師相驚，言大水至。渭水虒上小女陳持弓年九歲，[2]走入橫城門，入未央宮尚方掖門，殿門門衛戶者莫見，[3]至句盾禁中而覺，得。[4]民以水相驚者，陰氣盛也。小女而入宮殿中者，下人將因女寵而居有宮室之象也。名曰持弓，有似周家檿弧之祥。《易》曰：“弧矢之利，以威天下。”[5]是時，帝母王太后弟鳳始爲上將，秉國政，天知其後將威天下而入宮室，故象先見也。其後，王氏兄弟父子五侯秉權，至莽卒篡天下，蓋陳氏之後云。京房《易傳》曰：“妖言動衆，茲謂不信，路將亡人，司馬死。”

[1]【今注】十月：王念孫《讀書雜志·漢書第五》以爲當爲“七月”，本書卷一〇《成紀》成帝建始三年（前30）“秋，關內大水。七月，虒上小女陳持弓聞大水至，走入橫城門”云云，是其證。《開元占經·人占篇》引《五行志》正作“七月”。

[2]【顏注】師古曰：虒上，地名也。音斯。

[3]【今注】門衛户者：王念孫《讀書雜志·漢書第五》以爲當作“門户衛者”。言門户之衛者，皆莫之見。《開元占經》引此正作“門户衛”者。王先謙《漢書補注》引葉德輝以爲，門衛即衛尉者，掌宮門衛屯兵。户者，即司户之人。《志》文不誤，王説非。

[4]【顏注】師古曰：句盾，少府之署。覺得，事覺而見執得也。【今注】句盾：也作“鉤盾”。漢置，屬少府，掌諸近池苑囿游觀之處。案，王念孫《讀書雜志·漢書第五》當作“至句盾禁中，覺而得”，即師古所謂“事覺而見執”。荀悦《漢紀·孝成紀》正作“覺而得”。楊樹達《漢書窺管》以爲“得”字一字爲句，《志》文不誤。本書《溝洫志》云“中作而覺”，與此句例正同。

[5]【顏注】師古曰：《下繫》之辭也。

　　成帝綏和二年八月庚申，鄭通里男子王褒[1]衣絳衣小冠，帶劍入北司馬門殿東門，[2]上前殿，入非常室中，[3]解帷組結佩之，[4]招前殿署長業等曰："天帝令我居此。" 業等收縛考問，褒故公車大誰卒，[5]病狂易，[6]不自知入宮狀，下獄死。是時王莽為大司馬，哀帝即位，莽乞骸骨就第，天知其必不退，故因是而見象也。姓名章服甚明，徑上前殿路寢，入室取組而佩之，稱天帝命，然時人莫察。後莽就國，天下冤之，哀帝徵莽還京師。明年帝崩，莽復為大司馬，因是而篡國。

　　[1]【顏注】師古曰：鄭縣之通里。

　　[2]【顏注】師古曰：入北司馬門，又入殿之東門也。【今注】司馬門：皇宮外門。皇帝宮、王宮、軍營、帝陵均有司馬門，先秦時已有。司馬門不是止車門。司馬門在外，另有止車門在內。臣子入宮不得走司馬門，祇能走掖門。過司馬門須下車。〔參見楊鴻年《漢魏司馬門雜考》（一、二），《中華文史論叢》1981 年第3、4 輯〕

　　[3]【顏注】如淳曰：殿上室名。

　　[4]【顏注】師古曰：組，綬類，所以係帷，又垂以為飾也。佩帶之。

　　[5]【顏注】應劭曰：在司馬殿門掌誰呵者也。服虔曰：衞士之師也，著樊噲冠。師古曰：大誰者，主問非常之人，云姓名是誰也。而應氏乃以誰譁為義，云大誰呵，不當厥理。後之學者輒改此書"誰"字為"譁"，違本文矣。大誰本以誰何稱，因用名官，有大誰長。令此卒者（令，大德本、蔡琪本、殿本作"今"），長所領士卒也。【今注】大誰卒：沈欽韓《漢書疏證》

引《莊子‧天運》"子生五月而能言，不至乎孩而始誰"，郭象注："誰者，別人之意也。"以爲掌門衛者，見人輒呵問曰誰，故取以爲名。大誰長屬公車司馬令。陳直《漢書新證》以爲大誰卒爲公車令之衛士，顏師古注有大誰長，因有卒必有長，爲推測之詞。疑西漢各官署衛士名稱不一，公車之有大誰長，等於長樂衛士之有上次士。

　　[6]【顏注】師古曰：謂病狂而變易其常也。

　　哀帝建平四年正月，民驚走，持稾或樵一枚，[1]傳相付與，曰行詔籌。[2]道中相過逢多至千數，或被髮徒踐，[3]或夜折關，[4]或踰牆入，或乘車騎奔馳，以置驛傳行，經歷郡國二十六，至京師。其夏，京師郡國民聚會里巷仟伯，[5]設張博具，[6]歌舞祠西王母，又傳書曰："母告百姓，佩此書者不死。不信我言，視門樞下，當有白髮。"[7]是時帝祖母傅太后驕，[8]與政事，[9]故杜鄴對曰：[10]"《春秋》災異，以指象爲言語。籌，所以紀數。民，陰，水類也。水以東流爲順走，而西行，反類逆上。象數度放溢，妄以相予，違忤民心之應也。西王母，婦人之稱。博弈，男子之事。於街巷仟伯，[11]明離闒內，[12]與疆外。[13]臨事盤樂，[14]炕陽之意。白髮，衰年之象，體尊性弱，難理易亂。門，人之所由；樞，其要也。居人之所由，制持其要也。其明甚著，[15]今外家丁、傅並侍帷幄，[16]布於列位，[17]有罪惡者不坐辜罰，亡功能者畢受官爵。皇甫、三桓，詩人所剌，《春秋》所譏，亡以甚此。[18]指象昭昭，以覺聖朝，奈何不應！"後哀帝崩，成帝母王太后臨朝，王莽爲大司馬，誅滅丁、傅。一曰，丁、傅所亂者小，此異乃王太后、莽之應云。

[1]【顏注】如淳曰：槀（槀，蔡琪本、大德本、殿本作"掫"，正文及注下同），麻幹也。師古曰：槀，禾稈也，音工老反（音工老反，殿本作"音二老反"）。掫，音鄒，又側九反（蔡琪本、大德本、殿本"又"後有"音"字）。【今注】槀（gǎo）：穀類莖杆。　掫（zōu）：通"菆"。麻杆。

[2]【今注】詔籌：傳達詔令憑證的籌子。

[3]【顏注】師古曰：徒踐，謂徒跣也。　【今注】徒踐：赤足。

[4]【今注】關：門閂。

[5]【今注】仟伯：同"阡陌"。案，伯，蔡琪本、殿本作"陌"。

[6]【顏注】師古曰：博戲之具。【今注】案，蔡琪本、大德本、殿本"設"後有"祭"字。

[7]【顏注】師古曰：樞，門扇所由至秋止開閉者也，音昌于反（蔡琪本、大德本無"至秋止"三字，殿本無"至秋止"及"音昌于反"七字）。

[8]【今注】案，蔡琪本、大德本、殿本"是時"前有"至秋止"三字。

[9]【顏注】師古曰："與"讀曰"豫"。

[10]【今注】杜鄴：傳見本書卷八五。

[11]【今注】案，伯，大德本、殿本作"陌"。

[12]【顏注】師古曰：闑，門橜也，音魚列反。【今注】闑：音niè。

[13]【顏注】師古曰："與"讀曰"豫"（豫，殿本作"預"）。

［14］【今注】盤樂：耽於游樂。

［15］【今注】案，王念孫《讀書雜志·漢書第五》以爲"其"當爲"甚"。謂所陳災異之象甚明甚著。荀悦《漢紀·孝哀紀》作"甚明著"，是其證。

［16］【今注】帷幄：帝王宮室的帳幕。代指皇帝。

［17］【今注】列位：官爵。

［18］【顔注】師古曰：皇甫，周卿士之字也。用后嬖寵，而處職位，詩人刺之。事見《小雅·十月之交篇》。

漢書 卷二七下之下

五行志第七下之下

　　隱公三年"二月己巳，日有食之"。《穀梁傳》曰，言日不言朔，食晦。《公羊傳》曰，食二日。董仲舒、劉向以爲其後戎執天子之使，[1]鄭獲魯隱，[2]滅戴，[3]衛、魯、宋咸殺君。[4]《左氏》劉歆以爲正月二日，燕、越之分野也。[5]凡日所躔而有變，則分野之國失政者受之。[6]人君能脩政，共御厥罰，則災消而福至；[7]不能，則災息而禍生。[8]故經書災而不記其故，蓋吉凶亡常，隨行而成禍福也。周衰，天子不班朔，[9]魯歷不正，置閏不得其月，[10]月大小不得其度。史記曰食，[11]或言朔而實非朔，或不言朔而實朔，或脱不書朔與日，皆官失之也。京房《易傳》曰："亡師兹謂不御，厥異日食，其食也既，[12]並食不一處。誅衆失理，兹謂生叛，厥食既，光散。縱畔兹謂不明，厥食先大雨三日，雨除而寒，寒即食。專禄不封，兹謂不安，厥食既，先日出而黑，光反外燭。[13]君臣不通兹謂亡，厥蝕三既。同姓上侵，兹謂誣君，厥食四方有雲，中央無雲，其日大寒。公欲弱主位，兹謂不知，厥食中白青，四方赤，已食地震。諸侯相侵，兹謂不承，厥食三毀三復。君疾善，下謀上，兹謂亂，厥食既，先雨雹，殺走獸。弑君獲位兹謂逆，厥食既，先風雨折木，日赤。內臣外鄉兹謂背，[14]厥食食且雨，地中鳴。[15]冢宰專政兹謂因，厥食先大風，食時日居雲中，四方亡雲。伯正越職，兹謂分威，[16]厥食日中分。諸侯爭美於上兹謂泰，厥食日傷月，食半，天營而鳴。[17]賦不得兹謂竭，厥食星隨而下。受命之臣專征云試，厥食雖侵光猶明，[18]若文王臣獨誅紂矣。[19]小人順受命者征其君云殺，厥食五色，至大寒隕霜，[20]若紂臣順武王而誅紂矣。[21]諸侯更制兹謂叛，[22]厥食三復三食，食已而風，地動。適讓庶兹謂生欲，[23]厥食日失位，光晻晻，月形見。[24]酒亡節兹謂荒，厥蝕乍青乍黑乍赤，明日大雨，發霧而寒。”凡食二十占，其形二十有四，改之輒除；不改三年，三年不改六年，六年不改九年。推隱三年之食，貫中央，上下竟而黑，臣弑從中成之形也。後衞州吁弑君而立。

[1]【顏注】師古曰：凡伯，周大夫也。隱七年，天王使凡伯來聘，戎伐凡伯于楚丘以歸。

[2]【顏注】師古曰：《公羊傳》隱六年春鄭人來渝平。渝平，墮成也。曰“吾成敗矣，吾與鄭人未有成”。狐壤之戰，隱公獲焉。何以不言戰（何，蔡琪本、大德本作“所”）？諱獲也。

[3]【顏注】師古曰：十年秋，宋人、蔡人、衞人伐戴，鄭伯伐取之。戴國，今外黃縣東南戴城是也。讀者多誤爲“載”，故隨室置載州焉（隨，蔡琪本、殿本作“隋”）。

[4]【顏注】師古曰：四年，衞州吁殺其君完（吁，蔡琪本

误作"牙")。十一年，羽父使賊殺公于寪氏。桓二年春，宋督殺其君與夷。

　　[5]【今注】分野：與星次相對應的地域。古以十二星次的位置劃分地面上州、國的位置與之相對應。就天文説，稱作"分星"；就地面説，稱作"分野"。錢大昕《三史拾遺》卷三："劉歆説《春秋》日食，各占其分野之國，蓋本《左氏》去魯地如衛地之旨而推衍之。如周正月，日在星紀，爲吳越分；其前月，日在析木，爲燕分。故正月朔食，以燕越當之，二月爲齊、越，三月爲齊、衛，四月爲魯、衛，五月爲魯、趙，六月爲晉、趙，七月爲秦、晉，八月爲周、秦，九月爲周、楚，十月爲楚、鄭，十一月爲宋、鄭，十二月爲宋、燕也。若食在晦者，則以本月及後月日所在分野之二國占之。如嚴公十八年三月食，劉以爲食在晦；宣公十七年六月食，劉亦以爲在三月晦；故皆云魯、衛分。三月之晦與四月之朔等也。"

　　[6]【顔注】師古曰：躔，踐也，音纏。【今注】躔（chán）：日月星辰運行軌迹。

　　[7]【顔注】師古曰："共"讀曰"恭"。"御"讀曰"禦"，又讀如本字。

　　[8]【顔注】師古曰：息，謂蕃滋也。

　　[9]【顔注】師古曰：班，布也。【今注】班朔：頒布正朔。猶後世頒行曆書。

　　[10]【今注】置閏：設置閏月。調整曆法紀年與地球公轉的時間差數的方法。

　　[11]【今注】案，曰，大德本、殿本作"日"，是。

　　[12]【今注】既：食盡。

　　[13]【顔注】韋昭曰：中無光，四邊有明外燭。

　　[14]【顔注】師古曰："鄉"讀曰"嚮"。

　　[15]【顔注】韋昭曰：地中有聲如鳴耳，或曰如狗子聲。

[16]【顏注】師古曰："伯"讀曰"霸"。正者，長帥之稱。

[17]【顏注】韋昭曰：食半，謂食望也。臣瓚曰：月食半，謂食月之半也。月食常以望，不爲異也。

[18]【顏注】師古曰：試，用也，自擅意也。一說，"試"與"弑"同，謂欲弑君。【今注】試：朱一新《漢書管見》以爲顏注"一說"不當，"試"謂試其端。"專征"則僭端見，但事未成，故云"厥食雖侵光猶明"。

[19]【顏注】韋昭曰：是時紂臣尚未欲誅紂，獨文王之臣欲誅之。

[20]【顏注】師古曰："殺"亦讀曰"弑"。

[21]【顏注】韋昭曰：紂惡益甚，其臣欲順武王而誅紂。

[22]【顏注】師古曰：更，改也。

[23]【顏注】師古曰："適"讀曰"嫡"。

[24]【顏注】師古曰：晻，音烏感反。見，音胡電反。【今注】晻（ǎn）晻：晦暗貌。

桓公三年"七月壬辰朔，日有食之，既"。董仲舒、劉向以爲前事已大，後事將至者又大，則既。先是魯、宋弑君，魯又成宋亂，易許田，亡事天子之心；楚僭稱王。後鄭岠王師，[1]射桓王，[2]又二君相篡。[3]劉歆以爲六月，趙與晉分。[4]先是，晉曲沃伯再弑晉侯，[5]是歲晉大亂，[6]滅其宗國。[7]京房《易傳》以爲桓三年日食貫中央，上下竟而黃，臣弑而不卒之形也。後楚嚴稱王，兼地千里。[8]十七年"十月朔，日有食之"。《穀梁傳》曰，言朔不言日，食二日也。劉向以爲是時衛侯朔有罪出奔齊，[9]天子更立衛君。[10]朔藉助五國，舉兵伐之而自立，王命遂壞。[11]魯夫人淫失於齊，卒殺桓公。[12]董仲舒以爲言朔不言日，惡魯桓且有夫人之禍，將不終日也。劉歆以爲楚、鄭分。

[1]【今注】案，岠，殿本作"拒"，是。

[2]【顏注】師古曰：並已解於上。

[3]【顏注】師古曰：謂厲公奔蔡而昭公入，高渠彌殺昭公而立子亹。

[4]【顏注】晉灼曰：周之六月，今之四月，始去畢而入參。參，晉分也。畢，趙也。日行去趙遠，入晉分多，故曰與。計二十八宿，分其次，度其月，及所屬，下皆以爲例。

[5]【顏注】師古曰：曲沃伯，本桓叔成師之封號也，其後遞繼襲焉。魯惠公三十年，大夫潘父殺昭侯而納成師，不克，晉人立孝侯。惠之四十五年，成師之子曲沃莊伯伐翼，殺孝侯也。

[6]【顏注】師古曰：桓三年，莊伯之子曲沃武公伐翼，逐翼侯于汾隰，夜獲而殺之。

[7]【顏注】師古曰：桓八年，曲沃武公滅翼，遂并其國。

[8]【顏注】師古曰：楚武王荊尸久已見傳，今此言莊始稱王，未詳其說。

[9]【顏注】師古曰：朔，衞惠公也。桓十六年經書"衞侯朔出奔齊"。《公羊傳》曰"得罪乎天子"，《穀梁傳》曰"天子召而不往也"。

[10]【顏注】師古曰：謂公子黔牟（謂，殿本作"衞"）。

[11]【顏注】師古曰：莊五年冬，公會齊人、宋人、陳人、蔡人伐衞。莊六年春，王人子突救衞，夏，衞侯朔入，放公子黔牟于周，是也。

[12]【顏注】師古曰："失"讀曰"佚"。【今注】案，桓，殿本誤作"威"。

　　嚴公十八年“三月，日有食之”。《穀梁傳》曰，不言日，不言朔，夜食。[1]史記推合朔在夜，明旦日食而出，出而解，[2]是爲夜食。劉向以爲夜食者，陰因日明之衰而奪其光，象周天子不明，齊桓將奪其威，專會諸侯而行伯道。[3]其後遂九合諸侯，[4]天子使世子會之，[5]此其效也。《公羊傳》曰食晦。董仲舒以爲宿在東壁，[6]魯象也。後公子慶父、叔牙果通於夫人以劫公。[7]劉歆以爲晦魯、衛分。二十五年“六月辛未朔，日有食之”。董仲舒以爲宿在畢，[8]主邊兵夷狄象也。後狄滅邢、衛。[9]劉歆以爲五月二日魯、趙分。二十六年“十二月癸亥朔，日有食之”。董仲舒以爲宿在心，心爲明堂，[10]文武之道廢，中國不絕若綫之象也。[11]劉向以爲時戎侵曹，[12]魯夫人淫於慶父、叔牙，將以弒君，故比年再蝕以見戒。[13]劉歆以爲十月二日楚、鄭分。三十年“九月庚午朔，日有食之”。董仲舒、劉向以爲後魯二君弒，[14]夫人誅，[15]兩弟死，[16]狄滅邢，[17]徐取舒，[18]晉殺世子，[19]楚滅弦。[20]劉歆以爲八月秦、周分。

　　[1]【顏注】張晏曰：日夜食，則無景。立六尺木不見其景，以此爲候。【今注】案，王先謙《漢書補注》引葉德輝補證引《開元占經》卷九載《易萌氣樞》文曰：“日夜蝕者，天中無影，言日當夜食，建八尺竹，視其無影，蝕不可見，故以表候之耳。”以爲此與張説同，蓋古法。

　　[2]【顏注】孟康曰：夜食地中，出而止。

　　[3]【顏注】師古曰：“伯”讀曰“霸”（殿本無此注）。

　　［4］【顏注】師古曰：解在《郊祀志》。

　　［5］【顏注】師古曰：僖五年，齊侯、宋公、陳侯、衛侯、鄭伯、許男、曹伯會王大子于首止是。

　　［6］【今注】東壁：星宿名。即壁宿。因在天門之東，故稱。

　　［7］【今注】案，大德本、殿本“劫”作“弒”，王先謙《漢書補注》以爲是。

　　［8］【今注】畢：二十八宿之一。古人以爲主兵、主雨。

　　［9］【顏注】師古曰：《春秋》閔元年狄伐邢，二年狄滅衛，其後並爲齊所立，而邢遷于夷儀，衛遷于楚丘。

　　［10］【今注】明堂：在太微垣西南角的外邊。《隋書·天文志中》：“房四星爲明堂。”

　　［11］【顏注】師古曰：綫，縷也，音先箭反。

　　［12］【顏注】師古曰：事在莊二十四年。

　　［13］【顏注】師古曰：比，頻也。見，顯也（殿本無此注）。

　　［14］【顏注】師古曰：謂子般爲圉人所殺，閔公爲卜齮所殺也。

　　［15］【顏注】師古曰：哀姜爲齊人所殺。

　　［16］【顏注】師古曰：謂叔牙及慶父也。

　　［17］【顏注】師古曰：已解於上。

　　［18］【顏注】師古曰：僖三年，徐人取舒。舒，國名也，在廬江舒縣也。

　　［19］【顏注】師古曰：僖五年，晉侯殺其大子申生。

　　［20］【顏注】師古曰：僖五年，楚人滅弦。弦，國名也，在弋陽。

　　僖公五年“九月戊申朔，日有食之”。董仲舒、劉向以爲先是齊桓行伯，江、黃自至，[1]南服彊楚。[2]其後不内自正，而外執陳大夫，則陳、楚不附，[3]鄭伯逃盟，[4]諸侯將不從桓政，故天見戒。其後晉滅虢，[5]楚圍許，諸侯伐鄭，[6]晉弒二君，[7]狄滅溫，[8]楚伐黃，[9]桓不能救。劉歆以爲七月秦、晉分。十二年“三月庚午朔，日有食之”。[10]董仲舒、劉向以爲是時楚滅黃，[11]狄侵衞、鄭，[12]莒滅杞。[13]劉歆以爲三月齊、衞分。十五年“正月，日有食之”。劉向以爲象晉文公將行伯道，[14]後遂伐衞，執曹伯，敗楚城濮，[15]再會諸侯，[16]召天王而朝之，[17]此其效也。日食者臣之惡也，夜食者掩其罪也，以爲上亡明王，桓、文能行伯道，攘夷狄，安中國，[18]雖不正猶可，蓋《春秋》實與而文不與之義也。董仲舒以爲後秦獲晉侯，[19]齊滅項，[20]楚敗徐于婁林。[21]劉歆以爲二月朔齊、越分。

[1]【顏注】師古曰：“伯”讀曰“霸”（殿本無“伯讀曰霸”四字）。江、黃，二國名也。僖二年，齊侯、宋公、江人、黃人盟于貫。傳曰“服江、黃也”。江國在汝南安陽縣，黃國在弋陽縣。

[2]【顏注】師古曰：僖四年，齊侯以諸侯之師侵蔡，遂伐楚，盟于邵陵（邵，殿本作“召”）。

[3]【顏注】師古曰：邵陵盟後（邵，殿本作“召”），以陳轅濤塗爲誤軍而執之，陳不服罪，故伐之。楚自是不復通。

[4]【顏注】師古曰：僖五年秋，齊侯與諸侯盟于首上，鄭伯逃歸不盟。

[5]【顏注】師古曰：事在僖五年。

[6]【顏注】師古曰：事並在僖六年。

[7]【顏注】師古曰：謂里克弒奚齊及卓子。

[8]【顏注】師古曰：溫，周邑也。僖十年，狄滅之。

［9］【顔注】師古曰：僖十一年，黄不歸楚貢，故伐之。

［10］【今注】案，《漢書考證》齊召南曰：以爲三《傳》僖公十二年經文無“朔”字。王念孫《讀書雜志·漢書第五》引王引之以爲“朔”爲衍字。今本《左氏》《公羊》《穀梁》皆無“朔”字。《春秋》日食言日不言朔者凡七，《公羊》以爲二日，《穀梁》以爲晦日，故下文云，《穀梁》晦七，《公羊》二日七：一，隱公三年二月己巳；二，僖公十二年三月庚午；三，文公元年二月癸亥；四，宣公八年七月甲子；五，宣公十年四月丙辰；六，宣公十七年六月癸卯；七，襄公十五年八月丁巳。此七者，皆言日不言朔，故或以爲晦日，或以爲二日。若有“朔”字，則非晦，亦非二日，而《穀梁》之晦，《公羊》之二日，皆不得有七。且下文曰“《春秋》日食三十六，《左氏》以爲朔十六”，今數上下文，劉歆以爲朔者已滿十六之數，若僖公十二年三月庚午日食，又書朔，而歆無異辭，則以爲朔者十七，與下文不符。“三月”當爲“二日”。凡《春秋》日食不書朔者，劉歆皆實指其晦、朔與二日。若隱公三年二月己巳日食，劉歆以爲正月二日；嚴公十八年三月日食，劉歆以爲晦；僖公十五年五月日食，劉歆以爲二月朔；文公元年二月癸亥日食，劉歆以爲正月朔；宣公十七年六月癸卯日食，劉歆以爲三月晦朓；襄公十五年八月丁巳日食，劉歆以爲五月二日是。今僖公十二年三月庚午日食，不書朔，則歆亦當實指其晦、朔與二日，不當但言三月。下文曰，《左氏》以爲二日十八，又曰，當春秋時，侯王率多縮朒不任事，故食二日仄慝者十八。今數上下文，劉歆以爲二日者十六，尚缺其二，一爲僖公十二年三月二日，一爲宣公十年四月二日。

［11］【顔注】師古曰：事在十二年夏。

［12］【顔注】師古曰：僖十三年狄侵衞，十四年狄侵鄭。

［13］【顔注】師古曰：僖十四年諸侯城緣陵。《公羊傳》曰：“曷爲城？杞滅也。孰滅之？蓋徐、莒也。”

　　[14]【顏注】師古曰："伯"讀曰"霸"（殿本無此注）。

　　[15]【顏注】師古曰：事並在二十八年。

　　[16]【顏注】師古曰：二十八年五月盟于踐土，冬會于溫。

　　[17]【顏注】師古曰：晉侯不欲就朝王，故召王使來。經書"天王狩于河陽"。

　　[18]【顏注】師古曰："伯"讀曰"霸"。攘，卻也（殿本無此注）。

　　[19]【顏注】師古曰：晉侯，夷吾也。僖十五年十一月，晉侯及秦伯戰于韓，秦獲晉侯以歸也。

　　[20]【顏注】師古曰：事在《公羊傳》僖十七年。項國，今項城縣是也。

　　[21]【顏注】師古曰：事在僖十五年冬。婁林，徐地。【今注】婁林：又名婁亭。春秋徐地。在今安徽泗縣東北。

　　文公元年"二月癸亥，日有食之"。董仲舒、劉向以爲先是大夫始執國政，[1]公子遂如京師，[2]後楚世子商臣殺父，齊公子商人弑君，皆自立，[3]宋子哀出奔，[4]晉滅江，[5]楚滅六，[6]大夫公孫敖、叔彭生並專會盟。[7]劉歆以爲正月朔燕、越分。十五年"六月辛丑朔，日有食之"。董仲舒、劉向以爲後宋、齊、莒、晉、鄭八年之間五君殺死，[8]楚滅舒蓼。[9]劉歆以爲四月二日魯、衛分。

　　[1]【顏注】師古曰：謂東門襄仲也。

　　[2]【顏注】師古曰：事在僖三十年，報宰周公之聘。

　　[3]【顏注】師古曰：已解於上。

　　[4]【顏注】師古曰：宋子哀，宋卿高哀也。不義宋公，而

來奔魯。事在文十四年。

[5]【顏注】師古曰：《春秋》文四年"楚人滅江"，今比云晉，未詳其說。【今注】案，王先謙《漢書補注》引蘇輿以爲"晉"字是誤文。疑《漢書》本作"宋子哀出奔魯。楚滅江，滅六"。"魯"形近誤爲"晉"。

[6]【顏注】師古曰：六，國名也，在廬江六縣。文五年楚人滅之。

[7]【顏注】師古曰：文七年冬公孫敖如莒蒞盟（蒞，殿本作"涖"），十一年叔彭生會郤缺于承匡（于，蔡琪本誤作"丁"）。公孫敖，孟穆伯；叔彭生，叔仲惠伯也。

[8]【顏注】師古曰：文十六年宋弑其君杵臼，十八年夏齊人弑其君商人，冬莒弑其君庶其，宣二年晉趙盾弑其君夷皋，四年鄭公子歸生弑其君夷也。

[9]【今注】舒蓼：春秋時小國。群舒之一，偃姓。在今安徽舒城縣西南。案，沈欽韓《漢書疏證》指出，舒蓼事在宣八年，不可以十五年日食應之。

宣公八年"七月甲子，日有食之，既"。董仲舒、劉向以爲先是楚商臣弑父而立，至于嚴王遂彊。諸夏大國唯有齊、晉，齊、晉新有篡弑之禍，内皆未安，故楚乘弱橫行，八年之閒六侵伐而一滅國；[1]伐陸渾戎，觀兵周室；[2]後又入鄭，鄭伯肉袒謝罪；北敗晉師于邲，流血色水；[3]圍宋九月，析骸而炊之。[4]劉歆以爲十月二日楚、鄭分。十年"四月丙辰，日有食之"。董仲舒、劉向以爲後陳夏徵舒弑其君，[5]楚滅蕭，[6]晉滅二國，[7]王札子殺召伯、毛伯。[8]劉歆以爲二月魯、衛分。[9]十七年"六月癸卯，日有食之"。董仲舒、劉

向以爲後邾支解鄫子，[10]晉敗王師于貿戎，[11]敗齊于
鞌。[12]劉歆以爲三月晦朒魯、衞分。[13]

[1]【顏注】師古曰：六侵伐者，謂宣元年侵陳，三年侵鄭，
四年伐鄭，五年伐鄭，六年伐鄭，八年伐陳也。一滅國者，謂八
年滅舒蓼也。

[2]【顏注】師古曰：宣三年"楚子伐陸渾之戎，遂至于洛，
觀兵于周疆"。觀兵者，示威武也。【今注】陸渾戎：一名陰戎，
春秋允氏戎別部。在今河南欒川、嵩縣、伊川三縣境。爲晉國所
滅。《左傳》僖公二十二年傳"秦、晉遷陸渾之戎于伊川"。杜預
注："允姓之戎居陸渾，在秦、晉西北，二國誘而徙之伊川，遂從
戎號，至今爲陸渾縣也。"

[3]【顏注】師古曰：事並在十二年。邲，鄭地，色水，謂
血流入水而變水之色也。邲，音蒲必反。【今注】邲：春秋鄭地。
在今河南鄭州市西北。

[4]【顏注】師古曰：事在十五年。炊，爨也。言無薪樵，
示困之甚也。

[5]【顏注】師古曰：弑靈公也。事在十年。

[6]【顏注】師古曰：蕭，宋附庸國也。事在十二年。

[7]【顏注】師古曰：謂十五年滅赤狄潞氏，十六年滅赤狄
甲氏。

[8]【顏注】師古曰：事在十五年。

[9]【今注】案，錢大昕《三史拾遺》卷三以爲"月"當作
"日"，謂食在四月二日。經書"四月丙辰"不言"朔"，故知食二
日。王念孫《讀書雜志·漢書第五》引王引之以爲"二月"當爲
"二日"。周之四月，是夏曆二月。是月二日，日躔去東壁而入奎。
東壁，衞；奎，魯；故曰魯、衞分。若作"二月"，則義不可通。
周之二月，夏曆十二月，十二月二日，日躔去須女而入虛，當言

“越、齊分”，不當言“魯、衞分”。自僖公十二年三月之“二日”訛爲“三月”，宣公十年四月之“二日”訛爲“二月”，而《左氏》以爲二日之十八，遂缺其二。

[10]【顏注】師古曰：十八年，邾人戕鄫子于鄫，支解而節斷之，謂解其四支，斷其骨節。

[11]【顏注】師古曰：事在成元年。

[12]【顏注】師古曰：事在成二年。

[13]【顏注】服虔曰：朓，相頫也。日晦食爲朓。臣瓚曰：志云晦而月見西方曰朓，以此名之，非日食晦之名也。師古曰：朓，音佗了反。

成公十六年“六月丙寅朔，日有食之”。董仲舒、劉向以爲後晉敗楚、鄭于鄢陵，[1]執魯侯。[2]劉歆以爲四月二日魯、衞分。十七年“十二月丁巳朔，日有食之”。董仲舒、劉向以爲後楚滅舒庸，[3]晉弒其君，[4]宋魚石因楚奪君邑，[5]莒滅鄫，齊滅萊，[6]鄭伯弒死。[7]劉歆以爲九月周、楚分。

[1]【顏注】師古曰：事在十六年。鄢陵，鄭也（也，蔡琪本、大德本、殿本作“地”，是）。

[2]【顏注】師古曰：已解於上。

[3]【顏注】師古曰：事在十七年日食之後。舒庸，蓋群舒之一種，楚與國也。【今注】舒庸：春秋時小國。群舒之一。偃姓。在今安徽舒城縣西南。

[4]【顏注】師古曰：謂厲公也。事在十八年。

[5]【顏注】師古曰：魚石，宋大夫也，十五年出奔楚，至十八年楚伐宋，取彭城而納之。

　　[6]【顏注】師古曰：事並在襄六年。鄫、萊皆小國。

　　[7]【顏注】師古曰：鄭僖公也，襄七年會于鄬，其大夫子駟使賊夜殺之，而以瘧疾赴（瘧，蔡琪本、殿本作"瘧"）。鄬，音蔿（蔿，大德本、殿本作"爲"）。

　　襄公十四年"二月乙未朔，日有食之"。董仲舒、劉向以爲後衛大夫孫、甯共逐獻公，立孫剽。[1]劉歆以爲前年十二月二日宋、燕分。十五年"八月丁巳朔，[2]日有食之"。董仲舒、劉向以爲先是晉爲雞澤之會，諸侯盟，又大夫盟，後爲溴梁之會，諸侯在而大夫獨相與盟，[3]君若綴斿，不得舉手。[4]劉歆以爲五月二日魯、趙分。二十年"十月丙辰朔，日有食之"。董仲舒以爲陳慶虎、慶寅蔽君之明，[5]邾庶其有叛心，[6]後庶其以漆、閭丘來奔，[7]陳殺二慶。[8]劉歆以爲八月秦、周分。二十一年"九月庚戌朔，日有食之"。董仲舒以爲晉欒盈將犯君，後入于曲沃。[9]劉歆以爲七月秦、晉分。"十月庚辰朔，日有食之"。董仲舒以爲宿在軫、角，楚大國象也。後楚屈氏譖殺公子追舒，[10]齊慶封脅君亂國。[11]劉歆以爲八月秦、周分。二十三年"二月癸酉朔，日有食之"。董仲舒以爲後衛侯入陳儀，[12]甯喜弑其君剽。[13]劉歆以爲前年十二月二日宋、燕分。二十四年"七月甲子朔，日有食之，既"。劉歆以爲五月魯、趙分。"八月癸巳朔，日有食之"。董仲舒以爲比食又既，[14]象陽將絕，[15]夷狄主上國之象也。[16]後六君弑，[17]楚子果從諸侯伐鄭，[18]滅舒鳩，[19]魯往朝之，[20]卒主中國，[21]伐吳討慶封。[22]劉歆以爲六月晉、趙分。二十七年“十二月乙亥朔，日有食之”。董仲舒以爲禮義將大滅絶之象也。時吳子好勇，使刑人守門；[23]蔡侯通於世子之妻；[24]莒不早立嗣。[25]後閽戕吳子，[26]蔡世子般弑其父，莒人亦弑君而庶子争。[27]劉向以爲自二十年至此歲，八年閒日食七作，禍亂將重起，[28]故天仍見戒也。[29]後齊崔杼弑君，[30]宋殺世子，[31]北燕伯出奔，[32]鄭大夫自外入而篡位，[33]指略如董仲舒。劉歆以爲九月周、楚分。

　　[1]【顏注】孟康曰：剽，音驃。師古曰：孫林父、甯殖逐獻公，襄十四年四月出奔齊，而立剽。剽，穆公之孫也。剽，又音匹妙反。

　　[2]【今注】案，大德本、殿本無“朔”字。

　　[3]【顏注】師古曰：並已解於上。

　　[4]【顏注】應劭曰：斿，旌旗之流（流，殿本作“旒”），隨風動摇也。師古曰：言爲下所執，隨人東西也。

　　[5]【顏注】師古曰：二慶，並陳大夫也。襄二十年，陳侯之弟黄出奔楚，將出，呼於國曰：“慶氏無道，求專陳國，暴蔑其君，而去其親，五年不滅，是無天也。”【今注】慶虎慶寅：春秋時陳國兄弟，合稱二慶，擅國政，與公子黄争權。魯襄公二十年（前551）告公子黄謀背楚附晉，楚以此欲伐陳，公子黄赴楚辯解。二十三年，陳哀公至楚，公子黄向楚告二慶。楚人召二慶，二慶畏楚，乃遣使者赴楚，爲楚所殺，遂據陳以叛。是年夏，楚屈建和陳哀公圍陳，與其弟寅爲役人所殺。

　　[6]【顏注】師古曰：庶其，邾大夫。

　　[7]【顏注】師古曰：事在二十一年。漆及閭丘，邾之二邑。【今注】漆閭丘：皆在今山東鄒城市東。

[8]【顏注】師古曰：二十三年，陳侯如楚，公子黃訴二慶。楚人召之，慶氏以陳叛楚，屈建從陳侯圍陳，遂殺二慶也。

[9]【顏注】師古曰：已解於上。

[10]【顏注】師古曰：公子追舒，楚令尹子南也。二十二年，楚殺之。

[11]【顏注】師古曰：慶封，齊大夫也。二十七年，使盧蒲嫳帥甲攻崔氏，殺成及彊，盡俘其家。崔杼縊而死，自是慶封當國，專執政也。

[12]【顏注】師古曰：衛侯衍也，前爲孫、甯所逐，二十五年入于陳儀。陳儀，衛邑。《左傳》云夷儀。【今注】陳儀：在今山東聊城市西南。

[13]【顏注】師古曰：二十六年，甯喜殺剽，而衍入于衛。甯喜，殖子也。

[14]【顏注】師古曰：比，頻也。

[15]【顏注】孟康曰：陽，君也。

[16]【今注】案，上，殿本作“中”。

[17]【顏注】師古曰：謂二十五年齊崔杼殺其君光，二十六年衛甯喜弒其君剽，二十九年閽殺吳子餘祭，三十年蔡太子班弒其君固，三十一年莒人弒其君密州，昭元年楚令尹子圍入問王疾，縊而殺之。

[18]【顏注】師古曰：二十四年冬，楚子、蔡侯、陳侯、許男伐鄭。

[19]【顏注】師古曰：二十五年，楚屈建帥師滅舒鳩。舒鳩亦群舒一種。

[20]【顏注】師古曰：二十八年，公如楚。

[21]【顏注】師古曰：謂楚靈王以昭四年與諸侯會于申。

[22]【顏注】師古曰：慶封以二十八年爲慶舍之難自齊出奔魯，遂奔吳。至申之會，楚靈王伐吳，執慶封而殺之。

［23］【顏注】師古曰：吳子即餘祭也。刑人，閽者。

［24］【顏注】師古曰：即蔡侯固，爲太子所殺者也。

［25］【顏注】師古曰：即密州也，生去疾及展輿，既立展輿又廢之。

［26］【顏注】師古曰：戕，傷也。它國臣來弒君曰戕（它，殿本作“他”）。音牆（殿本無“音牆”二字）。【今注】閽：守門人。

［27］【顏注】師古曰：展輿因國人攻其父而殺之。展輿即位，去疾奔齊。明年去疾入而展輿出奔吳。並嫡嗣（蔡琪本、大德本、殿本“並”後有“非”字），故云“庶子爭”。

［28］【顏注】師古曰：重，音直用反。

［29］【顏注】師古曰：仍，頻也。

［30］【顏注】師古曰：已解於上（殿本無此注）。

［31］【顏注】師古曰：宋平公大子痤也。事在二十六年。

［32］【顏注】孟康曰：有南燕，故言北燕。南燕姞姓，北燕姬姓也。師古曰：昭三年“北燕伯欵出奔齊”。

［33］【顏注】師古曰：謂伯有也。已解於上（殿本無“已解於上”四字）。

　　昭公七年“四月甲辰朔，日有食之”。董仲舒、劉向以爲先是楚靈王弒君而立，會諸侯，[1]執徐子，滅賴，[2]後陳公子招殺世子，[3]楚因而滅之，[4]又滅蔡，[5]後靈王亦弒死。[6]劉歆以爲二月魯、衛分。[7]傳曰晉侯問於士文伯曰：“誰將當日食？”[8]對曰：“魯、衛惡之，[9]衛大魯小。”公曰：“何故？”對曰：“去衛地，如魯地，於是有災，其衛君乎？魯將上卿。”是歲，八月衛襄公卒，十一月魯季孫宿卒。晉侯謂士文伯：“吾所問日食從矣，可常乎？"[10]對曰："不可。六物不同，民心不壹，事序不類，官職不則，同始異終，胡可常也？《詩》曰：'或宴宴居息，或盡瘁事國。'[11]其異終也如是。"公曰："何謂六物？"對曰："歲、時、日、月、星、辰是謂。"公曰："何謂辰？"對曰："日月之會是謂。"公曰："《詩》所謂'此日而食，于何不臧'，何也？"[12]對曰："不善政之謂也。國無政，不用善，則自取適于日月之災。[13]故政不可不慎也，務三而已：一曰擇人，二曰因民，三曰從時。"此推日食之占循變復之要也。《易》曰："縣象著明，莫大於日月。"[14]是故聖人重之，載于三經。[15]於《易》在《豐》之《震》曰："豐其沛，日中見昧，折其右肱，亡咎。"[16]於《詩·十月之交》，則著卿士、司徒，下至趣馬、師氏，咸非其材。[17]同於右肱之所折，協於三務之所擇，明小人乘君子，陰侵陽之原也。十五年"六月丁巳朔，日有食之"。劉歆以爲三月魯、衛分。[18]十七年"六月甲戌朔，日有食之"。董仲舒以爲時宿在畢，晉國象也。晉厲公誅四大夫，失衆心，以弒死。[19]後莫敢復責大夫，六卿遂相與比周，專晉國，君還事之。[20]日比再食，其事在春秋後，故不載於經。劉歆以爲魯、趙分。[21]《左氏傳》平子曰：[22]"唯正月朔，慝未作，日有食之，於是乎天子不舉，伐鼓於社，諸侯用幣於社，伐鼓於朝，禮也。其餘則否。"大史曰："在此月也，日過分而未至，三辰有災，百官降物，君不舉，避移時，樂奏鼓，祝用幣，史用辭，嗇夫馳，庶人走，此月朔之謂也。當夏四月，是謂孟夏。”説曰：正月謂周六月，夏四月，正陽純乾之月也。懸謂陰爻也，冬至陽爻起初，故曰復。至建巳之月爲純乾，亡陰爻，而陰侵陽，爲災重，故伐鼓用幣，責陰之禮。降物，素服也。不舉，去樂也。避移時，避正堂，須時移災復也。[23] 嗇夫，掌幣吏。庶人，其徒役也。劉歆以爲六月二日魯、趙分。[24]

[1]【顔注】師古曰：已解於上。

[2]【顔注】師古曰：申之會，楚人執徐子，遂滅賴。

[3]【顔注】師古曰：招，成公子，哀公弟也。昭八年，經書“陳侯之弟招殺陳大子偃師”。偃師即哀公之子也。招，音韶。

[4]【顔注】師古曰：偃師之死，哀公縊。其九月，楚公子棄疾奉偃師之子孫吳圍陳，遂滅之。

[5]【顔注】師古曰：十一年，楚師滅蔡也。執大子有以歸，用之。

[6]【顔注】師古曰：十三年，楚公子比弒其君虔于乾谿是也。

[7]【今注】案，錢大昕《三史拾遺》卷三以爲與宣十年同，“月”當作“日”。

[8]【顔注】師古曰：士文伯，晉大夫伯瑕。

[9]【今注】惡：朱一新《漢書管見》引《左傳》杜預注：“謂受其罪也。”

[10]【顔注】師古曰：從，謂如士文伯之言也。可常，謂常可以此占之不。

[11]【顔注】如淳曰：“頴”，古“悴”字也。師古曰：《小雅·北山》之詩也。宴宴，安息之貌也。盡悴，言盡力而悴病也。

【今注】宴宴：王先謙《漢書補注》引葉德輝指出今本《毛詩》作"燕燕"。陳喬樅《齊詩遺説考》："劉歆述士文伯引《詩》語，與今《左傳》異，知其從《魯詩》之文也。"

[12]【顔注】師古曰：《小雅·十月之交》之詩也。臧，善也。

[13]【顔注】師古曰："適"讀曰"謫"。

[14]【顔注】師古曰：《上繫》之辭也。【今注】縣：同"懸"。

[15]【顔注】師古曰：謂《易》《詩》《春秋》。

[16]【顔注】服虔曰：日中而昏也。師古曰：此《豐卦》九三爻辭也，言遇此災，則當退去右肱之臣，乃免咎。

[17]【顔注】師古曰：《十月之交》詩曰："皇父卿士，番維司徒。棸維趣馬（棸，殿本作"蹴"，本注下同），楀維師氏，豔妻煽方處。"司徒，地官卿也，掌邦教。趣馬，中士也，掌王馬之政。師氏，中大夫也，掌司朝得失之事。番、棸、楀，皆氏也。美色曰豔。豔妻，襃姒也。"豔"或作"閻"，閻亦嬪妾之姓也。煽，熾也。詩人刺王淫於色，故皇父之徒皆用后寵而處職位，不以德選也。趣，音千后反。棸，音居衞反。楀，音居禹反。番，音扶元反。

[18]【今注】案，錢大昕《三史拾遺》卷三以爲"魯"當作"齊"。三月朔爲齊、衞分。若云"魯、衞"，則當食於四月。依《三統術》推得是年三月丁巳朔。王念孫《讀書雜志·漢書第五》引王引之亦以爲"魯"當爲"齊"，可參。

[19]【顔注】師古曰：四大夫，謂三郤及胥童也。胥童非屬公所誅，以導亂而死，故摠書四大夫。屬公竟爲欒書、中行偃所殺。

[20]【顔注】師古曰：六卿，謂范氏、中行氏、智氏、韓、魏、趙也。

[21]【今注】案，錢大昕《三史拾遺》卷三以爲"六月，日在實沈，爲晉分"，"魯"當作"晉"。

[22]【顏注】師古曰：季平子。

[23]【今注】須：待。

[24]【今注】案，王念孫《讀書雜志·漢書第五》引王引之以爲"六月"當爲"五月"。周五月，爲今陰曆三月。是月二日，日躔去婁而入胃。婁，魯也。胃，趙也。故曰"魯、趙分"。莊公二十五年（前669）六月辛未朔，日有食之，劉歆以爲五月二日，魯、趙分，是其證。

二十一年"七月壬午朔，日有食之"。董仲舒以爲周景王老，劉子、單子專權，[1]蔡侯朱驕，君臣不説之象也。[2]後蔡侯朱果出奔，[3]劉子、單子立王猛。劉歆以爲五月二日魯、趙分。二十二年"十二月癸酉朔，日有食之"。董仲舒以爲宿在心，天子之象也。後尹氏立王子朝，天王居于狄泉。[4]劉歆以爲十月楚、鄭分。二十四年"五月乙未朔，日有食之"。董仲舒以爲宿在胃，魯象也。後昭公爲季氏所逐。劉向以爲自十五年至此歲，十年間天戒七見，人君猶不寤。後楚殺戎蠻子，[5]晉滅陸渾戎，[6]盜殺衞侯兄，[7]蔡、莒之君出奔，[8]吳滅巢，[9]公子光殺王僚，[10]宋三臣以邑叛其君。[11]它如仲舒。劉歆以爲二月日魯、趙分。[12]是月斗建辰。《左氏傳》梓慎曰："將大水。"[13]昭子曰："旱也。[14]日過分而陽猶不克，克必甚，能無旱乎！[15]陽不克，莫將積聚也。"[16]是歲秋，大雩，旱也。二至二分，日有食之，不爲災。日月之行也，春秋分日夜等，故同道；冬夏至長短極，故相過。相過同道而食輕，不爲大災，水旱而已。三十一年"十二月辛亥朔，日有食之"。董仲舒以爲宿在心，天子象也。時京師微弱，後諸侯果相率而城周，[17]宋中幾亡尊天子之心，而不衰城。[18]劉向以爲時吳滅徐，[19]而蔡滅沈，[20]楚圍蔡，吳敗楚入郢，[21]昭王走出。[22]劉歆以爲二日宋、燕分。

[1]【顏注】師古曰：已解於上。

[2]【顏注】師古曰：蔡侯朱，蔡平公之子。"説"讀曰"悦"。

[3]【顏注】師古曰：昭二十一年出奔楚。

[4]【顏注】師古曰：天王，敬王也，避子朝之難，故居狄泉。

[5]【顏注】師古曰：昭十六年楚子誘戎蠻子殺之。戎蠻國在河南新城縣。【今注】戎蠻：即"蠻氏"。在今河南伊川縣西南。

[6]【顏注】師古曰：十七年晉荀吳帥師滅陸渾之戎。其地今陸渾縣是也。

[7]【顏注】師古曰：衛靈公兄也，名縶，二十年爲齊豹所殺。以豹不義，故貶稱盜，所謂求名而不得。

[8]【顏注】師古曰：蔡君，即朱也。莒君，莒子庚輿也（輿，蔡琪本、殿本作"舉"），二十三年出奔魯。

[9]【顏注】師古曰：二十四年吳滅巢。巢，吳、楚間小國，即居巢城是也。

[10]【顏注】師古曰：事在二十七年。

[11]【顏注】師古曰：二十一年，宋華亥、向寧、華定入于宋南里以叛是也。

[12]【今注】案，二月，蔡琪本、大德本、殿本作"二"。

[13]【顏注】師古曰：梓慎，魯大夫。

[14]【顏注】師古曰：叔孫昭子。

[15]【顏注】孟康曰：謂春分後陰多陽少，爲不克。陽勝則盛，故言甚。

[16]【顏注】蘇林曰：莫，莫爾不勝，爲積聚也。

[17]【顏注】師古曰：定元年，晉魏舒合諸侯之大夫于狄泉以城周是也。

[18]【顏注】師古曰：中幾，宋大夫。衰城，謂以差次受功賦也。衰，音初爲反。一曰，"衰"讀曰"蓑"。蓑城，謂以草覆城也。蓑，音先和反。"中"讀曰"仲"。

[19]【顏注】師古曰：事在昭三十年。

[20]【顏注】師古曰：定四年蔡公孫姓帥師滅沈。

[21]【今注】郢：又作"紀郢""南郢"。在今湖北江陵縣西北。春秋楚文王定都於此。

[22]【顏注】師古曰：事並在定四年。

定公五年"三月辛亥朔，日有食之"。[1]董仲舒、劉向以爲後鄭滅許，[2]魯陽虎作亂，竊寶玉大弓，季桓子退仲尼，宋三臣以邑叛。[3]劉歆以爲正月二日燕、趙分。[4]十二年"十一月丙寅朔，日有食之"。董仲舒、劉向以爲後晉三大夫以邑叛，薛弒其君，[5]楚滅頓、胡，[6]越敗吳，[7]衛逐世子。[8]劉歆以爲十二月二日楚、鄭分。[9]十五年"八月庚辰朔，日有食之"。董仲舒以爲宿在柳，周室大壞，夷狄主諸夏之象也。明年，中國諸侯果累累從楚而圍蔡，[10]蔡恐，遷于州來。[11]晉人執戎蠻子歸于楚，[12]京師楚也。[13]劉向以爲盜殺蔡侯，[14]齊陳乞弑其君而立陽生，[15]孔子終不用。劉歆以爲六月晉、趙分。哀公十四年“五月庚申朔，日有食之”。在獲麟後。劉歆以爲三月二日齊、衞分。凡春秋十二公，二百四十二年，日食三十六。《穀梁》以爲朔二十六，晦七，夜二，二日一。《公羊》以爲朔二十七，二日七，晦二。《左氏》以爲朔十六，二日十八，晦一，[16]不書日者二。

[1]【今注】案，王先謙《漢書補注》引蘇輿曰以爲“三月”當作“正月”。

[2]【顏注】師古曰：六年鄭游速帥師滅許，以許男斯歸。

[3]【顏注】師古曰：已解於上。

[4]【今注】案，錢大昕《三史拾遺》卷三以爲“趙”當作“越”。王念孫《讀書雜志·漢書第五》引王引之同，以爲“周之正月，今十一月。是月二日，日躔去箕而入斗。箕，燕也。斗，越也”。故曰“燕、越分”。王先謙《漢書補注》引蘇輿以爲“趙”字不誤，是“正月”爲“三月”之誤。《春秋》本作“正月辛卯朔，日有食之”，上文“三月”當作“正月”，此“正月”當作“三月”，轉寫互誤。

[5]【顏注】師古曰：十三年，晉趙鞅入于晉陽以叛，荀寅、士吉射入朝歌以叛，薛殺其君比。

[6]【顏注】師古曰：十四年，楚公子結帥師滅頓，以頓子牂歸。十五年，楚人滅胡，以胡子豹歸。

[7]【顏注】師古曰：十四年五月於越敗吳于檇李是也。檇，音醉。

[8]【顏注】師古曰：十四年，衞大子蒯聵出奔宋。

[9]【今注】案，錢大昕《三史拾遺》卷三以爲“十月朔爲

楚、鄭分，十二月則爲宋、燕分”，故當作“十月”，“二”字衍。王念孫《讀書雜志・漢書第五》引王引之以爲，周之十月爲夏曆八月。八月二日，日躔去軫而入角。軫，楚；角，鄭，故曰“楚、鄭分”。桓公十七年十月朔，日有食之，劉歆以爲楚、鄭分，是其證。若作十二月，則爲今之十月。十月之朔，日躔去心而入尾，當云“宋、燕分”，不當云“楚、鄭分”。

[10]【顏注】師古曰：哀元年楚子、陳侯、隨侯、許男圍蔡是也。“累”讀曰“纍”。纍，不絶之貌。

[11]【顏注】師古曰：哀二年十一月，蔡遷于州來。州來，楚邑，今下蔡縣是（蔡琪本、殿本“是”後有“也”字）。

[12]【顏注】師古曰：哀公四年，晉人執戎蠻子赤歸於楚。

[13]【顏注】師古曰：言以楚爲京師。

[14]【顏注】師古曰：哀四年，蔡公孫翩殺蔡侯申。翩非大夫，故賤之而書盜。

[15]【顏注】師古曰：哀六年齊陳乞弑其君荼。荼即景公之子也。陽生，荼之兄，即悼公也。荼，音塗（殿本無“荼音塗”三字）。

[16]【今注】案，錢大昕《三史拾遺》卷三以爲劉歆所說隱三年，莊二十五年、二十六年，文十五年，宣八年、十年，成十六年，襄十四年、十五年、二十三年，昭七年、十七年、二十一年、二十四年、三十一年，定五年、十二年，哀十四年，皆食在二日，正合十八之數。至莊十八年、宣十七年兩食，皆在晦。此云“晦一”，當是誤“二”爲“一”。經書日食三十有六，並十四年一食數之，實三十有七，除去食晦與二日者，則朔食蓋十有七，此云“十六”，亦恐誤。

高帝三年十月甲戌晦，日有食之，在斗二十度，燕地也。後二年，燕王臧荼反，[1]誅，立盧綰爲燕王，[2]後又反，敗。十一月癸卯晦，日有食之，在虛三度，[3]齊地也。後二年，齊王韓信徙爲楚王，[4]明年廢爲列侯，後又反，誅。九年六月乙未晦，日有食之，既，在張十三度。[5]惠帝七年正月辛丑朔，日有食之，在危十三度。[6]谷永以爲歲首正月朔日，是爲三朝，尊者惡之。五月丁卯，先晦一日，日有食之，幾盡，[7]在七星初。劉向以爲五月微陰始起而犯至陽，其占重。至其八月，宮車晏駕，[8]有呂氏詐置嗣君之害。京房《易傳》曰："凡日食不以晦朔者，名曰薄。人君誅將不以理，或賊臣將暴起，日月雖不同宿，陰氣盛，薄日光也。"高后二年六月丙戌晦，日有食之。七年正月己丑晦，日有食之，既，在營室九度，[9]爲宮室中。時高后惡之，曰："此爲我也！"明年應。[10]文帝二年十一月癸卯晦，日有食之，在婺女一度。[11]三年十月丁酉晦，日有食之，在斗二十二度。[12]十一月丁卯晦，日有食之，在虛八度。後四年四月丙辰晦，[13]日有食之，在東井十三度。[14]七年正月辛未朔，日有食之。景帝三年二月壬午晦，[15]日有食之，在胃二度。[16]七年十一月庚寅晦，日有食之，在虛九度。中元年十二月甲寅晦，日有食之。中二年九月甲戌晦，日有食之。三年九月戊戌晦，日有食之，幾盡，在尾九度。[17]六年七月辛亥晦，日有食之，在軫七度。[18]後元年七月乙巳，先晦一日，[19]日有食之，在翼十七度。[20]

[1]【今注】臧荼：秦漢之際人。原爲燕國將領。秦末農民起義後，隨從項羽入關。項羽封王，改封原燕王韓廣爲遼東王，而以

茶爲燕王。不久攻殺韓廣，併其地。後反漢，被高祖擊敗俘獲。

[2]【今注】盧綰：傳見本書卷三四。

[3]【今注】虛：二十八宿之一，玄武七宿的第四宿。也稱玄枵。

[4]【今注】韓信：傳見本書卷三四。

[5]【今注】張：二十八宿之一，朱雀七宿的第五宿。又稱鶉尾。

[6]【今注】危：二十八宿之一，北方第五宿。居龜蛇尾部之處。

[7]【顏注】師古曰：幾，音鉅依反。後皆類此。

[8]【今注】宮車晏駕：諱指皇帝駕崩。

[9]【今注】營室：二十八宿之一，玄武七宿的第六宿。也稱室星、定星。

[10]【顏注】師古曰：謂高后崩也。

[11]【今注】婺女：女宿。二十八宿之一，玄武七宿的第三宿。又名須女、務女。

[12]【今注】案，二十二，大德本、殿本作“二十三”。

[13]【今注】案，《漢書考證》齊召南曰：本書卷四《文紀》作“丙寅”。

[14]【今注】東井：即井宿。二十八宿之一。因在玉井之東，故稱。

[15]【今注】案，《漢書考證》齊召南曰：本書卷五《景紀》作“壬子”。

[16]【今注】胃：二十八宿之一，西方白虎七宿的第三宿。案，《漢書考證》齊召南曰，本書《景紀》於景帝四年（前153）十月戊戌晦書食，《志》不書。

[17]【今注】案，《漢書考證》齊召南曰，本書《景紀》於景帝中元四年（前146）十月戊午書食，《志》不書。

　　[18]【今注】軫：二十八宿之一，南方朱雀七宿的第七宿。又稱天車。

　　[19]【今注】案，《漢書考證》齊召南曰：本書《景紀》但言"晦"，不言"先晦一日"。

　　[20]【今注】翼：二十八宿之一。南方朱鳥七宿的第六宿。

　　武帝建元二年二月丙戌朔，日有食之，在奎十四度。[1]劉向以爲奎爲卑賤婦人，後有衞皇后自至微興，卒有不終之害。[2]三年九月丙子晦，日有食之，在尾二度。五年正月己巳朔，日有食之。元光元年二月丙辰晦，日有食之。七月癸未，先晦一日，日有食之，在翼八度。劉向以爲前年高園便殿災，與春秋御廪災後日食於翼、軫同。其占，内有女變，外爲諸侯。其後陳皇后廢，[3]江都、淮南、衡山王謀反，誅。日中時食從東北，過半，晡時復。元朔二年二月乙巳晦，日有食之，[4]在胃三度。六年十一月癸丑晦，日有食之。元狩元年五月乙巳晦，日有食之，在柳六度。京房《易傳》推以爲是時日食從旁右，法曰君失臣。明年丞相公孫弘薨。[5]日食從旁左者，亦君失臣；從上者，臣失君；從下者，君失民。元鼎五年四月丁丑晦，日有食之，在東井二十三度。元封四年六月己酉朔，日有食之。大始元年正月乙巳晦，日有食之。四年十月甲寅晦，日有食之，在斗十九度。征和四年八月辛酉晦，日有食之，不盡如鉤，在元二度。[6]晡時食從西北，日下晡時復。昭帝始元三年十一月壬辰朔，日有食之，在斗九度，燕地也。後四年，燕剌王謀反，誅。元鳳元年七月己亥晦，日有食之，[7]幾盡，在張十二度。劉向以爲己亥而既，其占重。[8]後六年，宮車晏駕，卒以亡嗣。宣帝地節元年十二月癸亥晦，日有食之，在營室十五度。五鳳元年十二月乙酉朔，日有食之，在婺女十度。四年四月辛丑朔，[9]日有食之，在畢十九度。是爲正月朔，慝未作，《左氏》以爲重異。元帝永光二年三月壬戌朔，日有食之，在婁八度。四年六月戊寅晦，日有食之，在張七度。建昭五年六月壬申晦，日有食之，不盡如鉤，因入。

[1]【今注】奎：二十八宿之一，爲西方白虎七宿的第一宿。亦稱"天豕""封豕"。

[2]【顏注】師古曰：皇后自殺，不終其位也。

[3]【今注】陳皇后：事迹見本書卷九七上《外戚傳上》。

[4]【今注】案，《漢書考證》齊召南曰，本書卷六《武紀》作"三月乙亥晦"。

[5]【今注】公孫弘：傳見本書卷五八。

[6]【今注】案，元，蔡琪本、大德本、殿本誤作"亢"。

[7]【今注】案，《漢書考證》齊召南曰，本書卷七《昭紀》作"乙亥"。

[8]【顏注】孟康曰：己，土；亥，水也。純陰，故食爲最重也。日食盡爲既。

[9]【今注】案，《漢書考證》齊召南曰，本書卷八《宣紀》"朔"作"晦"。

成帝建始三年十二月戊申朔，日有食之，其夜未央殿中地震。谷永對曰："日食婺女九度，占在皇后。

地震蕭牆之內，咎在貴妾。[1]二者俱發，明同事異人，共掩制陽，將害繼嗣也。宣日食，則妾不見；[2]宣地震，則后不見。異日而發，則似殊事；亡故動變，則恐不知。是月后妾當有失節之郵，[3]故天因此兩見其變。若曰，違失婦道，隔遠衆妾，[4]妨絕繼嗣者，此二人也。"[5]杜欽對亦曰：[6]"日以戊申食，時加未。戊，土也，[7]中宮之部。其夜殿中地震，此必適妾將有爭寵相害而爲患者。[8]人事失於下，變象見於上。能應之以德，則咎異消；忽而不戒，則禍敗至。[9]應之，非誠不立，非信不行。"河平元年四月己亥晦，日有食之，不盡如鉤，在東井六度。劉向對曰："四月交於五月，月同孝惠，日同孝昭。東井，京師地，且既，其占恐害繼嗣。"日蚤食時，從西南起。三年八月乙卯晦，日有食之，在房。[10]四年三月癸丑朔，日有食之，在昂。[11]陽朔元年二月丁未晦，日有食之，在胃。永始元年九月丁巳晦，日有食之。谷永以京房《易占》對曰："元年九月日蝕，酒亡節之所致也。獨使京師知之，四國不見者，若曰，湛湎于酒，君臣不別，禍在內也。"[12]永始二年二月乙酉晦，日有食之。谷永以京房《易占》對曰："今年二月日食，賦斂不得度，民愁怨之所致也。所以使四方皆見，京師陰蔽者，若曰，人君好治宮室，大營墳墓，賦斂茲重，而百姓屈竭，[13]禍在外也。"三年正月己卯晦，日有食之。四年七月辛未晦，日有食之。元延元年正月己亥朔，日有食之。哀帝元壽元年正月辛丑，[14]日有食之，不盡如鉤，在營室十度，與惠帝七年同月日。二年三月壬辰晦，[15]日有食之。平帝元始元年五月丁巳朔，日有食之，在東井。二年九月戊申晦，日有食之，既。凡漢著紀十二世，二百一十二年，日食五十三，朔十四，晦三十六，先晦一日三。成帝建始元年八月戊午，晨漏未盡三刻，有兩月重見。京房《傳》曰："'婦貞厲，月幾望，君子征，凶。'[16]言君弱而婦彊，爲陰所乘，則月並出。晦而月見西方謂之朓，朔而月見東方謂之仄慝，[17]仄慝則侯王其肅，朓則侯王其舒。"劉向以爲朓者疾也，君舒緩則臣驕慢，故日行遲而月行疾也。仄慝者不進之意，君肅急則臣恐懼，故日行疾而月行遲，[18]不敢迫近君也。不舒不急，以正失之者，食朔日。劉歆以爲舒者侯王展意顓事，[19]臣下促急，故月行疾也。肅者王侯縮朒不任事，[20]臣下弛縱，故月行遲也。[21]當春秋時，侯王率多縮朒不任事，故食二日仄慝者十八，食晦日朓者一，此其效也。考之漢家，食晦朓者三十六，終亡二日仄慝者，歆說信矣。此皆謂日月亂行者也。

[1]【顏注】師古曰：蕭牆，謂門屏也。蕭，肅也，人臣至此，加肅敬也。

[2]【顏注】師古曰："亶"讀曰"但"。下例並同。

[3]【顏注】師古曰："郵"與"尤"同。尤，過也。

[4]【顏注】師古曰：遠，音于萬反。

[5]【今注】二人：王先謙《漢書補注》以爲謂許皇后、班婕妤。

[6]【今注】杜欽：傳見本書卷六〇。

[7]【今注】案，蔡琪本、殿本"土"前有"未"字；大德本"土"作"上"，前有"未"字。

[8]【顏注】師古曰："適"讀曰"嫡"。

[9]【顏注】師古曰：忽，怠忘（殿本無此注）。

[10]【今注】房：二十八宿之一，蒼龍七宿的第四宿。又稱"天馴""房馴"。

[11]【今注】昴：二十八宿之一，白虎七宿的第四宿。又名"髦頭""旄頭"。

[12]【顏注】師古曰："湛"讀曰"沈"，又讀曰"耽"也（蔡琪本、殿本無"也"字）。

[13]【顏注】師古曰：兹，益也。屈，盡也，音其勿反。【今注】屈：王先謙《漢書補注》以爲"屈"當訓作"竭"，不屈猶不竭。

[14]【今注】案，蔡琪本、大德本、殿本"辛丑"後有"朔"字。

[15]【今注】案，《漢書考證》齊召南曰，本書卷一一一《哀紀》"三月"作"夏四月"。

[16]【顏注】師古曰：《小畜》上九爻辭也。幾，音鉅依反。

[17]【顏注】孟康曰：朓者，月行疾在日前，故早見。仄慝者，行遲在日後，當没而更見。師古曰：朓，音吐了反。【今注】仄慝：錢大昕《廿二史考異·漢書二》指出，賈公彥《周禮疏》引《尚書五行傳》作"側匿"。王先謙《漢書補注》以爲"匿"，正字"慝"。借字亦作"縮朒"。引《説文》："晦而月見西方謂之朓。朔而月見東方謂之縮朒。""側"與"縮"，"匿"與"朒"，聲近義同。

[18]【今注】案，故，殿本作"放"。

[19]【今注】展意：隨心所欲。

[20]【顏注】服虔曰：朒，音忸怩之忸。鄭氏曰：不任事之貌也。師古曰：朒，音女六反。

[21]【顏注】師古曰：弛，放也，音式爾反（殿本無此注）。

元帝永光元年四月，日色青白，亡景，[1]正中時有景亡光。[2]是夏寒，至九月，日乃有光。京房《易傳》曰：“美不上人，茲謂上弱，厥異日白，七日不溫。順亡所制茲謂弱，[3]日白六十日，物亡霜而死。天子親伐，茲謂不知，日白，體動而寒。弱而有任，茲謂不亡，日白不溫，明不動。辟詘公行，[4]茲謂不伸，[5]厥異日黑，大風起，天無雲，日光晻。[6]不難上政，茲謂見過，日黑居仄，大如彈丸。”成帝河平元年正月壬寅朔，日月俱在營室，時日出赤。二月癸未，日朝赤，且入又赤，夜月赤。甲申，日出赤如血，亡光，漏上四刻半，乃頗有光，燭地赤黃，食後乃復。京房《易傳》曰：“辟不聞道茲謂亡，厥異日赤。”三月乙未，日出黃，有黑氣大如錢，居日中央。京房《易傳》曰：“祭天不順茲謂逆，厥異日赤，其中黑。聞善不予，茲謂失知，厥異日黃。”夫大人者，與天地合其德，與日月合其明，故聖王在上，總命群賢，以亮天功，[7]則日之光明，五色備具，燭燿亡主；有主則為異，應行而變也。色不虛改，形不虛毀，觀日之五變，足以監矣。故曰“縣象著明，莫大乎日月”，此之謂也。

[1]【顏注】韋昭曰：日下無景也。無景，謂唯質見耳。

[2]【顏注】韋昭曰：無光曜也。

[3]【顏注】孟康曰：君順從於臣下，無所能制。

[4]【今注】慁：與"惥"同。

[5]【顏注】孟康曰：辟，君也。有過而公行之。

[6]【顏注】師古曰："晻"與"闇"同也（殿本無"也"字）。

[7]【顏注】師古曰：《虞書·舜典》帝曰："咨，二十有二人，欽哉，惟時亮天功。"謂敕六官（六官，殿本作"九官"）、十二牧、四嶽，令各敬其職事，信定其功，順天道也。故《志》引之。

嚴公七年"四月辛卯夜，恒星不見，夜中星隕如雨"。董仲舒、劉向以爲常星二十八宿者，[1]人君之象也；衆星，萬民之類也。列宿不見，象諸侯微也；衆星隕墜，民失其所也。夜中者，爲中國也。不及地而復，象齊桓起而救存之也。鄉亡桓公，星遂至地，中國其良絕矣。[2]劉向以爲夜中者，言不得終性命，中道敗也。或曰象其叛也，言當中道叛其上也。天垂象以視下，[3]將欲人君防惡遠非，慎卑省微，以自全安也。[4]如人君有賢明之材，畏天威命，若高宗謀祖己，[5]成王泣金滕，[6]改過修正，立信布德，存亡繼絕，修廢舉逸，下學而上達，[7]裁什一之稅，復三日之役，[8]節用儉服，以惠百姓，則諸侯懷德，士民歸仁，災消而福興矣。遂莫肯改寤，法則古人，而各行其私意，終於君臣乖離，上下交怨。自是之後，齊、宋之君弑，[9]譚、遂、邢、衛之國滅，[10]宿遷於宋，[11]蔡獲於楚，[12]晉相弒殺，五世乃定，[13]此其效也。《左氏傳》曰：“恒星不見，夜明也；星隕如雨，與雨偕也。”劉歆以爲晝象中國，夜象夷狄。夜明，故常見之星皆不見，象中國微也。“星隕如雨”，如，而也，星隕而且雨，故曰“與雨偕也”，明雨與星隕，兩變相成也。《洪範》曰：“庶民惟星。”《易》曰：“雷雨作，《解》。”[14]是歲歲在玄枵，齊分壄也。夜中而星隕，象庶民中離上也。雨以解過施，復從上下，象齊桓行伯，復興周室也。[15]周四月，夏二月也，日在降婁，魯分壄也。先是，衛侯朔奔齊，衛公子黔牟立，齊帥諸侯伐之，天子使使救衛。[16]魯公子溺顓政，會齊以犯王命，[17]嚴弗能止，卒從而伐衛，逐天王所立。[18]不義至甚，而自以爲功。民去其上，政繇下作，[19]尤著，[20]故星隕於魯，天事常象也。

[1]【今注】常星：恒星。

[2]【顏注】師古曰：“鄉”讀曰“嚮”。中國，中夏之國也。良猶信也。

[3]【顏注】師古曰：“視”讀曰“示”。

[4]【顏注】師古曰：遠，離也（殿本無“也”字）。省，視（殿本“視”後有“也”字）。

[5]【顏注】師古曰：謂殷之武丁有雊雉之異，而祖己訓諸王，作《高宗肜日》《高宗之訓》（肜，蔡琪本、殿本作“彤”，是）。

[6]【顏注】師古曰：武王有疾，周公作金縢之書爲王請命，王翌日乃瘳。後武王崩，成王即位，管、蔡流言，而周公居東。

天雷電以風（天，蔡琪本、大德本、殿本作"天大"），禾盡偃，大木斯拔。王啓金縢，乃得周公代武王之説，王執書以泣，遣使者逆公。王出郊，天乃雨，反風，禾則盡起。【今注】金縢：用金屬製的帶子將收藏書契的櫃封存。

[7]【顏注】師古曰：下學，謂博謀於群下也。上達，謂通於天道而畏威。

[8]【顏注】師古曰：古之田租，十税其一，一歲役兆庶不過三日也。

[9]【顏注】師古曰：莊八年齊無知弑其君諸兒，十二年宋萬弑其君捷也。

[10]【顏注】師古曰：十年齊侯滅譚，十三年齊人滅遂，閔二年狄人入衞，僖二十五年衞侯燬滅邢。

[11]【顏注】師古曰：莊十年宋人遷宿，蓋取其地也。宿國，東平無鹽縣是。

[12]【顏注】師古曰：莊十年荆敗蔡師于莘，以蔡侯獻舞歸也。

[13]【顏注】師古曰：謂殺奚齊、卓子及懷公也。自獻公以至文公反國，凡易五君乃定。

[14]【顏注】師古曰：《解卦》象辭也。

[15]【顏注】師古曰："伯"讀曰"霸"（殿本無此注）。

[16]【顏注】師古曰：已解於上。

[17]【顏注】師古曰：溺，魯大夫名也。莊三年，"溺會齊師伐衞"，疾其專命，故貶而去族。天子救衞，而溺伐之，故云"犯王命"。

[18]【顏注】師古曰：謂放黔牟也。

[19]【顏注】師古曰："繇"讀與"由"同。次下亦同（殿本無此注）。

[20]【今注】尤著：朱一新《漢書管見》以爲"尤"過也。

尤著者，言其過甚著。楊樹達《漢書窺管》以爲 “尤著” 當與 “民去其上政繇下作” 連讀，猶上文云不義至甚。朱以尤著二字爲一句，訓尤爲過，非。

　　成帝永始二年二月癸未，夜過中，星隕如雨，長一二丈，繹繹未至地滅，[1] 至雞鳴止。谷永對曰：“日月星辰燭臨下土，其有食隕之異，則遐邇幽隱靡不咸睹。星辰附離于天，[2] 猶庶民附離王者也。王者失道，綱紀廢頓，下將叛去，故星叛天而隕，以見其象。《春秋》記異，星隕最大，自魯嚴以來，至今再見。臣聞三代所以喪亡者，皆繇婦人群小，湛湎於酒。[3]《書》云：‘乃用其婦人之言，四方之逋逃多罪，是信是使。’[4]《詩》曰：‘赫赫宗周、褒姒烕之。’[5] ‘顛覆厥德，荒沈于酒。’[6] 及秦所以二世而亡者，養生大奢，奉終大厚。方今國家兼而有之，社稷宗廟之大憂也。” 京房《易傳》曰：“君不任賢，厥妖天雨星。”

　　[1]【顏注】師古曰：繹繹，光采貌。【今注】繹繹：一説興盛不絶貌。

　　[2]【今注】附離：附着，依附。

　　[3]【顏注】師古曰：“湛” 讀曰 “沈”，又讀曰 “耽”。其下亦同。

　　[4]【顏注】師古曰：《周書·泰誓》也。言紂惑於妲己，而昵近亡逃罪人，信用之。【今注】案，今本《尚書·牧誓》文。錢大昭《漢書辨疑》指出，本《志》及本書卷八五《谷永傳》注顏師古皆以爲《泰誓》，疑誤。

　　[5]【顏注】師古曰：《小雅·正月》之詩也。已解於上。

戚，音許悦反。

　　[6]【顏注】師古曰：《大雅・抑》之詩也。刺王傾敗其德，荒廢政事而耽酒。【今注】案，朱一新《漢書管見》以爲"沈"當作"湛"。師古上文注云"其下亦同"，正謂此"湛"字。今作"沈"者，爲後人誤改。

　　文公十四年"七月，有星孛入于北斗"。[1]董仲舒以爲，孛者，惡氣之所生也。謂之孛者，言其孛孛有所妨蔽，闇亂不明之貌也。北斗，大國象。後齊、宋、魯、莒、晉皆弑君。[2]劉向以爲君臣亂於朝，政令虧於外，則上濁三光之精，五星贏縮，[3]變色逆行，甚則爲孛。北斗，人君象；孛星，亂臣類，篡殺之表也。星傳曰"魁者，貴人之牢"。又曰"孛星見北斗中，大臣諸侯有受誅者"。一曰，魁爲齊、晉。夫彗星較然在北斗中，天之視人顯矣，[4]史之有占明矣，時君終不改寤。是後，宋、魯、莒、晉、鄭、陳六國咸弑其君，[5]齊再弑焉。[6]中國既亂，夷狄並侵，兵革從橫，楚乘威席勝，深入諸夏，[7]六侵伐，[8]一滅國，[9]觀兵周室。[10]晉外滅二國，[11]內敗王師，[12]又連三國之兵大敗齊師于鞌，[13]追亡逐北，東臨海水，[14]威陵京師，武折大齊。皆孛星炎之所及，流至二十八年。[15]星傳又曰："彗星入北斗，有大戰。其流入北斗中，得名人；[16]不入，失名人。"宋華元，賢名大夫，大棘之戰，華元獲於鄭，[17]傳舉其效云。《左氏傳》曰有星孛北斗，周史服曰："不出七年，宋、齊、晉之君皆將死亂。"[18]劉歆以爲北斗有環域，四星入其中也。斗，天之三辰，綱紀星也。宋、齊、晉，天子方伯，中國綱紀。彗所以除舊布新也。斗七星，故曰"不出七年"。至十六年，宋人弑昭公；[19]十八年，齊人弑懿公；[20]宣公二年，晉趙穿弑靈公。

[1]【今注】孛：彗星。

[2]【顏注】師古曰：文十四年齊公子商人弑其君舍，十六年宋人弑其君杵臼，十八年襄仲殺惡及視，莒弑其君庶其，宣二年晉趙穿攻靈公於桃園。

[3]【今注】五星：指東方歲星（木星）、南方熒惑（火星）、中央鎮星（土星）、西方太白（金星）、北方辰星（水星）。　嬴縮：猶盈虧。

[4]【顏注】師古曰："視"讀曰"示"。

[5]【顏注】師古曰：宋、魯、莒、晉已解於上。宣四年鄭公子歸生弑其君夷，十年陳夏徵舒弑其君平國。

[6]【顏注】師古曰：再弑者，謂商人殺舍，而閻職等又殺商人。

[7]【顏注】師古曰：謂邲戰之後。

[8]【顏注】師古曰：謂宣十二年春楚子圍鄭，夏與晉師戰于邲，晉師敗績，十三年楚子伐宋，十四年楚子圍宋，成二年楚師侵衛，遂侵魯師于蜀，成六年楚公子嬰齊帥師伐鄭。

[9]【顏注】師古曰：謂宣十二年楚子滅蕭。

[10]【顏注】師古曰：已解於上。

[11]【顏注】師古曰：謂宣十五年晉滅赤狄潞氏，十六年滅赤狄甲氏也。

[12]【顏注】師古曰：謂成元年晉敗王師于貿戎是也。

[13]【顏注】師古曰：謂成二年晉郤克會魯季孫行父、衛孫良夫、曹公子首及齊侯戰于鞌，齊師敗績。鞌，齊地。

[14]【顏注】師古曰：謂逐之三周華不注，又從之入自丘
輿，擊馬陘，東至海濱也。

[15]【顏注】師古曰：炎，音弋贍反。其下並同。【今注】
炎：錢大昭《漢書辨疑》以爲與“燄”同。後“流炎”“芒炎”
同此。

[16]【顏注】孟康曰：謂得名臣也。

[17]【顏注】師古曰：宣二年宋華元帥師及鄭公子歸生戰于
大棘，宋師敗績，獲華元。大棘，宋地。

[18]【顏注】師古曰：史服，周内史叔服也。

[19]【顏注】師古曰：即杵臼。

[20]【顏注】師古曰：即商人。

　　昭公十七年“冬，有星孛于大辰”。董仲舒以爲大
辰心也，心爲明堂，天子之象。後王室大亂，三王分
爭，此其效也。[1]劉向以爲星傳曰“心，大星，天王
也。其前星，大子；後星，庶子也。尾爲君臣乖離”。
孛星加心，象天子適庶將分爭也。[2]其在諸侯，角、
亢、氐，[3]陳、鄭也；房、心，宋也。後五年，周景王
崩，王室亂，大夫劉子、單子立王猛，尹氏、召伯、
毛伯立子朝。子朝，楚出也。[4]時楚彊，宋、衞、陳、
鄭皆南附楚。王猛既卒，敬王即位，子朝入王城，天
王居狄泉，莫之敢納。五年，楚平王居卒，子朝奔楚，
王室乃定。後楚帥六國伐吳，吳敗之于雞父，殺獲其
君臣。[5]蔡怨楚而滅沈，楚怒，圍蔡。吳人救之，遂爲
柏舉之戰，敗楚師，屠郢都，妻昭王母，鞭平王墓。[6]
此皆孛彗流炎所及之效也。《左氏傳》曰：“有星孛于

大辰，西及漢。申繻曰：'彗，所以除舊布新也，[7]天事恒象。今除於火，火出必布焉。諸侯其有火災乎？'梓慎曰：'往年吾見，是其徵也。火出而見，今茲火出而章，必火入而伏，其居火也久矣，其與不然乎？火出，於夏爲三月，於商爲四月，於周爲五月。夏數得天，若火作，其四國當之，在宋、衞、陳、鄭乎？宋，大辰之虛；陳，大昊之虛；鄭，祝融之虛：[8]皆火房也。星孛及漢；漢，水祥也。衞，顓頊之虛，其星爲大水。水，火之牡也。[9]其以丙子若壬午作乎？水火所以合也。若火入而伏，必以壬午，不過見之月。'"明年"夏五月，火始昏見，丙子風。梓慎曰：'是謂融風，火之始也。[10]七日其火作乎？'[11]戊寅風甚，壬午大甚，[12]宋、衞、陳、鄭皆火。"劉歆以爲大辰，房、心、尾也，八月心星在西方，孛從其西過心東及漢也。宋，大辰虛，謂宋先祖掌祀大辰星也。陳，太昊虛，虙羲木德，火所生也。[13]鄭，祝融虛，高辛氏火正也。故皆爲火所舍。衞，顓頊虛，星爲大水，營室也。天星既然，又四國失政相似，及爲王室亂皆同。

[1]【顏注】師古曰：三王，已解於上。

[2]【顏注】師古曰："適"讀曰"嫡"（殿本無此注）。

[3]【今注】角：二十八宿之一，東方蒼龍七宿的第一宿。亢：二十八宿之一，東方蒼龍七宿的第二宿。　氐：二十八宿之一，東方蒼龍七宿的第三宿。也稱"天根"。

[4]【顏注】師古曰：姊妹之子曰出。

[5]【顏注】師古曰：昭二十三年，楚薳姓帥師（姓，大德

本、蔡琪本、殿本作“越”），及頓、胡、沈、蔡、陳、許之師與吳師戰于雞父，楚師敗績。胡子髡、沈子逞滅（髡，殿本作“髠”），獲陳大夫夏齧。雞父，楚地也。“父”讀曰“甫”。【今注】雞父：春秋楚邑。治所在今河南固始縣東南。

　　[6]【顏注】師古曰：沈，楚之與國。定四年四月，蔡公孫姓帥師滅沈，以沈子嘉歸。秋，楚爲沈故圍蔡。冬，吳興師以救之，與楚戰于柏舉，楚師敗績。庚辰，吳入郢，君舍乎君室，大夫舍乎大夫室，妻楚王之母，撻平王之墓也。【今注】柏舉：一作“柏莒”。其地説法主要有三：一説在今湖北黃岡市黃州區團風鎮南之舉洲；或以爲在今湖北麻城市東南；或以爲在今湖北麻城市東北。

　　[7]【顏注】師古曰：申須（須，殿本作“繻”），魯大夫。

　　[8]【顏注】師古曰：“虛”讀皆曰“墟”。其下並同。

　　[9]【顏注】張晏曰：水以天一，爲地二牡。丙與午，南方火也；子及壬，北方水也；又其配合。

　　[10]【顏注】張晏曰：融風，立春木風也，火之母也，火所始生也。《淮南子》曰“東北曰炎風”。高誘以爲艮氣所生也。炎風一曰融風。

　　[11]【顏注】張晏曰：自丙子至壬午凡七日，既其配合之日，又火以七爲紀。

　　[12]【顏注】師古曰：大甚者，又更甚也。

　　[13]【顏注】師古曰：“慮”讀曰“伏”同。

　　哀公十三年“冬十一月，有星孛于東方”。董仲舒、劉向以爲不言宿名者，不加宿也。[1]以辰乘日而出，亂氣蔽君明也。明年，春秋事終。一曰，周之十一月，夏九月，日在氐。出東方者，軫、角、亢也。軫，楚；角、亢，陳、鄭也。或曰角、亢大國象，爲齊、晉也。其後楚滅陳，[2]田氏篡齊，[3]六卿分晉，[4]此其效也。劉歆以爲孛，東方大辰也，不言大辰，旦而見與日爭光，星入而孛猶見。是歲再失閏，十一月實八月也。日在鶉火，周分野也。十四年冬，“有星孛”，在獲麟後。劉歆以爲不言所在，官失之也。

[1]【顏注】孟康曰：不在二十八宿之中也。

[2]【顏注】師古曰：襄十七年楚公孫朝帥師滅陳也。

[3]【顏注】師古曰：齊平公十三年，《春秋》之傳終矣。至公二十五年卒（至，蔡琪本、殿本作“平”）。卒後七十年而康公爲田和所滅。

[4]【顏注】師古曰：晉出公八年，《春秋》之傳終矣。出公十七年卒。卒後八十年，至靜公爲韓、魏、趙所滅（靜，殿本作“靖”），而三分其地。蓋晉之衰也，六卿檀權（檀，蔡琪本、殿本作“擅”，是），其後范氏、中行氏、智氏滅，而韓、魏、趙兼其土田人衆，故捴言六卿分晉也。

高帝三年七月，有星孛于大角，旬餘乃入。劉向以爲是時項羽爲楚王，伯諸侯，[1]而漢已定三秦，與羽相距滎陽，[2]天下歸心於漢，楚將滅，故孛除王位也。一曰，項羽阬秦卒，燒宮室，弒義帝，[3]亂王位，故孛加之也。文帝後七年九月，有星孛于西方，其本直尾、箕，末指虛、危，長丈餘，及天漢，十六日不見。劉向以爲尾宋地，今楚彭城也。箕爲燕，又爲吳、越、齊。宿在漢中，負海之國水澤地也。是時景帝新立，信用鼂錯，將誅正諸侯王，其象先見。後三年，吳、楚、四齊與趙七國舉兵反，[4]皆誅滅云。武帝建元六年六月，有星孛于北方。劉向以爲明年淮南王安入朝，與太尉武安侯田蚡有邪謀，而陳皇后驕恣，其後陳后廢，而淮南王反，誅。八月，長星出于東方，長終天，三十日去。占曰：“是爲蚩尤旗，[5]見則王者征伐四方。”其後兵誅四夷，連數十年。元狩四年四月，長星又出西北，是時伐胡尤甚。元封元年五月，[6]有星孛于東井，又孛于三台。其後江充作亂，京師紛然。此明東井、三台爲秦地效也。宣帝地節元年正月，有星孛于西方，去太白二丈所。劉向以爲太白爲大將，彗孛加之，掃滅象也。明年，大將軍霍光薨，後二年家夷滅。成帝建始元年正月，有星孛于營室，青白色，長六七丈，廣尺餘。劉向、谷永以爲營室爲後宮懷任之象，[7]彗星加之，將有害懷任絕繼嗣者。[8]一曰，後宮將受害也。其後許皇后坐祝詛後宮懷姙者廢。趙皇后立妹爲昭儀，害兩皇子，上遂無嗣。趙后姊妹卒皆伏辜。元延元年七月辛未，有星孛于東井，踐五諸侯，[9]出河戒北率行軒轅、大微，[10]後日六度有餘，晨出東方。十三日夕見西方，犯次妃、長秋、斗、填，蠚炎再貫紫宮中。[11]大火當後，[12]達天河，除於妃后之域。南逝度犯大角、攝提，至天市而按節徐行，[13]炎入市，中旬而後西去，五十六日與倉龍俱伏。[14]谷永對曰：“上古以來，大亂之極，所希有也。察其馳騁驟步，芒炎或長或短，所歷奸犯，[15]內爲後宮女妾之害，外爲諸夏叛逆之禍。”劉向亦曰：“三代之亡，攝提易方；

秦、項之滅，星孛大角。”是歲，趙昭儀害兩皇子。後五年，成帝崩，昭儀自殺。哀帝即位，趙氏皆免官爵，徙遼西。[16]哀帝亡嗣。平帝即位，王莽用事，追廢成帝趙皇后、哀帝傅皇后，皆自殺。外家丁、傅皆免官爵，徙合浦，歸故郡。平帝亡嗣，莽遂篡國。

[1]【顏注】師古曰：“伯”讀曰“霸”（殿本無此注）。

[2]【今注】滎陽：縣名。治所在今河南滎陽市東北。

[3]【今注】義帝：楚懷王熊心。戰國時楚懷王之孫。項梁擁立其爲王，仍稱楚懷王。秦亡被項羽尊爲義帝，遷往長沙郴縣（今湖南郴州市），於途中被殺。

[4]【顏注】師古曰：四齊，膠東、膠西、菑川、濟南也。

[5]【今注】蚩尤旗：彗星名。古代以爲星出，主有征伐之事。

[6]【今注】案，朱一新《漢書管見》以爲本書卷六《武紀》五月作“秋”。

[7]【今注】懷任：懷孕。

[8]【今注】案，任，殿本作“妊”。

[9]【顏注】孟康曰：五諸侯，星名。

[10]【今注】河戒：指南河星、北河星。因其位置是天帝的關梁，是需要守衛的交通要衝，故稱河戒。案，戒，蔡琪本作“戊”，大德本、殿本作“戌”，是。　軒轅：星座名。共十七顆星，在北斗七星的北邊。　大微：即太微，星官名。三垣之一。位於北斗之南，軫、翼北，大角之西，軒轅之東。

[11]【今注】案，王先謙《漢書補注》以爲長秋，見本書《百官公卿表》。此謂皇后星位。本書《天文志》：中宮“後句四星，末大星正妃，餘三星後宮之屬也。”《史記·天官書》司馬貞《索隱》引《孝經援神契》云：“辰極橫，后妃四星從。”《禮記·

檀弓》鄭玄注："后妃四星，其一明者爲正妃，餘三小者爲次妃。"言孛星犯次妃，長秋又犯北斗，又犯填星，再貫紫宮。次妃、長秋在紫宮中，故此云"再貫"。"蠢"與"鋒"同，"炎"俗作"燄"。鋒炎，猶下言芒炎。

[12]【今注】案，王先謙《漢書補注》以爲"當"字宜衍。

[13]【顏注】服虔曰：謂行遲。

[14]【今注】倉龍：蒼龍。倉，通"蒼"。木星位於東方之稱。

[15]【顏注】師古曰：奸，音干。

[16]【今注】遼西：郡名。治且慮縣（今遼寧義縣北）。

釐公十六年"正月戊申朔，隕石于宋，五，是月六鷁退飛過宋都"。董仲舒、劉向以爲象宋襄公欲行伯道將自敗之戒也。[1]石陰類，五陽數，自上而隕，此陰而陽行，欲高反下也。石與金同類，色以白爲主，近白祥也。鷁水鳥，六陰數，退飛，欲進反退也。其色青，青祥也，屬於貌之不恭。天戒若曰，德薄國小，勿持炕陽，欲長諸侯，與彊大爭，必受其害。襄公不寤，明年齊桓死，伐齊喪，[2]執滕子，圍曹，[3]爲盂之會，與楚爭盟，卒爲所執。後得反國，[4]不悔過自責，復會諸侯伐鄭，與楚戰于泓，軍敗身傷，爲諸侯笑。[5]《左氏傳》曰：隕石，星也；鷁退飛，風也。宋襄公以問周内史叔興曰："是何祥也？吉凶何在？"對曰："今兹魯多大喪，明年齊有亂，[6]君將得諸侯而不終。"退而告人曰："是陰陽之事，非吉凶之所生也。吉凶繇人，吾不敢逆君故也。"[7]是歲，魯公子季友、鄫季姬、公孫兹皆卒。[8]明年齊桓死，適庶亂。[9]宋襄公伐齊行伯，卒爲楚所敗。[10]劉歆以爲是歲歲在壽星，其衝降婁。[11]降婁，魯分壄也，故爲魯多大喪。正月，日在星紀，厭在玄枵。玄枵，齊分壄也。石，山物；齊，大嶽後[12]五石象齊桓卒而五公子作亂，[13]故爲明年齊有亂。庶民惟星，隕於宋，象宋襄將得諸侯之衆，而治五公子之亂。星隕而鷁退飛，故爲得諸侯而不終。六鷁象後六年伯業始退，執於盂也。[14]民反德爲亂，亂則妖災生，言吉凶繇人，然后陰陽衝厭受其咎。齊、魯之災非君所致，故曰"吾不敢逆君故也"。京房《易傳》曰："距諫自彊，兹謂郤行，厥異鷁退飛。適當黜，則鷁退飛。"[15]

[1]【顏注】師古曰："伯"讀曰"霸"（殿本無此注）。

[2]【顏注】師古曰：僖十七年齊桓公卒，十八年宋襄公以諸侯伐齊。

[3]【顏注】師古曰：十九年三月，宋人執滕子嬰齊，秋，宋人圍曹。

[4]【顏注】師古曰：二十一年春，爲鹿上之盟。秋，會于盂。於是楚執宋公以伐宋，冬，會于薄以釋之。鹿上、盂、薄，皆宋地。【今注】盂：春秋宋地。在今河南睢縣西北。

[5]【顏注】師古曰：二十二年夏，宋公、衛侯、許男、滕子伐鄭。十一月，宋公及楚人戰於泓，宋師敗績，公傷股，門官殲焉。二十三年卒，傷於泓故也。泓，水名也，音於宏反。【今注】泓：泓水。故道約在今河南柘城縣西北，古渙水支流。

[6]【顏注】師古曰：今兹謂此年。

[7]【顏注】師古曰："繇"讀與"由"同（殿本無此注）。

[8]【顏注】師古曰：僖十六年三月公子季友卒，四月季姬卒，八月公孫茲卒（八，蔡琪本、大德本、殿本作"七"）。季姬，魯女適鄫者也。公孫茲，叔孫戴伯也。

[9]【顏注】師古曰："適"讀曰"嫡"（殿本無此注）。

[10]【顏注】師古曰：已解於上。"伯"讀曰"霸"（殿本無此注）。

[11]【顏注】師古曰：降，音戶江反（戶，蔡琪本、大德本、殿本作"胡"）。

[12]【顏注】師古曰：齊，姜姓也，其先爲堯之四嶽，四嶽分掌四方諸侯。

[13]【顏注】師古曰：五公子，謂無虧也，元也，昭也，潘也，商人也。

[14]【顏注】師古曰："伯"讀曰"霸"（殿本無此注）。

[15]【顏注】師古曰："適"讀曰"嫡"。

惠帝三年，隕石縣諸，壹。[1]武帝征和四年二月丁酉，隕石雍，二，天晏亡雲，聲聞四百里。[2]元帝建昭元年正月戊辰，隕石梁國，六。成帝建始四年正月癸卯，隕石槀，四，肥累，一。[3]陽朔三年二月壬戌，隕石白馬，八。[4]鴻嘉二年五月癸未，隕石杜衍，三。[5]元延四年三月，隕石都關，二。[6]哀帝建平元年正月丁未，隕石北地，[7]十。其九月甲辰，隕石虞，二。[8]平帝元始二年六月，隕石鉅鹿，[9]二。自惠盡平，隕石凡十一，皆有光燿雷聲，成、哀尤屢。

[1]【顏注】師古曰：縣諸道也，屬天水郡也。【今注】縣諸：縣諸道。治所在今甘肅天水市北。縣，即"綿"。

［2］【顏注】師古曰：雍，扶風之縣也。晏，天清也。

［3］【顏注】孟康曰：皆縣名也，故屬真定。師古曰：槀，音工老反。累，音力追反。【今注】槀：槀城，縣名。治所在今河北石家莊市藁城區西南。　肥累：縣名。治所在今河北石家莊市藁城區西南。

［4］【顏注】師古曰：東郡之縣名。【今注】白馬：縣名。治所在今河南滑縣東。

［5］【顏注】師古曰：南陽之縣名。【今注】杜衍：縣名。治所在今河南南陽市臥龍區西南。

［6］【顏注】師古曰：山陽之縣名。【今注】都關：縣名。治所在今山東鄆城縣東北。

［7］【今注】北地：郡名。治馬領（今甘肅慶陽市西北馬嶺鎮）。

［8］【顏注】師古曰：梁國之縣名。【今注】虞：縣名。治所在今河南虞城縣北。

［9］【今注】鉅鹿：縣名。治所在今河北平鄉縣南。